Qianhai Shuiyu Zhulu Jishu

浅海水域筑路技术

李友林　郑　捷　蓝　青　著

人民交通出版社

内 容 提 要

本书以河北黄骅港疏港公路为例，系统阐述了浅海公路路堤构造、RTK-GPS定线、路堤填筑、边坡防护、水泥混凝土联锁块路面、沥青混凝土路面、人工构造物防腐等技术，以及工程质量检测和验收及评价方法。

本书图文并茂，内容密切联系实际，经验可贵，可供从事浅海和沿海公路建设的领导和管理人员、设计与施工技术人、技术工人借鉴和参考。

图书在版编目（CIP）数据

浅海水域筑路技术/李友林等著．——北京：人民交通出版社，2009.3

ISBN 978-7-114-07618-3

Ⅰ.浅… Ⅱ.李… Ⅲ.浅海—水域—筑路 Ⅳ.U419

中国版本图书馆CIP数据核字（2004）第021152号

书　　名： 浅海水域筑路技术
著 作 者： 李友林　郑　捷　蓝　青
责任编辑： 刘永芬
出版发行： 人民交通出版社
地　　址：（100011）北京市朝阳区安定门外外馆斜街3号
网　　址： http://www.ccpress.com.cn
销售电话：（010）59757969　59757973
总 经 销： 北京中交盛世书刊有限公司
经　　销： 各地新华书店
印　　刷： 廊坊市长虹印刷有限公司
开　　本： 787×1092　1/16
印　　张： 12.75
字　　数： 326千
版　　次： 2009年3月第1版
印　　次： 2009年3月第1次印刷
书　　号： ISBN 978-7-114-07618-3
定　　价： 30.00元

前言
QIAN YAN

随着改革开放不断深化，河北黄骅港应运而生，为我国北部地区增添一个对外开放的新窗口。如今，渤海圈经济正在兴起，黄骅港作用已经崭露头角。

渤海沿岸系滦河、海河、黄河等河流形成的冲积平原，漫漫浅海延至深海，黄骅港处于大海深处。为了使港口码头与陆路交通联结成一体，于是经过几年的艰苦奋斗，一个百余公里疏港公路网，建设在沿海滩涂上，“凫”在浅海水域上，黄骅港如虎添翼。

黄骅港疏港公路网，由北中南三条、东西两条等五条道路组成，到疏港路网全部建成时，港口码头与国道和地方公路相连，实现船运、陆运联为一体，港口货物出海四通八达，进口直达全国各地，到那时的黄骅港将成为渤海陆上与海上的重要交通枢纽。

疏港公路不同于一般公路，它除了像普通公路那样，发挥着公路应有功能外，而且还永久地浸泡在海水里，抵抗着各类盐渍腐蚀，时时刻刻还承受海浪、风浪冲击，其所处自然环境十分恶劣。

人们不难知悉，在平坦如镜、不毛之地的盐渍土上，在一望无际的盐池、鱼虾养殖池的滩涂里，在波浪滔天的浅海里，修建出百余公里的现代疏港公路，与陆地上公路建设相比，其难度可想而知。

黄骅港疏港公路，从2005年开始动工建设，目前已建成46km，其中有些路段已经运营2年，不仅经受住了车辆荷载作用，而且还经受住了大风大浪的严峻考验，疏港公路犹如海上“长城”，“我自巍然不动”。实践表明，在疏港公路建设中，我们所采取的技术措施是成功的，所建成的疏港公路质量是优良的，所取得的施工经验是宝贵的，可供同行们借鉴和参考。

众所周知，人类文明社会之所以发展到今天，科学技术发展今天之所以已取得如此巨大进步，应当说是几千年人类知识铢积寸累的结果。人类社会在不断前进，人们的经验在不断总结，人们的知识在不断积累和创新。在疏港公路建设中，笔者同其他建设者一起，筚路蓝缕、探骊寻珠，不断总结经验，经过数年努力，终究积微成册，编写成了本书。其目的，一是与同行们切磋施工技术，二是拟为疏港筑路积累经验，使之经验薪尽火传，为进一步发展和提高浅海筑路水平，为我国建设事业贡献自己的微薄之力，这也是疏港公路建设者义不容辞的义务。

有鉴于此，本书所述内容，正是在总结河北黄骅港疏港公路工程实践经验的基础上，吸取前人和沿海地带其他同行们的成功经验，采纳了一些专家和学者有关浅海公路技术研究成果，经过归纳、分析，去粗取精，系统整理，编撰而成。

书中介绍了黄骅港现实和未来发展宏图，阐述了盐渍环境对公路的不良影响、过湿土和盐渍土改良技术、浅海水域RTK-GPS测量定线和施工技术，论述了在风浪里路堤修筑和防护技术、桥梁和构造物耐久性技术，以及工程施工质量检测事项。

全书由沧州市交通局李友林高级工程师负责全书策划、统稿，并编写了第二章 浅海水域公路建设技术、第六章 浅海路堤防护、第九章 疏港公路路堤位移观测。

沧州市交通局高级工程师郑捷参与全书策划并编著了第一章 概述、第三章 盐渍土改良及路堤填筑、第四章 过湿土地段路堤施工。

沧州市交通局高级工程师、硕士研究生蓝青参与全书策划，并编写第五章浅海路堤填筑施工、第七章疏港公路路面工程、第八章浅海路堤施工实例

本书在编写中，采取文图并茂方式，力求密切以本港实际工程为例，便于实际应用，举一反三，努力让读者阅读后，如果从书中信手拈来所需资料，获得最佳效果，笔者则心满意足。在本书编写过程中，曾得到沧州路桥公司的领导和施工建设及监理单位大力支持，在此一并表示衷心感谢，并致以崇高的敬意。

黄骅港疏港公路建设经验丰富，资料众多，鉴于笔者水平所限，绠短汲深，加之分析、归纳经验不足，书中所述内容，难免挂一漏万，或有不妥之处，诚恳欢迎广大读者纠偏补正，使之日臻完善。

目前，黄骅港疏港公路网，已建成南疏港公路，中和东疏港公路正在建设中，总之，疏港公路建设正在处于高潮中。我国几万公里浅海水域还有待于开发，因此说，今后浅海水域公路建设，任重而道远，愿本书所述经验，能有的放矢，对今后疏港公路施工有所借鉴和参考，祝愿疏港公路建设事业駸駸日上。

作　者

2009年1月

目录 MU LU

第一章　概述 …… 1

第一节　疏港公路作用 …… 1

第二节　浅海区域气象和水文地质 …… 4

第二章　浅海水域公路建设技术 …… 10

第一节　浅海水域公路 …… 10

第二节　浅海区路堤填筑材料、标准和技术要求 …… 17

第三章　盐渍土改良及路堤填筑 …… 28

第一节　盐渍土及其类型 …… 28

第二节　盐渍土基本性质与移动规律 …… 30

第三节　盐渍土改性与路堤施工 …… 37

第四节　盐渍土路基设计 …… 42

第五节　盐渍土地段路堤施工 …… 48

第六节　石灰、粉煤灰稳定盐渍土路堤 …… 53

第七节　盐渍土地段路堤病害与防治 …… 54

第四章　过湿土地段路堤施工 …… 58

第一节　过湿土地段路堤一般技术要求 …… 58

第二节　过湿土地段路堤施工 …… 62

第三节　生石灰改良过湿土工程实践 …… 67

第五章　浅海路堤填筑施工 …… 71

第一节　浅海路堤设计技术要求 …… 71

第二节　浅海路线放样和路位控制技术 …… 76

第三节　浅海路堤堤底砂垫层抛填 …… 85

第四节　铺设土工布 …… 88

第五节　迎浪堤坝碎石垫层抛填 …… 95

第六节　迎浪堤坝垫层石和堤身石抛填 …… 97

第七节　棱体块石施工 …… 100

第八节　二片石、混合倒滤层施工 …… 102

第九节　抛填技术创新 …… 104

第十节　浅海水域筑路安全措施 …… 105

第六章　浅海路堤防护 …… 107

第一节　栅栏板边坡防护设施 …… 107

第二节　浅海区土工膜袋混凝土护坡 …… 122

第三节　浆砌石防浪墙施工 …… 130

第四节　浅海水域桥梁结构耐久性…………………………………………………… 147
第七章　疏港公路路面工程……………………………………………………… 154
第一节　路面工程盐害预防…………………………………………………………… 154
第二节　石灰、粉煤灰路面底基层…………………………………………………… 156
第三节　路面基层和面层预防盐害措施……………………………………………… 163
第四节　水泥混凝土锁块路面施工…………………………………………………… 168
第八章　浅海路堤施工实例……………………………………………………… 175
第一节　浅海路堤抛填实例　………………………………………………………… 175
第二节　浅海路堤抛石质量控制实例………………………………………………… 178
第九章　疏港公路路堤位移观测………………………………………………… 183
第一节　施工和工后路堤沉降观测方法……………………………………………… 183
第二节　路堤位移观测………………………………………………………………… 186
第三节　疏港公路施工质量检测项目………………………………………………… 191
参考文献………………………………………………………………………………… 198

第一章 概 述

河北沧州黄骅疏港公路，经过沿海滩涂，穿越浅海永浸区，直达黄骅港码头。与其他公路相比，虽然里程不长，但是，它所经过的地域和所处的环境极其复杂，一般公路几乎是遇不到的。它经过盐渍土和软弱地带，经过泥沼、盐池、鱼塘，穿过浅海，时常遭受到海浪的冲击，再加上特殊的气候环境，其筑路特殊性和难度是显而易见的（图 1-1）。

图 1-1 经受海浪冲击的黄骅疏港公路

黄骅是我国北方一个新型港口。它的建成不仅为我国北方打开一个新窗口，而且对渤海经济圈发展和振兴周边经济，都发挥着重要作用。

第一节 疏港公路作用

从地理上，人们不难看出，渤海北是滦河、中是海河、南是黄河入海口，不言而喻，沿岸地势平坦，属于淤泥浅滩地质地貌，黄骅港位于渤海深海海域，为连接港口码头和陆路交通，毋庸置疑，疏港公路是港口与黄骅市的交通的咽喉。没有这条疏港公路，北方这个新窗口难以打开。因此，黄骅疏港公路建设意义非凡。

一、黄骅港

黄骅港位于沧州漳卫新河与宣惠河交汇入海处，北纬 38°15′0″、东经 117°47′0″，北距天津港 60n mile（海里），南距山东龙口港 149n mile。在陆上与沧州、衡水、保定、石家庄、邢台、邯郸，分别相距 85km、226km、230km、323km、400km，是冀中南及晋中、陕北、内蒙西、鲁西北等部分地区物资出海、走向世界的便捷出口。

1. 黄骅港规模及吞吐能力

到 2004 年底，黄骅港已建成 4 个可停靠 3.5 万吨级船舶的深水泊位（其中一个预留 5 万吨级），采用先进、高效的机械设备，进行煤炭卸车、堆取和装船作业，年装船能力为 3000 万吨，二期工程完成后可达 6000 万吨，远期达 1 亿吨。

黄骅港在煤码头建设的同时，还利用处于“两环”经济开发的前沿，且拥有冀中南、鲁西北、陕北和内蒙西部等广阔经济腹地的有利条件，建设杂货码头，一期起步建设 6 个泊位，其中 2 万吨级多功能泊位两个，1.5 万吨级散货泊位两个，设计年吞吐能力为 360 万吨，加上现有的吞吐能力，到 2004 年已达 500 万吨，和大港港口同步投入运营。杂货港区远期再建 70 至 100 万吨级泊位，年吞吐能力达 5000 万吨左右。

黄骅港地理位置优越，根据腹地经济未来发展和路港发展趋势，以及同周边港口的关系，该港口在保持其能源港地位的同时，将逐步发展成为以煤炭为主的多功能综合性港口。与港口配套的 360 万 kW 黄骅电厂，一期工程规模为 120 万 kW，计划与大港同步投入运行，二期将再上两台 60 万 kW 的发电机组。

黄骅港现有 2 个 3.5 万吨级泊位的杂货码头，可停靠 3～4 万吨级货船，4 个 5 万吨级、2 个 3.5 万吨级、1 个 1 万吨级和 1 个 10 万吨级泊位的煤码头，原煤输出达亿吨。集装箱多功能码头正在建设，有 4 万 m^3 储罐区，年吞吐量 500 万吨的液体化学品码头（原油码头），有管道将港口与开发区相连。

综上所述，黄骅港已经成为冀、晋、豫、鲁、陕、蒙等地新的便捷出海通道。黄骅港的建设目标是成为以煤炭、化工产品运输为特色，具有集装箱、散杂货、客运、物流服务性功能的现代化综合性深水大港。

2. 黄骅港区分布及泊位

黄骅港的码头长度，确定为 10 万吨级散货泊位 311m，5 万吨级石油泊位 295m，3 万吨级多用途泊位 283m；码头前沿高程＋6.0m；码头前沿设计水深 10 万吨级泊位拟定为－14.7m，5 万吨级泊位拟定为－12.0m，考虑到一期工程港池底高程为－12.0m，3 万吨级泊位亦拟定为－12.0m。10 万吨级散货泊位陆域布置分为码头前沿作业区、后方堆场区和管理办公区，陆域总面积为 13.5 万 m^2；5 万吨级石油泊位陆域布置，分为码头前沿作业区和管理办公区两个区域，陆域总面积为 3.9 万 m^2；3 万吨级多用途泊位陆域布置，分为码头前沿作业区、后方堆场区和管理办公区，陆域总面积为 12.3 万 m^2。当今拟建泊位均为专业化码头，在装卸工艺设计中，三个泊位分别布置。10 万吨级散货泊位工艺配置为：卸船机一台，取料机一台，堆料机两台，及其皮带系统和洒水除尘系统。5 万吨级石油泊位配置输油管道两套，输油臂三台，储油罐区一座。

3. 黄骅港开发区

开发区城市总体规划面积 73.62km^2。规划有城市中心区、仓储区、神华万亩工业园区、旅游休闲园区等。其中城市中心区市政基础设施基本完善，已有行政、教育、金融、通信、商贸、宾馆等数十家单位进入；神华万亩工业园2003年开始建设，先期投入15亿元进行基础设施配套，重点摆放大型基础工业项目；仓储区开发正在积极进行，随着杂货码头的投入使用，该园区建设将快速发展。

4. 经济腹地

黄骅港直接经济腹地涉及河北省中南部沧州等6市101个县（市、区），这些地区工农业比重占全省的63%，河北省在全国有影响的产品，如钢铁、水泥、原盐、轻重化工产品主要集中在这一地区。为服务这一地区经济发展，黄骅港建设了2个万吨级杂货码头。黄骅港还与沧化集团合作，建2.5万吨级液体化学工业码头，以带动化工原料进口和产品出口。到2010年，黄骅港每年可吸引除煤炭以外的焦炭、石油、建材、化肥、盐、粮食等杂货1000万吨。

5. 港口效应

黄骅港不仅促进了经济发展，而且带动周边经济发展，其效应越来越显著。下面通过一组招商引资资料来说明这一点。

1）2006年港口吞吐量突破8000万吨，中钢、中铁等大项目落户，化工园区开工项目24个，完成投资45.8亿元。

2）中钢集团和宝钢集团，确定从合资建设经营8万吨的镍铁项目起步，适时向32万吨镍铁项目拓展。其中8万吨镍铁项目投资约18亿元，预计2009年6月投产。

3）渤海新区入区大项目55个，总投资1014.3亿元。其中，重点在建项目13个，总投资518.2亿元；计划开工项目10个，总投资493.1亿元。渤海新区正朝着生产3000万吨装备新材料、1000万吨炼油、1000万千瓦电力、100万吨PVC、100万吨醇氨、100万吨醋酸系列产品的目标迈进。

4）渤海新区规划建设了“两电”（投资370亿元的国华沧东电厂、投资30亿元的华润热电）、“三园”（投资180亿元的装备材料工业园、投资200亿元的中钢滨海工业园、投资150亿元的中信泰富特钢工业园）、“六化”（投资170亿元的中海油1200万吨/年炼化一体项目、投资12亿元的沧州大化5万吨/年TDI项目等6个化工产业项目）等重大产业支撑项目，装备制造、石油化工、电力能源、港口物流四大产业初具规模。

5）原金能集团与沧化集团重组，重新启动了23万吨PVC项目，下一步将投资18亿元启动40万吨PVC项目的续建工程。

6）已有韩国SK、美国气体、日本东丽、华润集团、中海油、中信泰富、中钢、中化集团、中盐集团等一批“全国500强”乃至“世界500强”企业到渤海新区投资经营。截至2007年底，渤海新区正在建设和计划开工的项目有26个，总投资已达1000多亿元人民币。

7）与华润集团、南华集团等企业签约，利用外资额7亿美元。当前华润在冀资产达100亿，预计5年内投资额增至300亿。

8）沿海地区的产业发展和对外贸易都有着鲜明的“港口效应”，环渤海地区原材料的87.6%、对外贸易额的94.7%，都是由港口运输完成的。

渤海新区还拥有的1700km^2未利用土地，蕴藏着的巨大潜能，在不久的将来，伴随着“港口效应”将逐步展现出来。为适应黄骅港未来的发展，建设一个完善的疏港公路体系，已提到议事日程。

二、疏港公路网建设

伴随着渤海经济圈建设和发展，黄骅港将成为一个新的交通枢纽。从水运来分析，黄骅港北距天津港 40n mile，南距山东龙口港 115 n mile，距韩国首尔港 480 n mile，距日本九州港 900 n mile。与全国沿海各大港口联系便捷，与日本、韩国等港口隔海相望。疏港公路将我国西部地区联结在一起。

陆路交通上，黄骅港西距京沪铁路沧州站 80km，距京广铁路肃宁站 180km。如今神木至黄骅港双线电气化铁路运力巨大，地方铁路与全国铁路网相连，直通黄骅港港站。

公路交通更为便捷，黄骅港北距北京 240km，距天津市 120km，西距沧州 80km。天津—汕头高速公路从黄骅市区而过。东西向有黄骅港至银川 307 国道，将港口与中西部地区紧密联结，并有石家庄—黄骅港高速公路直达省会，很快形成石家庄直达黄骅港口的疏运大通道。

目前，黄骅港即将形成煤炭 1 亿吨、杂货 5000 万吨的年吞吐能力，居全国沿海各大港口前列。为集煤炭、石油、成品油、杂货、化工、客运、集装箱为一体的中国北方综合性枢纽大港。

随着黄骅港发展和建设，疏港公路交通体系逐步完善，向腹地将延伸到晋中南、鲁北、豫北等地区，成为河北省实施“东出西联”战略、加快区域经济发展的“桥头堡”和前沿阵地。

黄骅港疏港公路网，由南、中、北、东、西等五条组成，总里程近百公里。其中：南、中、北三条疏港公路，均为东西走向，与河北省西部公路相连。疏港东路把中路和南路联结成一体，形成疏港内部环路；疏港西路为南北走向，与国家南北干线相连（图 1-2），沟通了全港区内部交通，对外与河北、乃至全国各地联结一体，成为对开放的黄骅港不可缺少组成部分。

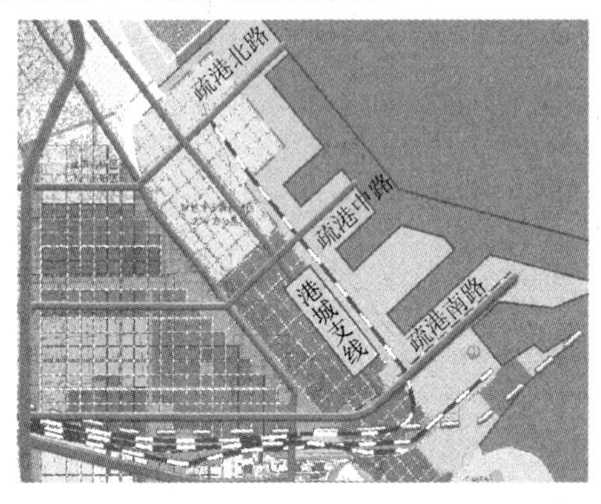

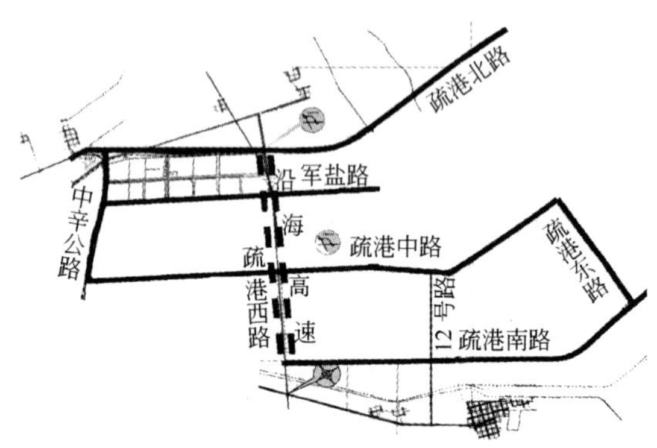

图 1-2　黄骅港疏港公路规划图示

第二节　浅海区域气象和水文地质

总结黄骅疏港公路建设经验，考虑到未来的疏港交通发展，了解疏港公路沿线的气候、水文地质，对于今后疏港公路建设有着积极的意义。

一、沿线浅海水域气候

疏港公路沿线，系温带大陆季风气候区，属于半湿润气候。夏季炎热多雨，冬季寒冷干燥。年平均气温 12.3℃，一月平均气温－4.4℃，四月平均 11.3℃，七月平均 26.6℃，十月平均 12.9℃，极端最低气温为－23.8℃，极端最高气温为 43℃。

年平均降水量 501mm，最大年降水量 719.4mm，最小年降水量 336.8mm，历年最大一日降水量 136.8mm。降水量主要集中在 6、7、8 三个月，占全年降水量的 70%以上。年内日降水量大于 25mm 的天数平均为 5 天，最多 7 天。

疏港公路沿线日照与北方大多区域情况一样，5 月份日照时间为全年之冠，5、6 月份日照时数最多，12 月份日照时数最少，夏季白昼时间较长，但因云雨较多，日照时数反而较少。全 5 月份太阳总辐射量最大，春夏两季蒸发作用强烈。

黄骅港沿海抵达地带多风，常见风向为 SSW，次常风向为 SW，其出现频率分别为 11.1%和 10.9%。强风向为 ENE，次强风向为 NE，大于等于 7 级风的频率分别为 0.4%和 0.1%。根据《黄骅气象志》介绍，黄骅属河北省范围内大风较多的地区之一，风向秋冬季以偏北风为主，春季以偏东风居多，夏季雷暴、大风则方向不定。此外，秋、冬两季多雾，年平均特大雾日数为 12.2 天，最多为 20 天。

冬季受内蒙古高压气流影响，春秋多西南风，经常出现 7～8 级大风，夏季潮湿多雨，冬季多西北风。年平均风速 3.5m/s。

二、沿线浅海域水文

从地理而论，当地最低潮面在平均海面以下 2.4m，黄骅零点在当地平均海平面下 2.03m。潮位特征值（从当地理论最低潮面起算）：

最高高潮位 5.71m，最低低潮为 0.26m。

平均高潮位 3.58m，平均低潮为 1.28m。

最大潮差 4.14m，平均潮差 2.30m，平均涨潮历时 5h51min，平均落潮历时 6h41 min。

设计高水位 4.05m，设计低水位 0.62m；校核高水位 5.61m，校核低水位－1.22m。

承潮水位年累计频率 90%，承潮历时分别为 3、4h 的承潮水位分别为 2.72m 和 2.47m，冬三月对应的承潮水位分别为 2.47m 和 2.22m。

由于历史原因，本区无长期波浪观测资料。根据港区西北约 25km 的观测点实测资料统计分析，该区以风和涌浪合成的波浪为主，常浪向为 E，次之为 ENE，出现频率分别为 10.06%和 9.38%。强浪向为 ENE，次之为 E。

三、浅海水域地质

为了建设疏港公路，必须查明场地地层结构、岩性特征、分布埋藏条件，掌握疏港公路沿线不良地质，及其成因、类型、分布范围、发展趋势和危害程度，以便对地基稳定性、均匀性及地层承载力做出评价，为疏港公路建设提供设计、施工所需的基本资料。为此，委托勘测单位对黄骅港中疏港路南侧，西距海防路约 3.0km 地带进行地质勘测。

1. 地质勘测

1）勘察依据

在对疏港公路进行地质勘测时，遵循以下文件和规范：

(1) 黄骅港疏港公路工程地质勘察任务书；

(2) 港口工程地质勘察规范（JGJ 240—97）；

(3) 岩土工程勘察规范（GB 50021—2001）；

(4) 建筑地基基础设计规范（GB 50007—2002）；

(5) 港口工程地基规范（JTJ 250—98）；

(6) 建筑抗震设计规范（GB 50011—2001）；

(7) 土工试验方法标准（GB/T 50123—1999）；

(8) 原状土取样技术标准（JGJ 89—92）；

(9) 建筑工程地质钻探技术标准（JGJ 87—92）；

(10) 河北省建筑地基承载力技术规程（试行）(DB13 (J) /T 48—2005)。

2）勘察方法

野外地质勘察钻探时，使用 DPP100－5 型汽车钻机、回转钻进、全孔取芯，钻孔直径 130mm，现场进行地质描述。

采取土样：采用薄壁取土器，或上提活阀厚壁取土器用快速静力连续压入法采取原状土样。

标准贯入试验：采用自动穿心落锤，锤重 63.5kg，落距 760mm。

剪切试验：采用十字板进行剪切试验，采用 CL－4 型电阻应变量测仪，板头规格 50mm×100mm，剪切速率 1°/10s，测量地质的物理性能。

3）勘探坐标与高程

勘探坐标采用西安 80 坐标系统，孔位测放采用 GPS 卫星定位，施工时进行复核。勘探高程系统采用国家 85 高程系，以场地南侧南疏港路上 HHG2 高程点（高程 3.526m）为高程起测点。

4）勘察范围和内容

勘察场地位于黄骅港中疏港路南侧，西距海防路约 3.0km。这里地势较平坦，地面高程约－1.5～－1.2m，属潮间带，受潮汐影响明显。勘测的主要内容是了解和掌握疏港公路路域里地质情况，抗震设防烈度，对饱和粉土的地震液化趋势作出判定。

2. 勘测结果

1）地层岩性

勘察揭露的路域里的地层，系为第四系全新统海陆交互相沉积物，上部岩性主要为淤泥质黏土夹粉土；下部为黏土及粉土。按其时代成因、岩性特征、分布埋藏条件和物理力学性质，将该场地划分为 7 个工程地质层。各层岩性特征及分布规律详见表1-1。

2）岩土物理力学性能

为了分析土的物理力学性质，取得设计所需参数，岩土工程勘察除取土样进行室内土工试验外，还采用了标准贯入试验及十字板剪切试验等原位测试手段。按不同工程地质层，对室内试验结果及原位测试指标进行了统计。根据统计结果，结合相关规范及地区经验，各工程地质层物理力学性质指标建议值见表 1-2。

各层岩性特征及分布规律表　　表 1-1

时代成因	层号	名称	层底埋深（m）	层底高程（m）	层厚（m）	岩性描述及分布特征
Q^{al+m}	①	粉土	0.20～0.70	−1.49～−2.22	0.20～0.70	黄灰色、稍密、湿，摇震反应迅速，韧性低、干强度低，岩性不均，含贝壳碎片。中压缩性，全区分布
Q^{m}	②	淤泥质黏土	1.50～2.30	−3.02～−3.54	0.90～1.40	黄灰色～灰色，流塑、光滑、干强度高，韧性高、岩性不均、局部夹粉土薄层，偶见贝壳碎片。高压缩性。K12～K14 号孔及 K3 号孔缺失
	②$_1$	淤泥	1.30～2.50	−2.67～−3.72	0.90～2.20	灰色、流塑、光滑，干强度高，韧性高，局部夹粉土薄层。高压缩性。分布于 K2～K5 号孔及 K11～K14 号孔
	③	粉土	4.00～5.50	−5.52～−6.72	1.00～2.40	灰色、中密、湿，摇振反应迅速，干强度低，韧性低，含贝壳碎片，夹粉质黏土薄层，局部互层分布。中压缩性。全区分布
	③$_1$	淤泥质黏土	3.00～4.50	−4.52～−5.90	0.50～1.70	灰色、流塑、光滑，干强度高，韧性高，岩性不均，局部夹粉土薄层。高压缩性。全区分布
	④	淤泥质黏土	10.20～13.00	−11.60～−14.52	4.50～8.50	灰色、流塑、光滑，干强度高，韧性高，含贝壳碎片，岩性较均，局部夹粉土薄层。高压缩性。全场分布
	④$_1$	粉土	6.00～6.90	−7.52～−8.30	0.50～0.90	灰色、中密、湿，摇振反应迅速，韧性低，干强度低。中压缩性。分布于 K7～K14 号孔及 K23 号孔
Q^{al}	⑤	粉土	12.70～14.50	−13.94～−15.75	2.00～3.00	黄灰色、密实、湿，摇振反应迅速，韧性低，干强度低。中压缩性。分布于 K1～K4 号孔及 K23 号孔
	⑥	黏土	15.50～16.20	−16.75～−17.55	1.00～5.50	灰褐色—灰黄色，软塑—可塑，光滑，干强度高，韧性高，岩性较均。中压缩性。全区分布
	⑦	粉土	本层未揭穿	最大揭露深度 20.0	最大揭露厚度 4	灰黄色、密实、湿，摇振反应迅速，韧性低，干强度低。岩性不均，下部夹粉砂。中一低压缩性。全区分布

物理力学性质指标建议值表 表 1-2

层号	地层岩性	物理性质指标				力学性质指标			
		天然含水率	干密度	孔隙比	塑性指数	压缩模量	饱和固结快剪		无侧限抗压强度
							内摩擦角	内聚力	
		W	ρ_d	e	I_P	E_s	Φ	C	Q_u
		%	g/cm³			MPa	°	kPa	MPa
①	粉土	31.3	1.48	0.86	6.9	5.5	29.1	2.7	7.3
②	淤泥质黏土	51.1	1.19	1.37	24.2	2.4	14.1	16.0	2.1
②¹	淤泥	59.0	1.09	1.59	25.9	2.0			1.5
③	粉土	26.8	1.58	0.72	7.0	7.5	25.9	9.1	2.8
③¹	淤泥质黏土	50.2	1.22	1.37	20.6	2.9	13.3	17.3	2.1
④	淤泥质黏土	41.5	1.31	1.13	19.0	3.1	9.0	10.1	3.0
④¹	粉土	27.9	1.53	0.78	7.6	8.5	22.6	8.5	6.1
⑤	粉土	22.5	1.70	0.61	6.3	10.0	23.1	4.5	8.8
⑥	黏土	33.3	1.43	0.98	20.6	4.2	9.1	18.7	4.6
⑦	粉土	20.7	1.69	0.58	4.9	10.0	27.1	2.7	

3）地基土容许承载力

依据各工程地质层物理力学性质指标，按《港口工程地质勘察规范》（JTJ 240—97）、《河北省建筑地基承载力技术规范（试行）》（DB 13（J）/T 48—2005），结合地区经验，地基容许承载力及压缩模量建议值见表 1-3。

地基土容许承载力及压缩模量建议值表 表 1-3

层号	岩土名称	层底埋深（m）	层底高程（m）	层厚（m）	容许承载力（kPa）	压缩模量值（MPa）
①	粉土	0.20～0.70	−1.49～−2.22	0.20～0.70	60	5.5
②	淤泥质黏土	1.50～2.30	−3.02～−3.54	0.90～1.40	50	2.4
②¹	淤泥	1.30～2.50	−2.67～−3.72	0.90～2.20	40	2.0
③	粉土	4.00～5.50	−5.52～−6.72	1.00～2.40	95	7.5
③¹	淤泥质黏土	3.00～4.50	−4.52～−5.90	0.50～1.70	60	2.9
④	淤泥质黏土	10.20～13.00	11.60～−14.52	4.50～8.50	80	3.1
④¹	粉土	6.00～6.90	−7.52～−8.30	0.50～0.90	95	8.5
⑤	粉土	12.70～14.50	−13.94～−15.75	2.00～3.00	120	10.0
⑥	黏土	15.50～16.20	−16.75～17.55	1.00～5.50	100	4.2
⑦	粉土.	本层未揭穿	最大揭露深度 20.0m	最大揭露厚度 4.5m	140	10.0

3. 岩土工程分析评价

1）项目场地稳定性

勘测场地位于华北平原沉降带的埕宁隆起之上，区域构造较稳定。可进行本项目的建设施工。

2）场地地震效应

根据《建筑抗震设计规范》（GB 50011—2001）和《中国地震动参数区划图》（GB

18306—2001）圈定，该场地抗震设防烈度为 6 度，设计基本地震加速度值为 0.05g，设计地震分组第二组，可不考虑场地饱和粉土及砂土的地震液化问题。

3）场地土类型及场地类别

根据岩土名称及性状，依据《建筑抗震设计规范》（GB 50011—2001）中的相关条文，结合地区经验及临近场地资料，估算各土层的剪切波速值（表 1-4）。

根据《建筑抗震设计规范》（GB 50011—2001）判定，场地土第①、②、②[1]、③、③[1]、④、④[1] 层为软弱土，其余均为中软土。场地 20m 深度范围内的等效剪切波速为 132.8m/s，覆盖层厚度大于 80m。场地类别为Ⅳ类建筑场地。

土层剪切波速值估算表

表 1-4

层号	①	②	②[1]	③	③[1]	④	④[1]	⑤	⑥	⑦
岩土名称	粉土	淤泥质黏土	淤泥	粉土	淤泥质黏土	淤泥质黏土	粉土	粉土	黏土	粉土
容许承载力（kPa）	60	50	40	95	60	80	95	120	100	140
剪切波速（m/s）	100	100	90	120	115	130	135	150	145	160

4）地基均匀性

该场地地层在地基变形计算深度范围内，主要受力土层的顶底板埋深及厚度变化较小，勘察范围内地基土的岩性及物理力学性质指标变化不大，地基土均匀性较好。

5）地基方案

（1）场地表层第①层粉土厚度 0.2～0.7m，容许承载力 60kPa，压缩模量 5.5MPa，可作为天然地基。但该层厚度较小，且下伏第②[1] 层泥及第②层淤质黏土天然含水率大、压缩性高、强度低、容易造成堤脚两侧的侧向挤出，建议进行沉降验算，并在堤脚两侧一定范围内堆石反压。

（2）拟建道路外侧直接临海，为防止波浪涛刷侵蚀，建议外侧采用抛石等方法进行护坡。

6）地质评价

勘察场地被揭露地层为第四系全新统海陆交互相沉积物。场地区域构造较稳定，可进行本工程的建设施工。勘察范围内地基土均匀性较好，场地内地基土的物理力学性质指标，建议采用表 1-2 中数值，地基容许承载力及压缩模量值，建议采用表 1-3 中数值，抗震设防烈度为 6 度，设计基本地震加速度值为 0.05g，设计地震分组第二组。可不考虑场地饱和粉土及沙土的地震液化问题。

场地内第①、②、②[1]、③、③[1]、④、④[1] 土层为软弱土，其余均为中软土。场地类别为Ⅳ类建筑场地。为此，提出以下建议：

建议一：采用天然地基，并进行沉降验算，同时在堤脚两侧堆石反压。

建议二：道路外侧采用抛石等方法进行护坡。

第二章 浅海水域公路建设技术

前已所述，黄骅港疏港公路所处地域，从宏观上来看，地势自西向东倾斜，从微观来说，地势总体是平坦的。最高海拔 4m，路线所经过区域，基本上都是养虾池、养鱼池、盐汪子、海滩和浅海水域，因此，疏港路堤建设非同一般陆地公路。

为了叙述方便起见，根据不同地段水文特征，疏港公路分为三种情况：

第一种情况：位于盐碱地段的路堤，与一般公路基本相似，但是，需要对盐碱土壤进行改良，才能用作路堤填料。

第二种情况：位于滩涂地段，养虾池、养鱼池、盐汪子，一望无际。从路堤填料角度分析，属于过湿土地段，不能直接用作路堤填料，只能采取“造土”办法修筑路堤。

第三种情况：位于浅海地段，可再细分为潮差变化区和永浸海水区。在浅海水域修筑的路堤，不仅受到潮汐、海浪冲击，而且永远浸泡在海水里，永远受到海水和盐渍浸蚀；位于海潮、风浪变化的路堤部分，还经常受到干湿交替变化影响，所处环境十分特殊。因此，这一路段的公路结构，有别于一般公路，这是本书重点研究讨论的问题。

第一节 浅海水域公路

疏港公路是陆路和港口的咽喉，所处的地理特殊，面临的自然环境十分恶劣，时常受到海洋大气浸蚀，因此，在构造上与一般公路大相径庭。但是，就疏港公路自身来说，有些路段位于滩涂区，属于淤泥软弱地地基；位于潮差区、永浸区，除去地基软弱、承载能力低下外，还时时受潮汐、浪溅区（或飞溅区）、海泥、海水浸蚀。因此，疏港公路除必须满足使用功能要求外，还要应对恶劣的环境，所以位于不同临海环境，应采取相应的构造形式。

一、浅海水域公路路堤断面形式

浅海水域公路与自然界基本法则一样，适者生不适者亡。疏港公路要在大海中巍然屹立，必须使自身构造适应所处的浅海中的环境。我们总结疏港公路建设经验，同时吸取其他沿海公路的经验教训，根据黄骅港疏港公路环境，经过实践证明，下面几种路堤断面形式，适用黄骅港的疏港公路。

图 2-1 所示的断面，适宜滩涂、潮差地段。其断面结构与一般公路高路堤相似。路堤分台阶填筑，坡面须用片石防护，片石之下铺设土工布过滤，在受到海潮冲击时防止路堤

填料被冲去，以保证路堤稳定。

位于滩涂区里路基边坡，一般为 1∶2，两侧布设排水边沟。潮差区路基边坡也为 1∶2,迎海侧边坡铺设浆砌片石护坡，护坡下铺设土工布，路堤之上砌筑浆砌片石胸墙。背海侧边坡采取浆砌素混凝土预制板，也同样起防护作用。

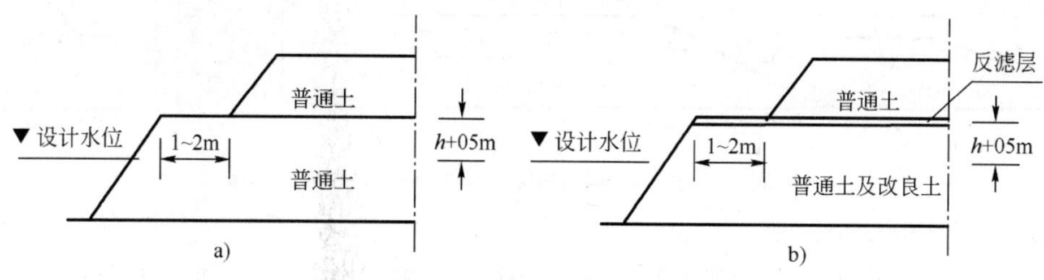

图 2-1　浅海水域公路断面形式

a）滩涂区断面；b）潮差区断面

图 2-2 所示出的断面，适宜永浸区的路段，其断面形式比较特殊。在路堤两侧，有两道抛石筑堤，形成海中围堰。然后，在其中填筑路堤填料，修筑成疏港公路路堤。两道抛石筑堤，犹似两个"保安"，把路堤封闭起来，抵挡着海水浸蚀，涌浪的冲击，保护着它的安全。永浸区路基边坡也为 1∶2，两侧设抛石护坡（抛石海堤＋栅栏板护面）＋浆砌片石防浪墙。

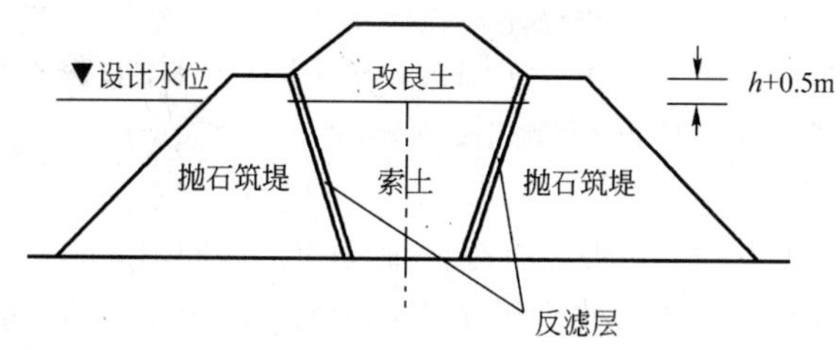

图 2-2　浅海水域公路断面形式

二、浅海水域路堤构造实例

浅海水域包括潮差区和永浸区。在该两种不同的水域里，路堤受到的海水浸蚀方式不同，受到的海浪冲击方式也不完全一样，为了应对不同的海域环境，相应的路堤结构也有所不同。因此，在黄骅港疏港公路中，潮差区和永浸区采用不同的路堤结构形式。

1. 潮差区路堤结构形式

位于浅海潮差区路段，迎海面路堤边坡，经常受到潮涨潮落的冲击，为适应这种环境，路堤结构形式则不同于滩涂地段。图 2-3 是黄骅港疏港公路潮差区路堤工程实例。

1）潮差区迎潮坡面构造

位于潮差区的路堤，路堤边坡坡度比较缓，一般为 1∶2。鉴于其迎海面经常受到海潮冲击，为防止路堤填料被冲去，保证路堤稳定，为此，在迎海潮面的边坡上，铺设上浆砌片石进行防护，同时，在坡脚处抛填质量为 50～80kg 的块石，堆积成棱体形。迎潮面坡度为 1∶3，其顶面与平时海面齐平，设计高程 1.13m。其作用类似一般软土路堤的反压护道，一方面对边坡进行压脚，实施反压作用，同时支撑坡面护坡，防止其向下滑动，维护边坡和路堤的稳定。在坡顶处沿行车方向，还设置一道胸墙，防止大风与海潮联合冲

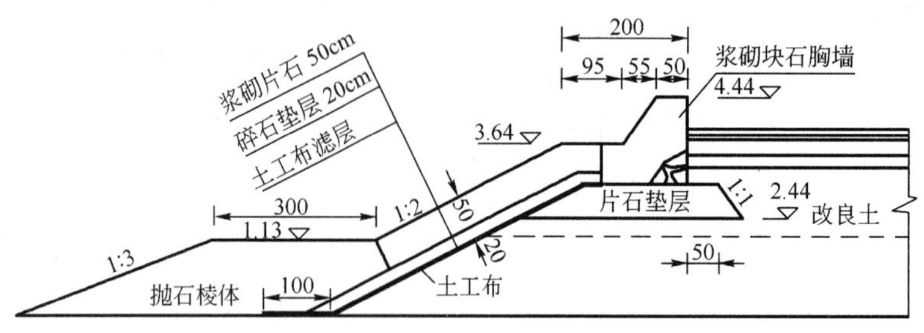

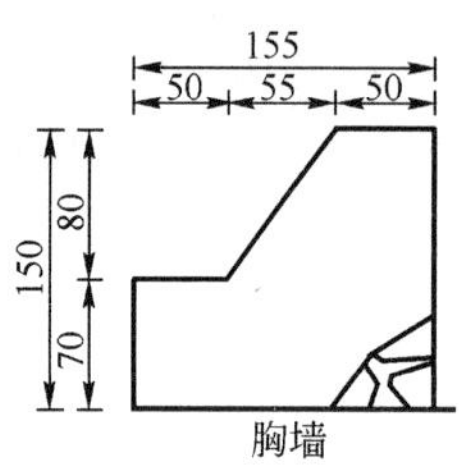

图 2-3　潮差区迎浪面路堤边坡防护工程实例（尺寸单位：cm）

击路面，维护车辆安全行驶。

在疏港公路建设中，无论在潮差区还永浸区，所抛填的块石，其饱和抗压强度不低于30MPa，用作砌体的块石的饱和抗压强度不低于50MPa。

（1）路堤迎潮面边坡构造

铺设的浆砌片石坡面、厚50cm，其最下层紧贴路堤坡面，铺设一层土工布过滤，其上再铺上20cm碎石垫层，然后，再铺筑浆砌片石，从而组成迎海浪面防护体系。

路堤边坡上的铺设的土工布滤层，采用无纺土工布，型号FNG－PET－400－5，纵横向断裂强度≥20.5kN/m。土工布顶部和底部伸出坡面外1m，纵向搭接长度≮1m。

（2）胸墙

路堤边坡顶上的胸墙、高150cm，使用块石和M20砂浆砌筑而成。每隔10m为一个结构段，段间设3cm结构缝，中间布设油浸木丝板。

2）路堤背潮面边坡

路堤背潮面与迎潮面不同，一般不会受到海潮的直接冲击，一旦疏港公路建成后，时而受到的浸水多属于静水，其坡面坡度仍采用比较缓的坡度，一般为1∶2；坡脚处仍抛填质量为50～80kg块石，堆积成棱体形，支撑素混凝土防护板，起着反压护道作用。坡面采取素混凝土防护（图2-4）。

路堤坡顶面不再设置胸墙防浪，在路面边缘处，像一般路堤公路一样，设置路缘石带，将路面于路肩隔开。

坡面采用素混凝土板防护，混凝土等级为C35、防护板厚为6cm，板面平面尺寸为500mm×500mm。在铺筑素混凝土板之前，采用同迎潮面路堤边坡一样方式，先行对坡面进行处理，铺设土工布滤层，碎石垫层，然后现场浇筑素混凝土板。

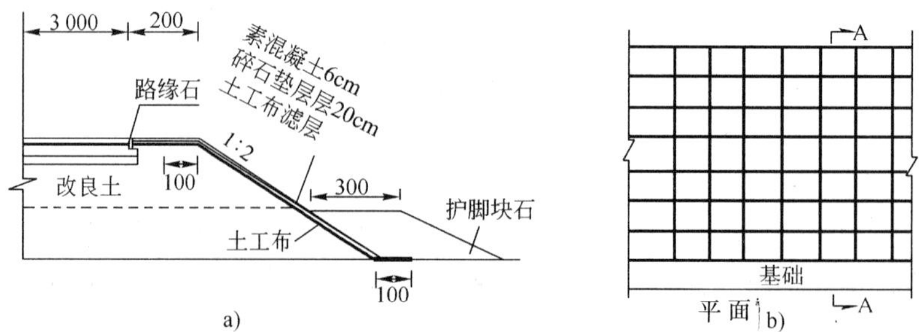

图 2-4　潮差区路堤背浪边坡防护（尺寸单位：cm）

a）背浪边坡防护结构；b）素混凝土坡面平面

3）潮差区路堤填筑

潮差区路堤，在高程1.13m（也就是说常水面）以下部分，采用一般可用的填料填筑，以上部分的路堤，采用改良土填筑，改良土填筑厚度100～200cm，从桩号K15+365开始，填筑厚度为100cm，逐步过渡到K16+500处，改良土厚度增加到200 cm。设计要求路槽以下80cm深度范围内压实度应大于96%，80cm以下压实度大于90%。

2. 永浸区路堤结构形式

永浸区路堤的下半部分，永远浸泡在海水中，海水面以上的路堤时刻承受着海浪冲击。因此所建设的疏港公路，必须巍然屹立在海浪中，像一条永远冲不垮的海上“长城”。为使在永浸区修筑的公路达到上述目的，路堤构造必须适应海上环境。

1）永浸区路堤基本构造

永浸区路堤基本构造如图2-5所示。它由迎（背）防浪堤坝、土工布滤层和反滤层、路堤填土、路面组成。各组成部分在永浸区发挥着不同的作用。

迎（背）防浪堤，在施工过程中形成围堰，为填筑路堤提供保证条件；在施工完毕后，又抵挡着海浪的冲击，时时刻刻保护路堤的安全。总之，从施工开始到公路投入使用，一直抵抗着海浪的冲击，支撑着路面结构，承载着车辆作用，抵抗着自然破坏作用。

黄骅港疏港公路，是按一级公路设计的，路面宽度分别为23 m、30 m两种，相应的路基宽度为27 m和34 m，两侧各设0.1m平埋路缘石，外侧各设1.9m土路肩。

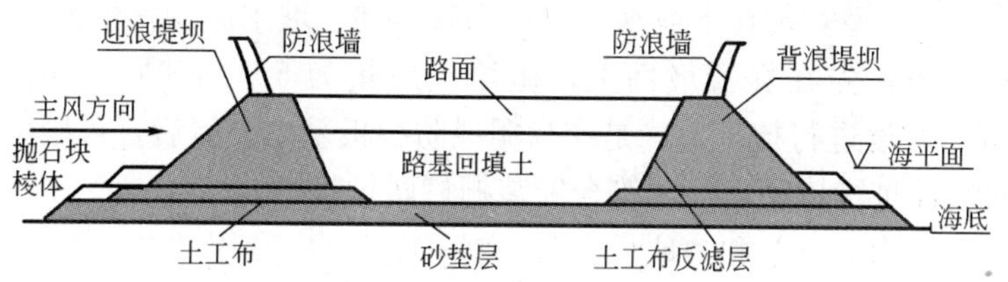

图2-5　永浸区路堤结构基本组成

2）永浸区迎浪堤坝工程实例

图2-6是黄骅港疏港公路的迎浪堤坝工程实例，这种防浪堤结构，适宜海深8m左右，以下按照该图所示的内容，分别叙述迎浪堤坝各部分的构造和作用。

（1）迎浪堤坝基础

迎浪堤坝基础，由砂垫层、土工布和碎石垫层组成（图2-6）。施工时，先在路堤整个宽度内，先铺筑厚50cm砂垫层，然后，在迎浪堤坝位置上，直接铺上无纺土工布滤层。

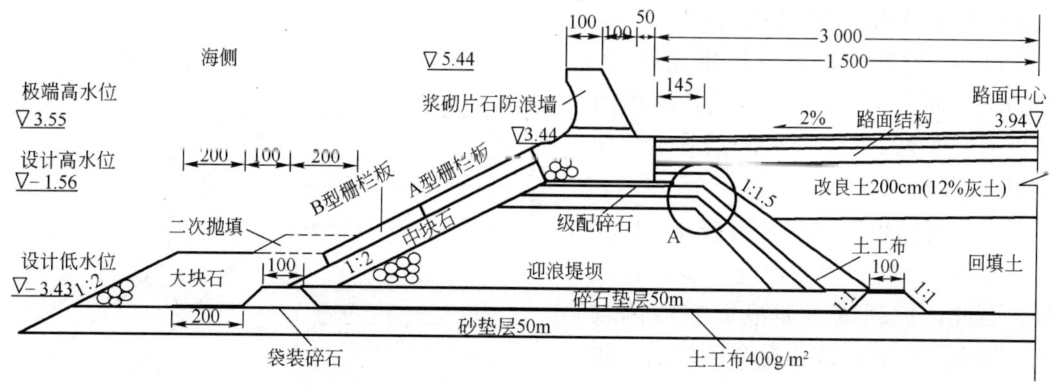

图2-6　路堤迎浪堤坝工程实例（尺寸单位：cm）

无纺土工布滤层，系涤纶机织加筋土工布，质量为 400g/m^2、纵向极限抗拉强度 60kN/m、纬向极限抗拉强度 40kN/m。在迎浪堤坝中，土工布加强基底整体作用，同时也对堤坝履行过滤职能，防止海底细颗粒土进入堤坝，减少对堤坝的腐蚀。

迎浪堤坝底下铺筑上土工滤布后，再铺筑路厚 50cm 碎石层，在碎石层两端，用土工膜袋装上碎石，堆积成两条高 50cm 的水下堤坝，至此，构筑成了迎浪堤坝的基础。

用土工膜袋装上的碎石质量为 200～250kg，使其产生足够的重力，阻挡海底水流的冲击。

（2）迎浪堤坝的堤身

迎浪堤坝的堤身，是用质量 10～100kg 的、大小不均匀的块石抛填而成的，迎海侧坡度为 1∶2，背海水坡度为 1∶1.5。其内外坡面根据不同自然环境，采取不同的防护方式。

（3）迎浪堤坝外侧坡面的防护

同潮差区路堤一样，在迎浪堤坝坡脚处，用质量为 200～250kg 的大块石，堆积成棱体形，起着反压护道和支撑坡面作用。

迎浪堤坝外侧坡面，用栅栏板防护。它是由钢筋混凝土预制栅状构件，其作用是减小海浪冲击能量，从而达到对坡面防护的目的。栅栏防护板分为 A、B 两种，其本质是相同的，只是大小有别。B 型安装在下坡水中，A 型安装在上坡水面变化位置。

栅栏防护板之下，先在堤身坡面上，抛填上质量为 50～100kg 一层块石、厚度为 60cm，一是对堤身坡度进行梳理，二是作为栅栏防护板基础。然后，再抛填 30～40cm 二片石，进一步对坡面进行梳理，使之符合安装栅栏防护板的要求。

二片石，俗名“狗头石”和“地瓜石”，在港工规范中常用“二片石”术语表述，系专指介于质量 10kg 与粒径 2～8cm 的碎石之间的石料，系这两种石料之间的过渡石料，用于找平块石铺砌表面，同时作为碎石垫层的基础。由于其大小在 20cm 左右，用其铺筑垫层厚度通常为 40cm，分成两层铺筑，所以称为“二片石”，至于“狗头”、“地瓜”的称谓，正如上述所言，是一个形象性比喻。

栅栏防护板安装上完毕后，在其下端进行二次抛填块石，堆积成第二层棱形体，其作用支撑栅栏防护板，防止其向下滑动，同样也起到压脚作用。

（4）迎浪堤坝内侧坡面

迎浪堤坝内侧坡面，其防护方式不同于外侧坡面，除去维护路堤稳定外，重要作用是反滤作用，其构造如图 2-7 所示。

同样，在迎浪堤坝身填筑完毕后，沿内侧坡面抛填 30cm 二片石，梳理内侧坡面坡度为 1∶1，二片石层直至延伸到堤坝顶面。

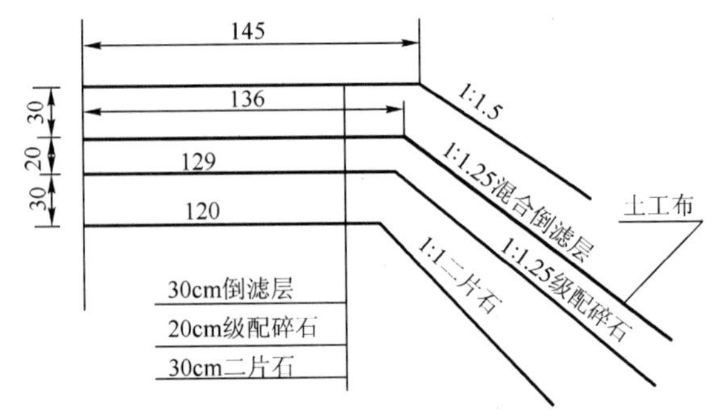

图 2-7　图 2-7 中 A 大样：堤坝内侧倒滤层

二片石抛填完成后，再按 1∶1.25 坡度铺设上 20cm 碎石，进一步进行理坡。至此，梳理成了迎浪堤坝内侧坡面，铺上土工布，施作混合倒滤层，防止路堤填料被渗透进的海水冲走。

用于内坡的土工布材料质量同在海

底堤身底铺设的土工布质量，铺设堤身顶部和抛石堤顶的搭接长度为1m，坡趾处的土工布须伸出保护面以外2m，纵向相邻两块土工布的搭接长度，不应小于1m。施工中，土工布的拼幅和加长，应采用工业缝纫机缝制，所用尼龙绳的强度不得低于150N，其缝合方式，采用包缝或丁缝。

（5）背浪堤坝构造

背浪堤坝构造与迎浪堤坝相同，因为在疏港公路刚开始修建初期，路堤两侧边坡同样遭受到海浪的冲击，但是，随着疏港公路网建成，位于路堤内侧的海域变成静水域，路堤上防浪墙无浪可挡，到那时再建其他公路，路堤内侧无须设置路堤上防浪墙，已设置的防浪墙可能会“下岗”。

（6）浆砌防浪墙

在迎（背）浪堤坝顶上，使用块石沿路堤纵向，砌筑两道防浪墙，墙高300cm，其中路面以上200cm，以阻挡大风、大浪联合冲击路堤，阻挡海浪冲击路面上，确保车辆安全行驶。

防浪墙的构造如图2-8所示。墙体外侧为半圆弧形，使海浪圆顺地返转回去。防浪墙的具体技术要求详细见第六章第三节。

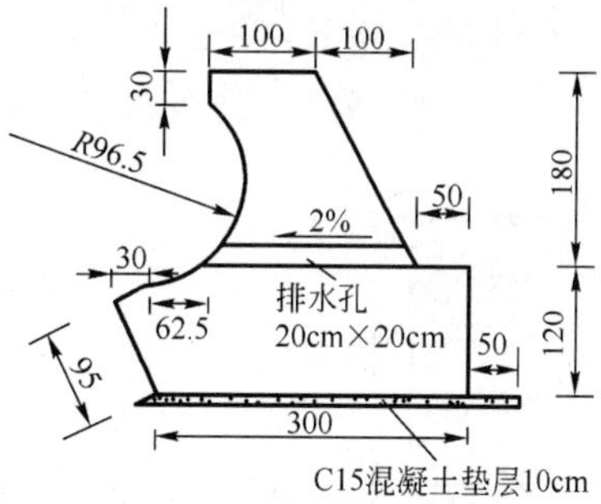

图2-8 浆砌石防浪墙断面（尺寸单位：m）

（7）永浸区路堤填筑

迎背浪堤坝建成后，即可形成一道海上围堰，抽去堰中水即可填筑路堤。水位以下路堤用一般可用的回填土填筑，回填土顶面以下80cm范围内，压实度要求大于90%。

水位以上部分的路堤，使用固化剂改良土填筑，改良土下层120cm范围内，压实度大于90%，上层80cm范围内压实度要求大于96%。

三、疏港公路路面结构

浅海水域公路路面结构，位于不同环境的路段，采取不同的路面结构。通过工程具体实践，归纳和总结出以下路面结构是可行的，并收到良好的工程和使用效果。

1. 滩涂区（过湿地带）路面结构

图2-9所示出的路面结构，适宜高湿型、黏性土路堤铺筑。要求路面基底的回弹模量为36MPa。在黄骅港疏港公路南路K0+294.3～K14+870路段，采用该类型路面结构：

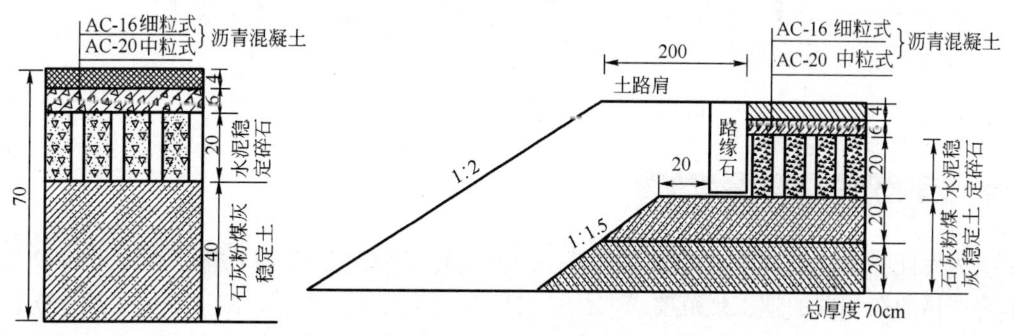

图2-9 沥青混凝土路面（尺寸单位：cm）

10cm 沥青混凝土 ＋ 20cm 水泥稳定级配碎石 ＋ 40cm 石灰粉煤灰稳定土，总厚度 70cm

该类型路面面层，为两层沥青混凝土。上面层为 AC－16 型细粒式沥青混凝土、厚 4cm，表面设置为 2％双向横坡；下面层为 AC-20 型中粒式沥青混凝土、厚 6cm。基层为水泥稳定碎石，底基层为两层石灰粉煤灰稳定土，总厚度 40cm。

路面两侧为现浇混凝土路缘石，尺寸为 10cm×30cm。这种类型路面结构，适宜盐渍土和过湿地段。

2. 浅海区路面结构

南疏港公路 K14＋870～K21＋857.333 路段，位于浅海区域，路基填土为改良黏性土，属于中湿路段。路面面层采用混凝土联锁块，路面层次结构如图 2-10 所示。

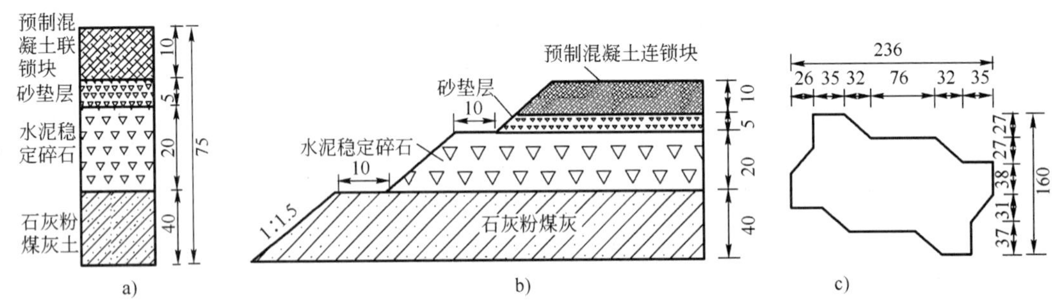

图 2-10　混凝土联锁块路面（尺寸单位：cm）

a）路面结构；b）路面边缘布设；c）混凝土联锁块大样

10cmC50 混凝土预制连锁块 ＋ 5cm 砂粒调平层 ＋ 20cm 水泥稳定级配碎石 ＋ 40cm 石灰粉煤灰稳定土

混凝土联锁路面两侧路缘石，采用现浇混凝土，长度 1m 一块，混凝土的强度不低于 C35。每块路缘石布设 4 根、长 30cmφ12mm 钢筋，伸入路面 20cm，使其与路面固连在一起（图 2-11）。

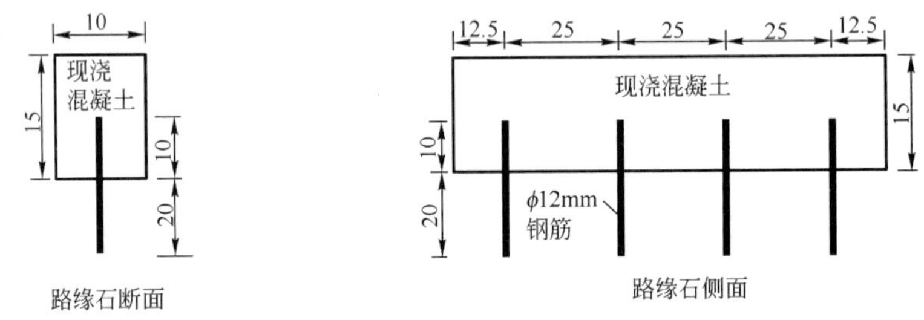

图 2-11　混凝土路缘石构造（尺寸单位：cm）

四、浅海水域公路施工流程

为保证浅海水域公路工程施工质量，因此设置了如图 2-12 所示施工程序，每道工序都要严格的按相关的施工规范要求，认真进行施工。在施工之前，施工单位必须建立起质量保障体系，强调承包人加强自检，同时监理负责日常监督检查，当完成一道工序后，业主组织监理、施工及质量监督部门共同验收检查。

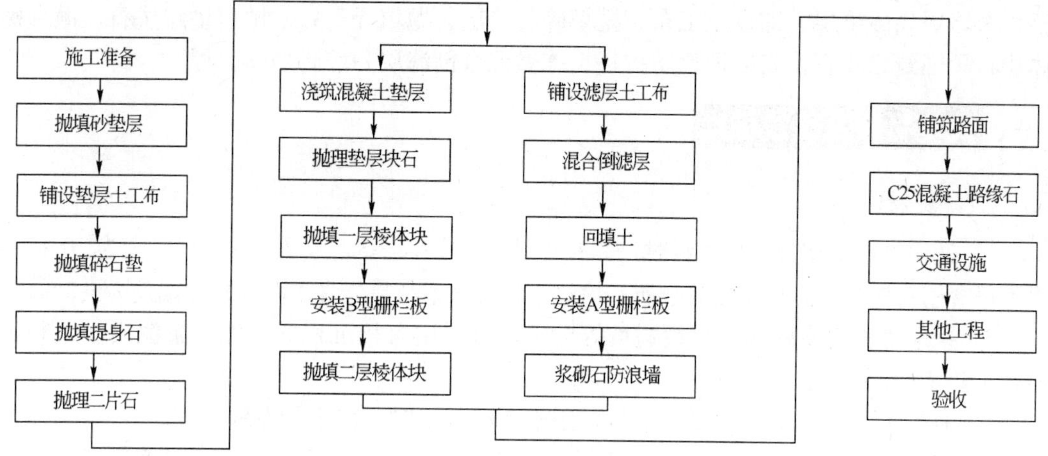

图 2-12　浅海水域公路施工流程图

五、浅海水域公路施工关键技术

浅海水域公路施工难点，就是如何对抵抗海潮、风浪的冲击，其施工成败的关键问题，在于防浪堤坝的建设。修筑防浪堤坝工程，必须掌握和控制以下几个核心技术：

（1）抛填堤底砂垫层或碎石垫层，必须控制抛填方位，掌握抛填厚度。

（2）铺设土工布，必须掌握住铺设方位，控制铺设的平整度。

（3）抛填堤身石、垫层块石、棱体块石时，必须控制抛填方位，并使设计断面符合设计要求。

（4）预制、运输、安装栅栏防护板时，必须使混凝土的耐久性能达到设计要求。

（5）抛理二片石，必须掌握抛理方位，控制断面符合设计要求。

（6）铺设混合倒滤层，必须保证其过滤效果，并使耐久性能达到设计要求。

（7）必须保证路基土回填料的填筑质量，关键问题是：选择合适的碾压工具，采取科学的压实工艺，以确保压实度达到设计要求。

（8）如果使用盐渍土作为路堤填料，必须对其进行鉴别，区别盐渍土化程度，防止发生盐害。因此，应选择适宜的盐渍土，并对其进行改性后才能用作填筑材料，同时制订适宜的符合要求的施工工艺，才能保证路堤施工质量。

（9）路面工程按规范规定的工艺施工，关键的问题采取措施处理和预防发生盐渍病害。

（10）桥梁、涵洞、公路防护工程及其他工程，核心技术是如何保证结构耐久性能。

第二节　浅海区路堤填筑材料、标准和技术要求

所谓筑堤是指在浅海水域永浸区里，抛石填筑两道防浪堤，构筑成围堰，然后，在围堰之间填筑路基填料，围堰日后又是公路的防护设施。

防浪堤坝填筑质量，是浅海水域公路施工成败的关键。防浪堤坝施工内容，主要包括：抛填堤底砂垫层、铺设土工布、抛填碎石垫层、抛填堤身石、抛理垫层块石、抛理棱体块石、铺筑二片石、安装栅栏防护板、施做混合倒滤层和坡脚加固工程。

一、筑堤材料及填筑标准

1. 筑堤材料

1）选用黏性土作为堤身土料时，黏粒含量宜为15％～35％，塑性指数 I_p 宜为10～20，且不得含植物根茎，砖瓦垃圾等杂质；填筑土料含水率与最佳含水率的允许偏差为±3％。

2）采取加大堤身断面、放缓边坡等措施，可采用海相沉积的淤泥、淤泥质土及粉细砂作为筑堤材料。

3）海砂不应作为钢筋混凝土集料，用于素混凝土时，应进行专题论证。

4）路堤结构所用的素混凝土强度等级，不宜小于C20；钢筋混凝土强度等级，不宜小于C25；对于1级海堤的重要部位，应对混凝土进行防腐蚀设计。

5）除淤泥及淤质土外，使用均质黏性土填筑路堤时，其填筑标准应按压实度确定。当设计及“标书”无明确要求时，压实度值应符合表2-1的规定。

黏性土堤压实度表 表2-1

海堤级别及堤高	压实度（％）	海堤级别及堤高	压实度（％）
1级	≥94	3级以下及低于6m的3级海堤	≥90
2级和高度>6m的3级海堤	≥92		

6）使用无黏性土填筑路堤时，其填筑标准应按相对密度确定，相对密度值应符合表2-2的规定。

7）使用砂料作为堤身材料时，其填筑标准除按表2-2条确定外，迎海侧面和背海侧面应严格实施反滤措施。

非黏性土堤相对密度 D_r 表 表2-2

海堤级别及堤高	相对密度
1、2级和高度>6m的3级海堤	≥0.65
高度<6m的3级以下的海堤	≥0.6

8）对于溃口复堵、港汊堵口、水中筑堤、软弱堤基上的土堤，以及用冻土填筑的土堤，设计填筑密度应根据采用的施工方法、土料性质等条件并结合已建成的类似堤防工程的填筑标准分析确定。

2. 堤身填筑标准

关于浅海公路施工标准，在现行公路工程规范中，几乎难以找到。为此，在黄骅港疏港公路建设中，在满足公路工程技术标准要求的前提下，在施工过程中，更多地参照筑港工程和水利堤坝中有关技术标准。从此开始直到本节结束，将这方面的有关技术规定，摘录和编辑在一起，作为疏港公路施工参照标准。在摘录和编辑过程中，其名词用语仍遵其原规定。

1）堤身土料在填筑之前，应对使用的填料采集原状土进行试验。原状土指标符合填筑标准的要求，压实度容易得到满足，填筑质量也能得到保证。

2）淤泥及淤泥质土，其黏性大、水下不易流失，具有比较好的防渗性能。但是，抗剪强度低、固结时间长，填筑时宜与砂混合抛投或分层抛投，即一层砂一层土，砂土层相间，以提高土料的抗剪强度，并能加速填料固结。

填筑时分层厚度一般取0.2～0.5m，并留足培土间歇时间，一般分层填筑一周后再填下一层。

3. 筑堤技术要求

建在软土地基上的海堤，应满足以下技术要求：

（1）抛石充砂垫层法：先在堤基上抛石渣1～1.5m厚，并充砂，形成垫层，然后在垫层上填筑堤身土。

（2）抛砂垫层法：先在堤基上抛粗砂1～1.5m、细砂0.5m形成砂垫层，然后再填筑堤身土。

（3）抛石基脚砂垫层法：先在堤基前后坡脚位置抛填石堤，其余部分填砂，形成垫层，然后填筑堤身土。

（4）堤身填筑时，分层和间歇是软土地区成堤的关键工艺，需要留有足够的间歇时间。

（5）选择符合压实度要求的黏性土作为填料时，应通过控制土料的含水率来确定设计干密度。首先，选定施工中容易实现的含水率，且与最优含水率偏差在±3%之间，一般按土料的塑限和接近塑限的含水率来确定设计干密度，可用式（2-1）进行计算：

$$设计干密度 = 压实度 \times 填土干密度 \tag{2-1}$$

式中：压实度取表（2-1）中的值，填土干密度用式（2-2）计算：

$$\rho_d = \frac{G_s(1-V_a)}{1+G_s \cdot W_s} \tag{2-2}$$

式中：ρ_d——填土干密度；

G_S——土粒比重；

V_a——单位土体中空气的体积（黏土为0.05，砂质黏土为0.04，砂质壤土为±0.03）；

W_s——单位土体的质量。

（6）禁止使用海砂用作钢筋混凝土集料。如果用海砂作为素混凝土细集料的工程，应做专题论证，确定具体的配合比及现场控制措施。

（7）抗侵蚀混凝土施工时，外掺矿粉时要严格控制水灰比，防止开裂。

（8）溃口复堵、港汊堵口、水中筑堤、软弱堤基上的上堤及冻土填筑的土堤，其设计、施工地方特性强，无规律可循，故强调参照类似已建工程，进行分析后决定填筑密度。

二、陡墙式海堤防浪墙施工技术要求

1. 陡墙式海堤防浪墙技术要求

1）陡墙式海堤防浪墙的墙基底，宜设置垫层、沉降缝、伸缩缝和排水孔。箱式防浪墙挡墙内，宜采用砂或块石作为填料。

2）原有干、浆砌石重力式挡墙临海侧面，用混凝土加固护面时，应根据波浪作用的大小，按弹性地基梁计算护面稳定及强度，厚度也应满足构造要求，一般不宜小于20cm。

3）陡墙式海堤防浪挡墙应进行抗滑、抗倾覆稳定计算，基底应力应小于地基允许承载力，且压应力最大值与最小值的比值，应小于公路路基设计规范（JTG D30—2004）要求的值。软基上的挡墙还应进行地基整体稳定计算。

4）对于悬臂式挡墙、扶臂式挡墙，采用钢筋混凝土结构时，应进行受力分析，并按有关规范规定确定其强度。

2. 海堤坡度

海堤内、外边坡，若设计无明确要求时，其坡度可按照表 2-3 初步拟定。

海堤内外边坡坡比表 表 2-3

海堤护坡类型	外坡坡比	内坡坡比
干砌块石护坡	1∶2.0～1∶3.0	水上： 1∶1.5～1∶3.0 水下： 海泥掺砂 1∶5～1∶10 沙壤土 1∶5～1∶7
浆砌块石护坡	1∶2.0～1∶2.5	
抛石护坡	不陡于 1∶1.5	
人工块体护坡	1∶1.25～1∶2.0	
陡墙（防护墙）	1∶3.0～1∶0.5	
混合式堤型	参照块石护坡和陡墙稳定	

3. 海堤堤身排水

1）堤身砌石体与土体之间应设置反滤过渡层。

2）海堤堤身排水设施宜按下列要求设置：

①工程护坡为浆砌石、现浇混凝土板时，平面上应设置排水孔，孔径可为 50～100mm，孔距 2～3m，宜按梅花形布置。

②堤高超过 6m 的土质海堤，宜在堤顶、堤坡、堤脚以及堤坡与山坡或者其他建筑物结合部设置排水设施。

③按允许越浪设计的海堤，宜设置坡面排水系统；排水沟断面尺寸，根据越浪水量大小及边坡坡度计算确定。

④ 平行堤轴线的排水沟，可设在内坡马道内侧及背海侧坡脚处，具体设计要求可参照《海堤工程设计规范》（SL 435—2008）和《公路排水设计规范》（JTJ 018—97）相关规定设置。

3）堤身内部防渗体设置高程应在设计高潮位 0.5m 以上，填筑材料应满足堤身浸润线和内坡渗流出比降要求，并满足施工和构造要求。

4. 堤顶护面

1）新建海堤必须在堤身填筑完成后 1～2 年，沉降基本稳定后方可进行堤顶护面，在此期间可采用过渡性工程措施保护。老堤加高培厚时，应在土方填筑完毕后实施工程观测，沉降量<8mm/月时，方可施做堤顶刚性工程保护措施。

2）不允许越浪的海堤，堤顶可采用混凝土、沥青混凝土、碎石、泥结石等作为护面材料。

3）允许部分越浪的海堤，堤顶应采用抗冲护面结构，不应采用碎石、泥结石作为护面材料。

4）海堤结合并有通车要求的堤顶，应按公路路面设计要求设计工程护面结构。

5. 堤基处置

对浅埋的薄层软土宜挖除；当软土厚度较大，难以挖除或挖除不经济时，可采用垫层法、土工织物铺垫法、反压法、排水井法、抛石挤淤、爆炸置换法、水泥土搅拌法、振冲碎石桩法等，也可采用多种方法相结合。

三、浅海水域路堤沉降计算

在填筑过程中，防浪堤会产生沉降，往往是设计始料不及的，实际所发生的沉降与设计值相差甚为悬殊。因此，工程技术人员必须掌握沉降计算理论与方法，以正确组织、指挥施工，才能确保施工质量。

（1）对 1～3 级海堤，应进行沉降计算。对于新建堤沉降，是整个堤身荷载引起的；计算旧堤加固的沉降时，视旧堤固结程度，可只考虑新增荷载引起的沉降。

（2）沉降计算应包括堤顶中心线处堤身和堤基的最终沉降量和工后沉降，并对计算结果按地区经验加以修正。对地质荷载变化较大或不同地基处理形式的交界面等沉降敏感区，尚应计算交界面的沉降及沉降差。

（3）根据堤基的地质条件、土层的压缩性、堤身的断面尺寸、地基处理方法及荷载情况等，可将海堤分为若干段，每段选取代表性断面进行沉降计算。

（4）为了简化计算，取用平均低潮（水）位时的工况作为荷载计算条件。

（5）一般情况下，堤身和堤基的最终沉降量，可按式（2-3）计算；而工后沉降，根据最终沉降量与完工时的地基固结度计算确定。但是，若填筑速度较快，堤身荷载接近极限承载力时，地基产生较大的侧向变形和非线性沉降，此时，最终沉降的计算，应考虑变形参数的非线性影响，需要进行专题研究。

$$S=m\sum_{i=1}^{n}\frac{e_{1i}-e_{2i}}{1+e_{1i}}h_i \tag{2-3}$$

式中：S——最终沉降量，mm；

n——压缩层范围的土层数；

e_{1i}——新建海堤时为第 i 土在平均自重应力作用下的孔隙比，旧堤加固时为第 i 土层在平均自重应力和旧堤平均附加应力共同作用下的孔隙比；

e_{2i}——为第 i 土层在平均自重应力和平均附加应力作用下的孔隙比；

h_i——第 i 土层的厚度，mm；

m——修正系数，一般堤基的 $m=1.0$，对软土地基可采用 $m=1.3\sim1.6$，堤身较高、地基土较软弱时取较大值，否则取较小值。

（6）堤基压缩层计算厚度，可按下列条件确定：

$$\frac{\sigma_z}{\sigma_B}=0.2 \tag{2-4}$$

式中：σ_B——堤基计算层面处土的自重应力，kPa；

σ_Z——堤基计算层面处土的附加应力，kPa。

实际压缩层的厚度小于上式计算值时，应按实际压缩层的厚度计算其沉降量。

四、浅海区路堤安全施工和技术要求

1. 浅海路堤安全监测

根据海堤堤的级别、水文气象、地形地质条件，堤型、穿堤建筑物特点及工程运用要求，设置必要的监测项目及监测设施。

1）海堤工程

海堤工程应设置以下一般性监测项目：

（1）堤身垂直位移；

（2）水位或潮位；

（3）堤身浸润线；

（4）堤基渗透压力、渗透流量及水质；

（5）表面监测：主要包括裂缝、滑坡、坍陷、隆起、渗透变形及表面侵蚀破坏等。

2）专门性监测项目

对1级、2级海堤，可根据工程运行实际需要，不定期可设置专门性监测项目。专门性监测项目的设置，应突出重点、有针对性，对于监测设施和埋设方法，应进行充分论证。一般可选择下列专门性监测项目：

（1）近岸河床、海滩的冲淤变化；

（2）堤身水平位移；

（3）生物及防浪、消浪设施的效果；

（4）波浪及爬高。

2. 浅海路堤施工渡汛

1）海堤工程在施工期间，应采取措施，预防风暴、防潮汛，做好堤身和围堰护面的防护；临时防护措施，应考虑与永久工程相结合。

2）堤身或围堰顶部高程，应按照防汛、防潮（洪）标准的潮（水）位加超高确定。安全超高按表2-4采用。

施工度汛安全超高值 表2-4

工程级别		1	2	3	4	5	备注
安全超高（m）	海堤	1.0	0.8	0.7	0.6	0.5	
	围堰	—	—	0.7	0.5	0.5	

3）海堤工程渡汛、防潮（洪）标准，应根据渡汛建筑物类别和海堤工程级别，按表2-5采用。

施工渡汛防潮（洪）标准 表2-5

建筑物类别	船程级别	潮（洪）标准*	建筑物类别	船程级别	潮（洪）标准*
海堤	1级、2级	20～10	围堰	3级	10～5
	3级～5级	10～5		4级、5级	5～3

注：*重现期（年）。

3. 反滤层及土工织物

在护坡材料与堤身土体之间，必须设置有一定级配的反滤层作为护面块体的铺垫。反滤层由碎石、砂或土工织物组成。开采块石时的自然级配石渣也可用作反滤层材料。但是，石渣中片石长边应控制在 10cm 以下，含泥量不超过 5%。一般临海侧反滤采用碎石、砂或土工织物，背海侧反滤可采用自然级配石渣、土工织物。

土工织物的孔径要求，既要保土、保砂，又要充分透水，还要防止孔眼淤堵失效，且强度应能满足施工时不扯破，不顶破。一般宜选用较厚，重量为 300～400kN/m^2 时，抗拉强度一般为 8～12kN/m，并按《水利水电工程土工合成材料应用技术规范》（SL/T 225—98）等标准进行设计。

成堤后通常对堤表进行保护，如护面与堤身的过渡反滤措施做得不好，很容易托空，一旦遭遇到波浪冲击时，很容易引起护面破坏。

4. 软土堤基处置

1）沉降稳定

（1）堤顶高程

堤顶高程是指海堤沉降稳定后的堤顶高程。怎样理解沉降稳定，应从理论计算和原形观测两个方面来理解。一般理论计算为，固结度大于 70%的土体，由于固结引起的沉降大部分已完成。根据工程经验，当堤身土体填筑后观测沉降量小于 8mm/月时，一般认为沉降已基本稳定。

堤顶的高程，应在对潮（洪）水位和波浪资料，以及海堤沉降量等进行计算分析的基础上确定。因为海堤堤线长，自然条件、堤的走向变化复杂，按公式计算堤顶高程时，各堤段的计算成果变幅大，直接使用困难。因此，可采用按堤的等级、波浪强度、材料及堤段特性，分段定出一个超高值，作为设计值。

（2）沉降控制

根据国内一些工程的实际经验，以及现场试验观测资料，在淤泥或淤泥质土等软土地基中打设有竖向排水通道时，地基的沉降速率初期较大，达到 25～30mm/d，甚至有时达到 40～50mm/d。

沉降速率在 25～30mm/d 时，一般对建筑物的稳定没有影响。

在 40～50mm/d 时，建筑物可能会出现一些异常反应。

天津港务局及天津建筑科学研究设计院，根据在塘沽新港的堆载试验研究结果，建议堆载施工的控制指标：中心部分的地表竖向沉降≯30mm/d，堆载坡脚水平位移≯10mm/d，可此作为堆载施工的控制指标。

当观测值达到或超过控制标准时，应暂停填土，间歇一定时间，甚至需采取卸载、加反压平台等措施。施工间歇时间，视地基强度的增强情况确定。这个控制标准较高，因此，实际工作中也可进行一些现场实测工作，获取一定的实测数据，并经分析论证制定相应的控制标准。

2）软基加荷

在软土地基上筑堤时，应根据地基和堤身的沉降、水平位移及孔隙水压力等参数来控制施工加荷速率，控制标准可按表 2-6 选取，或根据现场实测资料经论证后确定。

施工加荷控制标准 表 2-6

项　目	地基有排水通道	地基无排水通道	备　注
孔隙水压力系数	<0.6	<0.6	
地表垂直沉降（mm/d）	<30	<10	
地表水平位移（mm/d）	<10	<5	

5. 海水耐蚀混凝土

耐海水混凝土的性能，除工程要求的力学性能外，还必须根据使用的部位和环境温度，具备耐海水腐蚀性能，主要耐硫酸腐蚀和氯离子腐蚀，以及抗冻性能（表 2-7）。对于钢筋混凝土，为防止海水对钢筋的腐蚀，还必须保证钢筋保护层有最小厚度（表 2-8 和表 2-9）和混凝土中允许出现的最大裂缝（表 2-10）。

耐海水混凝土抗冻性要求 表 2-7

最冷月月平均温度（℃）	要求混凝土抗冻标号	最冷月月平均温度（℃）	要求混凝土抗冻标号
≥0	无要求	−4～−8	≥F300
0～4	≥F250	≤−8	≥F350

海工钢筋混凝土钢筋保护层最小厚度（mm） 表 2-8

建筑物所处地区		北　方	南　方
结构部位	大气区	50	50
	浪溅区	50	65
	水位变动区	50	50
	水下区	30	30

海水环境预应力筋的混凝土保护层最小厚度（mm） 表 2-9

结构部位			
大气区	浪溅区	水位变动区	水下区
75	90	75	75

* 以下两值中取较大值。

a）2.5×预应力筋直径（mm）。

b）50。

钢筋混凝土构件裂缝宽度最大允许值（JTJ 268—96）（mm） 表 2-10

结构部位	环境条件	
	海水	淡水
水上区	0.13	0.20
水变区	0.20	0.25
水下区	0.30	0.35

1）耐海水混凝土技术要求

关于耐海水混凝土技术要求，目前尚未制定出具体指标体系，其抗硫酸盐性能，主要由配制混凝土的原料（水泥和集料）来保证。抗 Cl^- 腐蚀的耐海水混凝土，其抗 Cl^- 腐蚀性能指标，主要是通过测定 Cl^- 在混凝土中的扩散系数来确定的。

2）耐海水混凝土原料选择

（1）水泥

水泥是配制耐海水混凝土的关键原料。根据海水对混凝土的腐蚀，应尽量选择水化产物中 Ca（OH)$_2$ 少、水化铝酸盐少的水泥。在水位变动区的构造物，还要考虑水泥混凝土的抗冻性、耐磨性和收缩性，水泥的强度等级应不低于 32.5MPa。

（2）集料

集料应质地坚硬、清洁、级配良好。

（3）碱集料反应

特别应注意的是：配制耐海水混凝土的粗集料中，不得含有活性 SiO_2，以防止碱与集料反应。港工混凝土规范要求，如果细集料采用海砂，必须用清洁淡水进行冲洗，将砂中的 NaCl 总含量冲洗到 0.1％以下。

（4）外加剂

如采用减水剂，在有冰冻地区尽量采用引气型，可以增加混凝土抗冻性。

6. 浅海路堤龙口与闭气

1）龙口位置及尺寸

新建海堤龙口位置，即路堤合龙位置，应综合地形、地质、堵口材料运输和水闸位置等因素确定，宜选择在地质条件较好、水较深的地段。龙口离水闸应有一定的距离，以免水闸泄流影响堵口。

龙口尺寸先初步拟定，然后根据水力计算确定。龙口最大流速宜控制在 3m/s 以内，施工条件允许时，可适当提高控制流速。

龙口水力计算可采用水量平衡法。

2）龙口设计

龙口闭气设计应遵守下列规定：

（1）闭气土料可采用当地海涂泥及山地壤土。

（2）内闭气土体断面可分两类，一是直接在截流堤内侧抛填土料，按自然坡形成闭气土体；二是在截流堤内侧一定距离外筑一道子堤，在其与截流堤之间抛填土料，形成闭气土体。水较浅时选前者，水较深时选后者。

（3）闭气土体设计应满足渗透稳定和抗滑稳定的要求。

（4）闭气过程中，应充分利用水闸控制围区水位。

3）龙口施工

龙口施工应选择在潮位低、潮差小、风浪小的时段进行。堵口顺序应符合下列要求：

（1）软土地基龙口，宜采用平、立堵相结合的堵口方式（图 2-13)。

（2）对于多个龙口封堵的工程，应先封堵地基条件差的龙口，留下 1～2 个地基条件较好的龙口最后截流。

（3）可选多个堵口方案，利用等值线图确定每个方案的水力要素，并结合地基稳定和施工条件进行比较，确定最优堵口顺序。

4）截流堤设计

截流堤设计，应符合下列规定：

（1）截流堤是在堵口段用来截断潮流的戗堤。截流堤设计应符合下列要求：

①在溢、渗流和波浪作用下，要有足够的水力稳定性。

②软土地基有足够的稳定性。

③对可冲刷非黏性土地基上的截流堤，应防止出现接触面冲刷。

④断面设计应与施工方法和堵口顺序相适应。

⑤与海堤断面结构设计相适应。

图 2-13　迎浪提坝合龙（闭气）实况

（2）截流堤断面

截流堤断面分为下部溢流部分和上部非溢流部分。下部断面可结合压载和护底统筹考虑，上部断面应满足堵口期挡潮和施工交通等要求，其顶高程应超过施工期设计潮位 0.5 m，堤顶宽宜取 3～7 m，非渗流出溢范围边坡可用 1∶1.3～1∶1.5，渗流出溢范围内边坡宜在 1∶1.0～1∶2.0 之间。下部断面宜采用平堵法施工，上部断面可用平立堵结合或立堵法施工。

截流材料可用块石，当块石不能维持稳定时，可选用竹笼，混凝土人工块体、钢筋笼或其他结构。应按规范要求，计算截堤堆石体上单个抛投体在水力的作用下抗冲稳定临界流速 V_c。

5）龙口保护

龙口的保护应遵守下列规定：

（1）龙口两侧海堤，宜采用坡度较缓的堤头边坡，不侵占时应对龙口两侧堤头予以保护。

（2）非岩基上龙口应进行护底。对于 1 级、2 级海堤工程，宜通过模型试验确定龙口保护措施和范围。

（3）龙口护底构造，先铺 0.3～0.5m 厚石渣垫层，必要时，可在垫层下铺设一层土工布再抛块石。块石尺寸根据龙口最大流速确定。

（4）龙口护底铺设应遵循“先低后高”、“先近后远”和“先普遍铺再逐步加厚”的原则。

7. 浅海筑堤抛石位移控制

流水抛石位移情况，直接影响着抛石筑堤的质量，应通过现场试验摸清规律后，方可开始大规模施工，以确保质量与工效。表 2-11 是荆江（鄂）堤防加固工程多年实测总结得出的抛石位移经验总结，可供浅海水域公路路基防护系统抛石施工参考。

抛石位移查对表（单位：m）　　表 2-11

块石重（kg）	水深 10 m 流速（m/s）				水深 15 m 流速（m/s）				水深 20 m 流速（m/s）			
	0.5	0.8	1.1	1.4	0.5	0.8	1.1	1.4	0.5	0.8	1.1	1.4
30	3.6	5.7	7.9	10.0	5.4	8.6	11.8	15.1	7.2	11.4	15.7	20.1
50	3.2	5.2	7.2	9.2	4.9	8.0	10.8	13.8	6.6	10.5	14.4	18.5
70	3.1	5.0	6.9	8.7	4.7	7.5	10.3	13.1	6.3	10.5	13.8	17.4
90	3.0	4.8	6.6	8.4	4.5	7.2	9.9	12.5	6.0	9.6	13.1	16.7
110	2.9	4.6	6.4	8.1	4.4	7.0	9.6	12.2	5.8	9.3	12.7	16.2
130	2.8	4.5	6.2	7.9	4.2	6.8	9.3	11.8	5.6	9.0	12.4	15.8
150	2.7	4.4	6.0	7.7	4.1	6.6	9.0	11.5	5.5	8.8	12.1	15.4

8. 施工阶段安全位移

软土地基上筑堤，或用高含水率土料填筑，如施工强度过大，有可能会导致堤身失稳而滑坡，故必要时应在坡脚附近设置一排至数排边桩，用作水平位移和堤基垂直沉降观测，以监控施工安全。

根据工程实践经验表明：

如果水平位移量＜5mm/d、垂直沉降量＜10mm/d，一般说来施工是安全的。

若观测值超过上述数据，或设计的规定值，且堤坡有明显变形时，填土即应停止，并观察变形发展规律，研究处理办法，待变形趋于稳定后再继续施工。

第三章 盐渍土改良及路堤填筑

疏港公路无论位于滩涂区、潮差区，还是永浸区的路段，都不可避免地处于盐渍土环境。所不同的是，有的已经形成盐渍土，有的正在形成，有的以后一定会形成盐渍土。因此在土质海岸修建疏港公路难以离开盐渍土。

例如：河北省沧州沿海地区，属于贫石地区，修建疏港公路时，所用路基填料，如从远地运来，其运输费用可想而知，因而用作路基填料只能在盐渍土上面作文章。

盐渍土干时坚硬，遇水时软化，失去强度和稳定，不能直接用作路基填料。公路路基设计规范规定，当土中含盐量超过0.3%，就无法直接用作路基填料，因此，如何对盐渍土改性问题，就成为疏港公路关键问题之一。

第一节 盐渍土及其类型

盐渍土是一种特殊的土，土中含许多易溶盐类物质。当地表1m内含有容易溶解的盐类超过0.3%时，从工程意义讲，即称为盐渍土。

盐渍土中最常见的易溶盐类有：氯化钠（$NaCl$）、氯化镁（$MgCl_2$）、氯化钙（$CaCl_2$）、硫酸钠（Na_2SO_4）、硫酸镁（$MgSO_4$）、碳酸钠（Na_2CO_3）、重碳酸钠（$NaHCO_3$），有时也可遇到不易溶解的硫酸钙（$CaSO_4$）和很难溶解的碳酸钙（$CaCO_3$）。

沿海平原及滩涂地带的土，基本上都是盐渍土。土中水分被蒸发后，地表面干硬、龟裂；过湿时像一团黑泥潭。图3-1、图3-2、图3-3、图3-4是黄骅港滩涂的盐渍土真实写照。

根据其形成条件和易溶盐种类不同，盐渍土土分为盐土、碱土、胶碱土；按土中含盐种类不同，盐渍土分为氯盐渍土、亚氯盐渍土、亚硫酸盐渍土、硫酸盐渍土、碳酸盐渍土；按土中含盐量不同，从工程角度分为弱盐渍土、中盐渍土、强盐渍土、过盐渍土。

图3-1 黄骅港滩涂盐渍土

图3-2 开挖出滩涂盐渍土

1. 盐渍土形成条件分类

1）盐土

以含有氯盐及硫酸盐为主的盐渍土称为盐土。水中溶解这类盐愈多，表明水的矿化度就愈高。当这种矿化度高的地下水，处于高水位状态时，在地面低洼地带，由于毛细管作用，水分被蒸发后，盐分便聚集在土的表层。

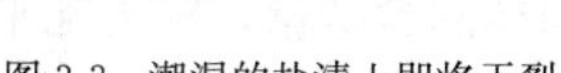
图 3-3　潮湿的盐渍土即将干裂

图 3-4　盐渍土干裂时状态

在海滨地带，由于海水浸渍也可形成盐土。盐土也可在草原和荒漠中的洼地内形成，它是因为带盐分的地表水流入洼地，经过蒸发而形成盐土。干旱季节时，盐土表面常有盐霜或盐壳出现。

2）碱土

在表土层中，只含有少量的碳酸钠和重碳酸钠，不含或仅含微量的其他易溶盐类，黏土胶体部分为吸附性钠离子所饱和，这种类型的土称为碱土。

碱土通常为层状结构，表层为淋溶层，下层为淀积层，呈柱状结构。在深度 40～60cm 的土层内含易溶盐最多，同时也聚积有碳酸钙和石膏。

碱土是盐土因地下水位降低而形成的，或者是由地表水渗入土中，然后因水被蒸发时形成的。

3）胶碱土（龟裂黏土）

胶碱土生成于荒漠或半荒漠地形低洼处，大部分是黏性土或粉性土，表面平坦，不长植物。干燥时非常坚硬，干裂成多角形。潮湿时立即膨胀，裂缝挤紧，成为不透水层，遇水时非常泥泞。在胶碱土整个剖面内，易溶盐的含量均较少，盐类被淋溶至 0.5m 以下的地层内，而表层往往含有吸附性钠离子。

2. 盐渍土按含盐性质分类

在自然界土壤中中，易溶盐种类繁多，各有自己的特性，赋予相应的土壤不同的特性。不同的盐类具有不同的化学特性，从而影响了盐渍上的物理力学特性。例如：氯盐极为活跃，易对混凝土、钢筋产生腐蚀作用，当其溶于水后使土体孔隙率增大，导致路面产生溶陷变形。硫酸盐与水相结合，生成膨胀的晶体，用其修筑的路堤，易造成翻浆，危及公路稳定。

不过，不管哪种易溶盐物质，都不是单纯存在的，而是相互混杂在一起，各自对土壤产生不同作用。正是利用这一特性，以土壤中单位质量中含某一类盐最多的那种盐，对盐渍土进行分类，即按易溶盐性质分类，以方便不同的工程，遇到不同的盐渍土，采取不同对策，以预防或消除对工程的危害。表 3-1 正式遵循这一原则，对盐渍土按易溶盐进行了分类。

盐渍土按含盐性质分类　　表 3-1

盐渍土名称		氯盐盐渍土	亚氯盐渍土	亚硫酸盐渍土	硫酸盐渍土	碳酸盐渍土
离子含量比值	Cl^-/SO_4	>2	1~2	0.3~<1.0	0.3	—
	CO_3+HCO_3/Cl^-+SO_4	—	—	—	—	>0.3

注：离子含量以 1kg 土中离子的毫摩尔数计（mmol/kg）。

3. 按土壤盐渍化程度分类

工程实践表明，工程自身对自然介质或多或少都具一定的抵抗腐蚀的能力，同样对盐渍土也是如此，当土中含有少量的盐碱时，对工程不会造成危害；但是，其含盐量超过一定限度时，就要危及公路的安全。所以，在公路工程中，对地表 1m 深度内，其含盐量超过 0.3%时，该土体就定为盐渍土。不过，不同的行业，对确定盐渍土标准也不完全相同。

工程实践表明，相同含盐量的不同土体，却有显著不同的工程特性。例如，砂土中易溶盐含量超过 0.5%，其浸水后可能会发生较大溶陷；同样的含盐量，黏土几乎不产生溶陷。又如，土体中有 1.0%硫酸盐时，压实后的黏土与粉土会有较大的膨胀变形，粗粒砾石土几乎不产生膨胀，或只产生较小的膨胀。对与工程人员来说，最关心的是土体的承载能力与稳定性。为此，根据土体中的含盐量不同，对不同粒度土将盐渍土分为弱、中、强、过盐渍土。各自的具体技术标准，如表 3-2 所示。

盐渍土按盐渍化程度分类　　表 3-2

盐渍土名称	细粒土土层的平均含盐量（以质量百分数计）		粗粒土通过 10mm 筛孔土平均含盐量（以质量百分数计）	
	氯盐渍土及亚氯盐渍土	硫酸盐渍土及亚硫酸盐渍土	氯盐渍土及亚氯盐渍土	硫酸盐渍土及亚硫酸盐渍土
弱盐渍土	0.3~<1.0	0.3~<0.5	2.0~<5.0	0.5~<1.5
中盐渍土	1.0~<5.0	0.5~<2.0	5.0~<8.0	1.5~<3.0
强盐渍土	5.0~8.0	2.0~5.0	8.0~10.0	3.0~6.0
过盐渍土	>8.0	>5.0	>10.0	>6.0

注：离子含量以 100g 干土内的含盐总量计。

第二节　盐渍土基本性质与移动规律

盐渍土性质特殊，但在我国分布较广，基本分布区域分沿海盐渍土区和内陆盐渍土区。前者，由于近海陆地受到海水浸渍，或海岸退移形成的盐渍平原。后者，多是原生盐石，经地面流水的冲溶到低洼，由于水分被蒸发而形成的。盐渍化类型主要是氯盐渍土，一般含盐量在 5%以下。在区气候比较湿润，地下水位较高，水对盐渍土的稳定性影响最大。

一、易溶盐基本性质

易溶盐水溶液，一般具有以下性质：

1. 盐类溶解度随温度变化

盐类溶解度，一般随温度升高而增加，但是，盐类成分不同，增加程度也各有不同。由于各种易溶盐在同一温度时的溶解度不同，所以各种盐类在土中的分布和移动规律也不同。

2. 盐类浓度增加，溶液冰点则降低

随着盐类浓度增加，溶液冰点也相应降低。一般来说，在0℃时溶解度大的盐类，例如：如氯化钠、氯化钙、氯化镁，随着浓度增加，盐溶液冰点降低幅度也大。

在0℃时溶解度很低的盐类，例如：如硫酸钠、重碳酸钠、碳酸钠等，冰点就不能降低很多，因为当温度降低至0℃以下时，这些溶液中的盐分太少。

3. 土中主要易溶盐的基本性质

在盐渍土中，所含易溶盐类，主要有氯化物盐类、硫酸盐类和碳酸盐类三种，这三类易溶盐，具有各自特性（表3-3），了解它们的基本性质，对合理开发、改性和利用盐渍土筑路具有重要意义。

易溶盐的基本性质表　　表3-3

盐类名称	基本性质
氯化物盐类	1. 溶解度大； 2. 有明显的明亮湿性，如氯化钙的晶体，能从空气吸收超过本身重4～5倍的水分，且吸湿水分蒸发缓慢； 3. 溶液中结晶时，体积不发生变化； 4. 能使冰点显著下降
硫酸盐类	1. 没有吸湿性，但在结晶时有结合一定数量水分子的能力； 2. 硫酸钠从溶液中沉淀重结晶时，可结合10个水分子形成芒硝（$Na_2SO_4 \cdot 10H_2O$）而使体积增大；在32.4℃时芒硝放出水分，又成为无水芒硝，体积也变小； 3. 硫酸镁结晶时，结合7个水分子，形成结晶水化物（$MgSO_4 \cdot 7H_2O$），体积亦增大，在逐渐脱水时，体积随之减小； 4. 硫酸钠在32.4℃以下时，溶液解度随温度增加而增加，在32.4℃时溶解度最大，在32.4℃以上时，溶解度下降
碳酸盐类	1. 水溶液有很大的碱性反应； 2. 能分散黏土胶体颗粒

二、易溶盐在土中移动规律

盐渍土中的易溶盐，受到气候影响后，在土中产生垂直移动；在地表和地下水作用下，它又随着水流进行水平移动，从而使土中的含盐量发生变化。

1. 易溶盐垂直移动规律

盐渍土中易溶盐，在日照作用下，气温升高，地表水分被蒸发；遇到降雨易溶盐溶解，重新渗入土壤，从而在一年中发生周而复始变化，随之易溶盐年年如此，总是发生周期性的聚集与淋溶现象，使其在土壤中进行上下移动。

在干旱季节，气温升高，蒸发量大，矿化度高的地下水，由于毛细管作用携带易溶盐从地下上升，水分蒸发后，盐分从溶液中结晶析出，在地表集聚。这时盐渍土表层的含盐量最大，地表下部随深度增加则含盐量相对减小。

在潮湿或降水季节，地表部分的易溶盐，由于降水或其他水分的溶解而随水下渗，转入下层。这时盐渍土表层的含盐量则相对减小，而表层下部的含盐量增大。

易溶盐这种聚集和淋溶现象，就是在土壤中所进行垂直移动。于是，易溶盐中的某些盐分，在土层剖面中的分布情况发生相应的周期性变化。

2. 易溶盐水平移动规律

土中易溶盐的水平移动，是通过地下水或地面水的水平运动而产生的。当地下水在土层中流动，或地面水沿地面流动时，部分易溶盐即溶入水中被带走，而在其他地势低洼的地带聚集析出，即形成易溶盐的水平移动。由于不同盐类具有不同的溶解度，在移动过程中不同的盐类发生逐次沉积现象，出现不同盐类在平面上随着地势呈现带状分布的规律。

3. 灌区易溶盐的移动规律

在灌溉地区，随着地表大量水分下渗，抬高了灌区及其附近的地下水位，同时，使土层上部的盐分向下淋溶，并向灌区附近地区转移，从而增加了附近地区地下水中的盐分。因此，灌溉的结果不仅会使灌区脱盐，而且也会使灌区附近发生新的盐渍化。

三、盐渍土工程性质

与一般土壤不同，盐渍土属于“四相”结构，易溶盐同时存在于固态和液态之中，并在下述两种情况下发生相态的改变，一种情况是：土中含水率的改变，如土中水量增加，固态易溶盐溶解于水中；另一种情况是：温度改变，如硫酸钠随着温度降低溶解度减小，过饱和的盐分吸水结晶，体积增大；温度升高时又溶解于水中，体积缩小。易溶盐所产生的上述相态变化，对土的物理力学性质有较大影响。除此之外，盐渍土的性质还取决于含盐类型、含盐量以及土质结构等。

1. 盐渍土组织结构

盐渍土的颗粒矿物成分，主要为伊利石，其次为蒙脱石；化学成分以二氧化硅为主，其次为三氧化二铝。

盐渍土常具有类似湿陷性黄土的粒状、架空、点式接触或接触—胶结的组织结构，盐晶体多镶嵌在土颗粒之间。这种结构形式是不稳定的，孔径往往远大于颗粒直径，在浸水的条件下，使颗粒间的剪应力减小，连接点遭到破坏，遂使细小颗粒坠入孔隙之中，导致土体的湿陷。

2. 盐渍土物理性质

1）与含水率有关的物理指标

在盐渍土物理指标计算中，若使用常规的含水率测定方法，例如烘干法，把盐渍土中含盐的“水溶液”当作纯水考虑，这就使土中的“固相”增加，“液相”减小，这是因为溶解在水里的盐并不能协同土颗粒起骨架作用，根据土的三相图求得的计算指标与实际有出入，如干密度偏大、饱和度偏小等。

2）氯盐渍土的可塑性

通过室内和现场试验可知，氯盐渍土的液、塑限，随含盐量的增加而降低，表 3-4、

表 3-5 所示出的试验数据，充分展现出这一性质。

粉质黏土不同含盐量的可塑性试验

表 3-4

掺入盐量（%）	0	2	4	6	10	10
液限 w_L（%）	25.9	26.0	24.8	24.0	22.9	21.2
塑限 w_P（%）	16.5	15.7	14.6	14.0	13.6	12.8
塑性指数 I_P（%）	9.4	10.3	10.2	10.0	9.3	8.4

粉土不同含盐量可塑性试验

表 3-5

掺入盐量（%）	0	2	4	6	10	20
液限 w_L（%）	19.0	18.9	18.1	16.8	16.6	16.3
塑限 w_P（%）	14.2	13.7	13.3	13.0	12.6	11.6
塑性指数 I_P（%）	4.8	5.2	4.8	3.8	4.0	4.7

3）氯盐渍土的吸湿性

氯盐渍土内含有较多的一价钠离子，它的水解半径大，水化能力强，在其周围可形成较厚的水化薄膜，因此，使盐渍土具有较强的吸湿性和保水性。这种现象俗称“泛潮”。

影响氯盐渍土吸湿性的因素很多，如降雨、气压、风、温度及湿度等，但主要因素是空气中的相对湿度。据观测一般“泛潮”时的相对湿度在 4%以上。氯盐渍土吸湿深度只限于表层，据铁道部第一勘测设计院资料显示，土壤中随着氯盐含量增加，其吸湿深度不断增加（表 3-6）。

氯盐渍土吸湿影响深度

表 3-6

土的名称	盐含量（%）	湿度	吸湿深度（cm）	土的名称	盐含量（%）	湿度	吸湿深度（cm）
细砂	20	饱和	6	粉土	30	饱和	10
细砂	30	饱和	8	粉质黏土	30	饱和	12
粉砂	20	饱和	8				

4）硫酸盐渍土膨胀特性

盐胀是硫酸盐渍土的一项重要的工程性质。硫酸盐沉淀结晶时，体积增大，脱水时体积缩小，致使原有土体结构破坏而疏松。土中硫酸钠含量、温度变化，以及含水率及密度等，都是影响硫酸盐渍土膨胀变形的主要因素。下面以常见的粉质亚黏土为例，说明几个主要因素对盐胀的影响。

（1）含盐量（硫酸钠含量）

当土中硫酸钠含量大于 0.5%时，即出现盐胀。这基本上是盐胀性含盐量的临界指标；当土中硫酸钠含量在 0.6%～3%范围内，盐土膨胀率增加很快。大于 3%后，膨胀率趋于平缓，这是由于含盐量增大到超过水的溶解能力，多余的盐分不形成盐胀。

（2）含水率

当含水率小于 6%时，无论含盐量多少，土体盐胀平均小于 2%；当含盐量大于 2%，含水率大于 6%时，随着含水率增加盐胀率增加，但有一峰值，超过峰值后，盐胀率随含水率的增加而减小；当含盐量为 3%～15%时，盐胀率为峰值，含水率约为 14%～18%之间，并且随着含盐量的增加而增大。

（3）密度（初始密度）

土体密度的影响表现在孔隙率对盐胀量的吸收程度，在一定范围内土体密度越大，相应的孔隙率越小，则有利于盐胀自由增长的空间减小，而使土体体积膨胀量增大。但盐胀率随密度的增加并非无限制增大，试验证实，土的干密度大于 1.8g/cm^3 后，盐胀量将开始减小。

(4) 温度（降温过程）

硫酸盐渍土的起胀温度大多在 25℃左右，含盐量大时，可提高到 32℃，含盐量小时可降低到 20℃，含盐量小而含水率大时则会降低更多；盐胀增长的温度区间很大，从起胀温度开始一直可延续到－15℃以下，即从秋末开始一直延续到隆冬。降温速率对盐胀也有明显影响，类似于降温速率对冻胀的影响，即降温速率慢时盐胀量大，快时盐胀量小；可能产生盐胀的深度远较当地冻深为大。

(5) 路面可减小路基盐胀深度

作为上覆荷载与整体性强的路面，可抑制一部分路基盐胀。厚层粒料基层、垫层能吸收一部分路基盐胀变形，可减轻路面盐胀。整体性强的路面可使路基盐胀变形在路面表面变得平缓一些。

5) 碳酸盐对土的膨胀影响

碳酸盐中含有大量吸附性阳离子，遇水时便与胶体颗粒相作用，在胶体颗粒和黏土颗粒周围形成结合水薄膜，减小了颗粒间的黏聚力，使其互相分离，引起土体膨胀。试验证明，当土中的 Na_2CO_3 含量超过 0.5%时，其膨胀量即显著增大。

四、盐渍土力学性质

盐渍土的力学性质，主要表现在，黏聚力 c、内摩擦角 φ 及强度，这些指标的变化，与含盐量密切相关。

1. 黏聚力 c

盐渍土在一定的含水率条件下，因土粒中含有盐分，土粒彼此间的距离将会加大，黏聚力将随之变小。但当含盐量增加到某一程度后，盐分的胶结能力逐渐增加，结果使黏聚力随含盐量增加而增加。

2. 内摩擦角 φ

当土中含盐量少时，盐溶解于水起润滑作用，内摩擦角减小。当含盐量增加到某一程度后，盐开始结晶，晶体充填于空隙中，起了骨架作用，内摩擦角增大。

所以，在干燥状态时盐渍土中的含盐量增加到某一程度后，比不含盐的土的强度高；当含水率增加时，其强度则急剧降低，比不含盐土的强度小。在潮湿状态时，土中的含盐量越大，则其强度越低。降低的原因：一是由于土粒表面的薄膜水及其离子的作用而引起变化，其中以碳酸盐表现最显著；其二是由于盐渍土的结晶盐溶解而增加空隙。

3. 强度

硫酸盐渍土的总含盐量对土的强度的影响与氯盐渍土相比，效果恰好相反，土的强度随含盐量增加而减小，其原因是由于硫酸盐有膨胀及收缩过程中吸水及析水，使土体结构破坏而松懈，致使力学性质变坏，地基强度降低。特别是在高温析出时，土的含水率大大增加，可使地基处于泥泞状态。

五、盐渍土毛细作用

土的毛细作用是指土中水沿毛细孔隙向上或向其他方向移动的现象。毛细孔隙一般为0.002～0.5mm。毛细现象可能引起道路翻浆、盐渍化、冻害，致使路基失稳。

在盐渍土中毛细水上升，能直接引起地基土的浸湿软化和次生盐渍化，进而使土的强度降低，产生盐胀、冻胀等病害，所以，对公路来说，毛细是一有害的作用。对盐渍土地区的工程建设，应考虑如何降低地下水位，控制有害毛细水上升高度。

毛细水作用的影响主要是自由水运动部分的毛细水，这部分毛细水运动速度快，溶盐能力强，参与运动的水量也大，因此对土中水、盐运移起着主要作用，而属于毛细水中的薄膜水部分则运动能力差，蒸发也困难。所以，毛细作用影响划分为有害毛细水和无害毛细水。这里仅研究有害的毛细水作用问题。

1. 毛细作用对土物理性质影响分析

在盐渍土中，当产生毛细水运动过程中，使土中含水率大于塑限或最大分子吸水量时，此时，毛细作用才对盐渍土地基产生危害作用。

原因是：从物理意义上讲，处于塑限或最大分子吸水量时，土中的水属于结合水，高于这个限度就转变为毛细水。从力学意义上讲，塑限含水率是黏性土从可塑状态转变为干硬状态的分界含水率，高于或低于这个含水率，土的力学强度差异很大。从土的冻胀作用来说，当土中含水率不超过塑限或最大分子吸水量时，土就不产生显著的聚冰现象，也不致引起冻害。

2. 影响毛细水上升的主要因素

土中毛细作用是一客观现象，影响其上升高度和速度的因素很多，但最主要的因素是土的粒度成分、矿物成分、土颗粒排列和孔隙的大小，以及水溶液的成分、浓度、温度等。

1）土的粒度成分对毛细影响

土的粒度成分不同，最显著地影响着毛细水上升高度。一般而言，土的颗粒越细毛细水上升的就越高，反之，上升高度越小。人们研究结果表明：能产生毛细管现象土颗粒的极限直径一般为2mm；大于这一粒径就不能形成毛细管。研究表明：对于不同粒组的土，毛细水上升高度及速度，详见表3-7及表3-8。

各类土的毛细水上升高度（cm）　　表3-7

土的名称	中砂	细砂	粉土	粉质黏土	黏土
毛细水上升高度	15～35	35～100	100～150	150～400	400～500

各种粒组的砂毛细水上升高度（cm）**及上升速度**（cm/h）　　表3-8

颗粒大小(mm)	孔隙度(%)	毛细水上升高度		达到最大高度的时间(d)	平均速度	
		24h	最大		第1昼夜	达到最大上升高度以前
1～0.5	41.8	11.5	13.1	4	0.48	0.14
0.2～0.1	40.4	37.6	42.8	8	1.56	0.22
0.1～0.05	41.0	53.0	105.5	72	2.21	0.06

2）土中盐分对毛细影响

土中盐分对毛细的影响，主要取决于盐的含量和类型。人们研究结果表明，同一种盐分含量越高，毛细水上升高度就越低；土中所含盐类不同，毛细水上升的高度也不同，硫酸盐与氯盐相比，前者却减缓了毛细水上升高度（表 3-9）。

盐对粉砂毛细水上升高度的影响 表 3-9

序号	水质		有害毛细水上升高度(m)	序号	水质		有害毛细水上升高度(m)
	含盐种类	矿化度（g/L）			含盐种类	矿化度（g/L）	
1	蒸馏水	0	1.44	5	NaCl	150	1.36
2	Na_2SO_4	10	1.46	6	NaCl	250	1.31
3	Na_2SO_4	50	1.38	7	NaCl	300	0.87
4	NaCl	50	1.59				

注：摘自铁道部第一勘测设计院资料。

另外，土中的盐分对细水上升作用，有着正反两个方面的影响，一方面水中含盐量可以提高其表面张力，使毛细水上升高度随着表面张力增大而增大；另一方面，水中盐分又使其溶液密度增大，并使颗粒表面分子水膜厚度增大，从而增加了毛细水上升的阻力，使毛细水上升值减小。当矿化度较低时，前者占优势，反之则后者占优势。这一点也是值得注意的。

六、土中盐分对冻结温度影响

盐渍土中的水分都含有盐分，所以它是一种具有一定浓度的溶液，其冻结温度要远低于摄氏零度。盐渍土中的水开始冻结的温度，称为盐渍土的起始冻结温度。不同溶液的浓度，都有相应的起始冻结温度，而起始冻结温度又随溶液浓度的增大而降低。同时起始冻结温度也与盐的类型有关。

前已所述，盐渍土中的水，起始冻结温度远低于摄氏零度，而影响盐渍土冻结温度主要有以下几种因素：

1. 含盐量

当土的类型和盐的类型一定时，土的起始冻结温度与土中水溶液的浓度有关，一般随土中水溶液浓度的增大而起始冻结温度降低，当土中含盐量在 5%以上时，土的起始冻结温度下降到－20℃（表 3-10）。

盐渍土中水溶盐浓度与氯盐渍土的起始冻结温度关系 表 3-10

土名	含水率（%）	总含盐量（%）	水溶液浓度（%）	起始冻结温度（℃）
粉质黏土	16.2	8.5	34.4	－25.0
粉质黏土	20.1	8.5	29.7	－23.6
粉土	18.4	6.7	26.7	－22.7
粉土	23.9	6.7	21.9	－18.7
粉砂	18.0	7.3	28.8	－23.9
粉砂	10.0	2.3	18.7	－15.7

2. 盐类性质

当土质条件及盐溶液浓度相同条件下，不同盐类的起始冻结温度也不相同。铁道部第一勘测设计院资料显示，通过对亚硫酸盐渍土与氯盐渍土的试验，得出一个结论：在水溶液浓度大于10%后，氯盐渍土的起始冻结温度比亚硫酸盐渍土低得多。

3. 盐渍土地区冻结深度的确定

盐渍土地区冻结深度的确定，可以通过对土中水溶液起始冻结温度的测定来确定。当土中的地温高于起始冻结温度时，则不会冻结；当地温低于土中水溶液起始冻结温度时，则土冻结。所以，盐渍土地区冻结深度，可以根据不同的深度地温资料、不同深度盐渍土中水溶液的起始冻结温度的试验成果来作出判断 。此外，也可在冰结末期在现场直接测定。

第三节　盐渍土改性与路堤施工

疏港公路盐渍土地段，属于斥卤不毛之地，按照公路路基设计和施工规范的要求，盐渍土不能直接用作路基填料，加之黄骅港地区位于华北东部平原的边缘，面临一望无际平坦海岸和滩涂，除去盐渍土外，别无其他建筑材料，如果大量外购砂石和远程调运，虽然可满足质量要求，但是工程费用之高，是不言而喻的。因此，在盐渍土地段筑路问题，首先，要解决的难题之一就是路堤填料。设法对盐渍土进行改性，使之符合公路路堤填料技术要求，就成为工程建设的关键问题之一。

一、盐渍土固化改良

近几年来，随着公路和其他工程建设的发展，为开拓和发展沿海地区经济，在工程建设中愈来愈多遇到盐渍土。为了解决这一工程难题，许多科研单位、院校、专家对盐渍土改性进行了一系列研究，再通过工程实践经验总结，已有许多不同类型固化剂用作盐渍土改性材料，并收到良好的效果。在疏港公路建设中，结合黄骅沿海地带盐渍土特点，选用了交通部（现交通运输部）公路科学研究所杨世基先生等专家的研究成果，用于固化盐渍土收到了良好的效果。

二、疏港公路选用的固化材料

对盐渍土改性，最重要的措施就是设法降低盐渍土含水率，在工程实践中，选用了表3-11中所列出的材料和相应的掺量，通过实际工程检测表明，起到了对现状土的含水率降低的功效。根据施工检测资料统计，不同的材料掺入量见表3-11，可供同行们参考。

各种结合料掺拌土中降低的含水率（%）　　表3-11

生石灰	水泥	SCA	NCS-I	NCS-2	NCS-II	备注
5.0	2.8	8.8	5.8	5.5	5.7	剂量4%
6.0	3.3	10.7	7.0	6.6	6.9	剂量5%
10.8	8.0	19.2	12.9	12.2	12.7	剂量10%

在表 3-11 中，列举的 SCA 和 NCS 固化剂，其各自对土壤固化作用和适用土壤类型，分别简要介绍如下：

1. SCA 固化剂

SCA（ New type of Composite stabilizer for Cohesive soil 简称 NCS）是一种新型复合黏性土固化材料，其组分为石灰、硅酸盐水泥熟料，再添加一种 SCA 材料（即一种含硫、铝、钙的高性能无机吸水增强材料）混合改性而成。

其中：

生石灰起吸水作用，使土粒砂质化，在固化后期与土粒发生火山灰反应，提供后期强度。

硅酸盐水泥熟料作用：提供强度和增强土团粒之间的联结。

SCA 材料能强烈吸取土中水分，促使土粒凝聚而成粒砂化，并生成针状矿物（钙矾石），提供早期强度和具有“微型加筋”作用。

针对过湿土、路面基层及地基的特点，将上述三种材料以不同的最佳配比（其中 SCA 有不同组成配合比），可以有效地降低黏性土含水率，改善压实性，增强稳定土强度、水稳性及抗冻融能力，减少固化土的收缩，达到就地利用不同黏性土（含有机质土）直接用于填筑路堤的目的。

2. NCS 固化剂

“NCS”（New type of Composite Stabilizer for Cohesive Soil）固化材料是针对不同气候、不同土质在干、湿状态下进行固化地材料。其配合比范围为：石灰∶硅酸盐水泥熟料∶SCA=（35～660）∶（15～50）∶（10～40）。

根据不同黏性土特性，配制出了 NCS 固化材料系列产品：NCS-1 适用于塑性指数为 12～20 的黏性土；NCS-2 适用于塑性指数为 15～25 的黏性土、含有机质土、黑龙江黑土；NCS-3 适用于塑性指数为 10～17 黏性土、盐渍土、黄土；NCS-0 适用于塑性指数为 18～35 的黏土、高含水率黏土、有机土、膨胀土。

3. NCS 减小固化土塑性指数 I_p

表 3-1 中的 NCS-I 是一种复合黏性土固化材料，具有较好的吸水性能和施工延迟性。在过湿黏土中，掺入不同剂量的 NCS-1，通过实际工程检验，对改善土的物理和力学性能，对改善其压实条件，施工简单，能加快施工进度，缩短工期，具有显著的功效（图 3-5）。

图 3-5　NCS 固化土施工现场

（1）对固化土水理性：即土的液限（W_l）、塑限（W_p）、塑性指数 I_p 等指标改善结果列于表 3-12。

NCS-1 固化材料不同剂量时的稠度状态　　表 3-12

NCS-1 的剂量（%）	0	3	4	5	6	12
液限 W_l	57.0	55.0	55.1	54.5	54.0	54.0
塑限 W_p	26.0	29.5	30.6	30.8	31.0	28.2
塑性指数 I_p	31.0	26.0	24.5	23.7	23.0	25.8

(2) 延长作业间隔(时间)

固化剂对现状土填筑路基之作业延迟时间均有明显影响，根据表3-13、表3-14所列数据表明：NCS固化材料具有缓凝性，这对施工现场十分有利，可以在2～3天内碾压完毕，既有利于充分压实，也大大增加了施工的灵活性。

NCS固化剂掺量4%的稳定土的7d抗压强度*R*(MPa)值 表3-13

延时制件(*h*)	0	1	2	3	4	6	8	10	24	24扰动后
NCS-1(Kh90)	0.82	0.75	0.70	0.72	0.76	0.82	0.79	0.79	0.74	0.77

NCS固化剂掺量4%的稳定土的7d抗压强度*R*(MPa)值 表3-14

延时制件(d)	0	1	2	3	4	5	6
NCS-7(Kh93)	1.59	1.90	1.92	1.54	1.59	1.56	1.64
NCS-8(Kh93)	1.73	1.86	1.90	1.54	1.57	1.53	1.60

表3-13、表3-14中的Kh90、Kh93，其中“kh”是恒温恒湿的意思，“90、93”分别是“相对湿度”不低于“90和93”的意思。也就是常说的“浸水标准养生条件”。

(3) 改善CBR

在过湿土中，掺入4%的NCS固化剂，与其他固化材料相比，对路基填土的CBR值、回弹模量、弯沉值有着明显的改善。通过试验检测的CBR值、回弹模量E_0、弯沉值，分别列于表3-15a、b、c中，以资进行比较，显示不同固化材料固化效果次第。

各层结合料整层处理路基的CBR值 表3-15a

路基加固类型	路基顶面CBR代表值(%)	路基加固类型	路基顶面CBR代表值(%)
NCS-2固化材料	48.7	石灰水泥	35.5
消石灰	27.0	石灰粉煤灰	28.8
生石灰	39.8		

各层结合料整层处理路基的回弹模量E_0 表3-15b

路基加固类型	路基顶面*E*(MPa)		路基加固类型	路基顶面*E*(MPa)	
	E_0	E_0代表值		E_0	E_0代表值
NCS-2固化材料	73.8	59.9	石灰水泥	64.8	54.4
消石灰	60.8	45.4	石灰粉煤灰	67.5	51.2
生石灰	70.5	56.1			

各层结合料整层处理路基的弯沉值*l*(单位：0.01mm) 表3-15c

路基加固类型	路基顶面			路面	
	*l*平均	*l*代-解	*l*代-黄	*l*平均	*l*代-黄
NCS-2固化材料	101.4	148.9	232.3	20.7	29.8
消石灰	126.4	206.2	321.6	33.2	52.1
生石灰	140.0	241.3	376.5	21.2	32.0
石灰水泥	114.3	160.6	250.5	29.4	44.1
石灰粉煤灰	118.0	172.4	268.8	25.0	40.0

三、不同类型固化剂应用经验

1. SSM泥土固化材料

SSM是一种泥土固化材料，中国石油天然气管道勘察设计院周亮臣等专家对其进行应用研究，其研究成果表明：SSM泥土固化材料，适用于固化黏土、湿陷性黄土、亚黏土、盐渍土、轻亚黏土、粉质土等冻胀性土壤。在海滩道路基层以及路基边坡的防护中，已得到了广泛应用，每公里造价降低18%以上，施工进度大大提前。SSM泥土固化材料已在大庆油田道路中应用，通过检测，其冻胀系数、水稳性、强度以及弯沉值等性能指标都优于水泥、石灰等固土性能（表3-16）。

SSM泥土固化材料性能 表3-16

技术指标		数值	备注
抗压强度（MPa）	1d	1.0～3.0	掺量：6%～14%
	3d	2.0～3.5	
	7d	2.5～4.5	
渗透系数（cm/s）		1.2×10^{-6}	
抗腐蚀系数		>0.85	
冻胀系数		<0.95	
耐干湿性（12次干湿循环重量损失），% ASTMD559-89		<2	
抗冻融性（12次冻融循环重量损失），% ASTMD559-89		<2	

* ASTMD559-89是美国材料试验标准，耐干湿性（12次干湿循环重量损失），%。

另外，据天津城市建设学院李芳、柴寿喜在河北省丰南县境内的沿海高速公路T6标段试验研究表明：兰州大学研制的高分子液态SH胶固土剂与石灰相结合，改性固化滨海盐渍土，使被固化的盐渍土达到公路路基设计规范的要求。

2. 固结疏浚淤泥WH无机固化剂

岩土工程研究所侯玉京在《土壤固化剂在堤防加固工程中的应用》一文中介绍：WH无机土壤固化剂对淤泥有良好的固化效果。在淤泥土中掺入3%的WH无机土壤固化剂，可使淤泥土的抗压强度达到0.97MPa，掺加10%的土壤固化剂抗压强度达5.06MPa，渗透系数为2.33×10^{-8}cm/s。经冻融循环试验，外观无明显变化。

武汉大学资源与环境科学学院环境工程系周旻等在《工业建筑》2006年07期之《疏浚淤泥固化改性的工程特性》一文中介绍，HAS土壤固化剂对河道疏浚淤泥具有明显的固化效果：HAS固化剂改性后，淤泥的压实和渗透性有很大的改善，同时淤泥的强度能得到较大的提高。

3. 固化砂砾，加固堤防

岩土工程研究所侯玉京在《土壤固化剂在堤防加固工程中的应用》一文中介绍：湖南省益阳烂泥湖垸大堤护坡，采用WS系列无机土壤固化剂固化当地砂卵石，固化后28d抗压强度达15MPa，同时完全满足防浪抗冲的要求。

方案1：采用WS土壤固化剂固化当地砂卵石，利用现浇或喷浆的方法制作护坡面板，面板厚度10cm。

方案2：采用WH土壤固化剂固化当地亚黏土，仿照路面施工的方法在斜坡上进行拌和、碾压，护坡面板厚约 25cm。以上两种方法均取得了较好的当地材料固化和护坡加固效果。

4. 就地取材，中修养护

据山东省东明县交通局养护处于武胜路中修养护工程中，应用 DHT 土壤凝合素，就地取材，铺筑 200m 试验路，研究表明：路面基层的整体强度、板结性、耐久性等均明显好于用普通工程材料的路段。

5. 淤泥质土复合固化剂

浙江大学徐日庆等发明了一种“淤泥质土复合固化剂”。它以硅酸盐水泥为胶凝性材料，配以碱性激发组分、膨胀组分和表面活性剂混合而成。

碱性激发组分选用生石灰、水玻璃、氢氧化钠。

膨胀组分选用生石膏。

表面活性剂选用三乙醇胺、高效减水剂 FDN。

淤泥质土复合固化剂，具有早期强度高、后期强度稳定、水稳性好、抗冻性能好等优点，可将废弃的疏浚淤泥质土固化为路基填土等性能稳定的建筑材料，也可以在淤泥质土场地通过深层搅拌法生成复合地基。

6. 奥特赛特固化剂

珠海华孚公司在珠海港围海造地基础工程中，使用“奥特赛特固化剂”（AS-Z-1 型及 AS-S-1 型）处置淤泥层厚 8～12m，含水率 60%～70%，含盐量 3%～5%、有机质含量 5%以上的淤泥（粉细砂、沙性淤泥、淤泥）替代“打桩法”。试验表明：固化剂掺量为 15%时，稳固细粉砂 28d 强度可达 3.75MPa。稳固沙性淤泥和淤泥次之。此类固化剂可用于固结海底淤泥。

7. HAS 固化剂

武汉大学侯浩波教授发明的高强耐水的胶凝材料——HAS 固化剂，在围海筑堤工程中，即：堤防加固、围海筑堤、防渗帷幕、渠道衬砌、边坡稳定、砌护工程、西部积水地窖防渗等以及道路、建筑、废渣处理工程中，有着良好的实用价值。

总之，土壤经固化剂处理后，具有良好的水稳性，在此，笔者用华南理工大学郭柏林等专家在 2007 年《中外公路》No2—《“离子土壤固化剂”在低等级道路基层中的应用研究》一文中的试验结果来说明技术的可行性（表 3-17）。

7d 路基回弹模量试验结果　　表 3-17

路基加固类型	路基回弹模量 E（MPa）		路基加固类型	路基回弹模量 E（MPa）	
	不浸水	浸水		不浸水	浸水
现场素土	129.58	75.40	素土+4%石灰+0.3ISS	168.67	140.15
素土+4%石灰	120.74	75.4	素土+3%水泥+0.3ISS	133.89	110.23
素土+3%水泥	170.31	117.45			

在表 3-17 中，ISS 是 Ionic Soil Stabilizer 缩写词，它是一种含有多个强离子土壤固化剂，采取复合化学配方的制成的，其中含有活性成分的“硫化油”。这种“油”是由植物油或鱼油与硫酸作用，再经过中和而得。它与土壤拌和后，能除去泥质矿物中的水分，使

ISS 与土壤质点产生永久性结合物，从而达到强化土壤的目的。

同样笔者用华南理工大学谢士忠等先生等专家在 2007，No6；《中国公路》—“TG 土质固化剂在淮北农村公路中的应用”一文中列举的实例，说明固化剂在满足工程技术要求的条件下，均有显明地经济效益（表 3-18）。

不同类型路面基层费用比较表 表 3-18

路 面 结 构	造价（万元）	元/m²	石灰用量（t）
20cm 混凝土路面	19.188	54.8	
12%石灰土＋下封层＋3cm 沥青碎石	15.366	43.9	166.108
复合固结土基层＋下封层＋3cm 沥青碎石	13.947	39.85	77.86

注：广东省村村通公路长 1000m，路面基层宽 4.0m，路面宽 3.5m；固化剂用量为灰土的 0.015%，石灰剂量为 5%；使用 TG-1 和 TG-2 固化剂的基层强度分别达到 1.3MPa 和 1.322MPa。

上面提到的 TG 土质固化剂，是一种稀释土质的固化剂，无毒、无害、无污染，是一种环保型筑路材料；土质固化剂渗透性好，与土的和易性好，便于施工；高浓缩、用量少、运输费用低，供应半径大。一般情况下，它的用量只占被固化灰土重量的万分之一至万分之三，其应用领域宽广，既可以用于公路路面基层，也可以用于水利堤坝建设和建筑基底处理。它还易于储存，不易燃、不爆炸、室温下可存 3 年以上。用其固化路堤成本低，路用性能好，可提高路面基层的抗压强度、抗弯拉强度，明显减少路面低温缩裂作用。

第四节 盐渍土路基设计

疏港公路从黄骅市通向位于浅海港口码头，从盐渍土地带起始，经过海岸滩涂；穿过潮涨潮落海滩；淌过浅海水域，直至位于深水码头。

疏港公路建设，可谓过“五关”之艰。盐渍土是筑路不利之土，还必须改造加以利用。滩涂地带布满了一望无际的盐田、成片的养殖鱼、虾、蟹、蛎之海水池，加之地下水位之高，地质条件复杂，无数计的腐植质淤泥、沼泽、低洼水坑，处处都是筑路的拦路“虎”。

图 3-6～图 3-12 描述的场景，系疏港公路所经过的沿海滩涂地质地貌，及施工现场的一角。

图 3-6 黄骅港海岸滩涂盐池区（俗称盐汪子），左为自然盐池、右为砖砌盐池

在这样的地理环境中，修建出一条、数条能满足适用功能的、永久稳定的、宽广的公路，与一般陆地上的公路施工相比，其难度可想而知。

图 3-7　海岸边上的养殖池

图 3-8　滩涂地带的积水坑

图 3-9　抽水机排出养殖池中的水

图 3-10　挖掘出的积水坑中的淤泥

图 3-11　浅海两栖挖掘机筑造路堤围堰

图 3-12　沿海滩涂疏港公路施工现场

一、盐渍土路堤设计原则

前面所述及的疏港公路沿线地质地貌，在这样的地域里，修筑成一条满足黄骅港年以数百万吨级、乃至千万顿级吞吐货物运输。为了使修筑的疏港公路满足港口货物疏散运输要求，为此，对疏港公路建设提出以下技术要求：

1. 建设方案选择

盐渍土地区的公路，应查明沿线不同类型盐渍土的分布范围、含盐特征及地下水与地表水等情况，根据盐渍土类型及盐渍化过程，研究和分析可能产生的路基病害，合理确定设计方案，满足路基强度和稳定性要求。

2. 公路等级

路基应以填方路堤通过，其高度应结合当地气候特征、水文地质、土质盐渍化程度、地下水毛细作用高度、盐胀深度、冻胀深度以及公路等级等因素综合确定。

3. 地表土处理

盐渍土地区路堤基底，应视地表不同情况分别进行处理。表层的植被、盐壳、腐殖质土必须清除后再压实；过湿地段应排除积水，挖除表层湿土后换填，换填厚度不应小于0.30m。在风积沙或河沙比较近的路段，应优先利用风积沙或河沙换填。受地面水或地下毛细水影响的路基，可考虑设置隔断层。软弱地基应作特殊处理设计。

4. 路堤结构

路基处理应针对土堤含盐性质、盐渍化程度、当地工程地质、水文地质、地形和筑路材料等条件，因地制宜地采用提高路堤高度、地基换填、设置隔断层、改善排水条件等有效措施，保证路床处于干燥或中湿类型的稳定状态，不受盐分、水分的影响。

5. 路堤高度

路堤提高的高度，应与防治措施及排水设计综合考虑；排水不良的过湿地带，路堤最小高度不应小于表 4-2 的规定；二级以上公路路基高出地面 2m 时，应加设宽 1m～2m 的护坡道，护坡道顶面应高出长期积水位 0.5m 以上。

6. 地基换填材料

路基换填材料宜选用砾类土或砂。高速公路、一级公路换填厚度不应小于 1.0m，二、三级公路换填厚度不应小于 0.80m，并宜结合隔断层措施综合治理。

7. 路面稳定措施

隔断层设置层位应高出地面和地表长期积水位，以隔断水分和盐分进入路堤上层或路面基层。

8. 路堤边坡

用风积沙或河沙作为路堤填料或隔断层时，应适当放缓边坡或用砾（砂）类土包边，以防止边坡蚀坍。

9. 路堤排水

盐渍土地区路堤必须设置完善的排水设施，并结合当地农田排、灌系统综合考虑。

10. 地面排水措施

地表排水困难、地下水位较高或公路旁有农田排、灌水渠的路段，应在路基一侧或两侧设排（截）水沟，以降低地下水位或阻截农田排灌水，排（截）水沟距路堤坡脚应不小于 2m，沟深应低于地表 1.0m 以下。

11. 排水困难路堤措施

在排水困难、占地容许的路段，可设置蒸发池。

12. 盐渍土固化

当原有路堤填料换填受到限制时，可在原填料中掺入加固剂处治。加固剂的类型、成分和掺入剂量可根据填料土质通过试验确定。

二、盐渍土路堤设计技术要求

疏港公路起始路段，经过的是一段比较长的盐渍土地带。为避免和预防盐渍土路堤的病害，因此，在对这一地带的路堤设计时，必须满足以下技术要求：

1. 填料中容许含盐量

1）氯盐渍土容许含盐量

氯盐渍土容许含盐量的确定，考虑固体盐分应能在完全溶解状态下，以使压实达到设计的压实度，即：从土颗粒间孔空隙中不允许夹有盐分结晶这一基本概念出发，确定土中容许含盐量。

氯盐渍土最大容许含盐量约为 5％～8％。

亚氯盐渍土与氯盐渍土性质相似，故对其中的氯化物盐类的容许含盐量可以采用与氯盐渍土相同的标准。

2）硫酸盐渍土及亚硫酸盐渍土容许含盐量

硫酸盐在土体中由于盐分状态转变产生的松胀作用比较严重，因此，这两种盐渍土的硫酸盐含量不允许超过 2％。

3）碳酸盐渍土容许含盐量

碳酸盐是影响路基土体密度有害物质，主要是浸水后发生的膨胀作用，故在一般情况下，在盐渍土中固体盐分能完全溶解含盐量不宜超过 0.5％。

2. 盐渍土用作路堤填料可用性

按照公路路基设计和施工规范要求，用盐渍土作为路堤填料时，必须按表 3-19 规定的公路等级选择相适宜的盐渍土。

盐渍土用作路基填料的可用性 表 3-19

填料类型		高速、一级公路			二级公路			三、四级公路	
		路堤填料层位							
		0～0.80m	0.80～1.50m	1.50m以下	0～0.80m	0.80～1.50m	1.50m以下	0～0.80m	0.80～1.50m
粗粒土	弱盐渍土	×	○	○	$\triangle^{1}$	○	○	○	○
	中盐渍土	×	×	○	$\triangle^{1}$	○	○	$\triangle^{3}$	○
	强盐渍土	×	×	$\triangle^{1}$	×	$\triangle^{2}$	$\triangle^{3}$	×	$\triangle^{1}$
	过盐渍土	×	×	×	×	×	$\triangle^{2}$	×	$\triangle^{2}$
细粒土	弱盐渍土	×	$\triangle^{1}$	○	$\triangle^{1}$	○	○	$\triangle^{1}$	○
	中盐渍土	×	×	$\triangle^{1}$	×	$\triangle^{1}$	○	×	$\triangle^{4}$
	强盐渍土	×	×	×	×	×	$\triangle^{2}$	×	$\triangle^{2}$
	过盐渍土	×	×	×	×	×	$\triangle^{2}$	×	×

注：①表中：○—可用；△—部分可用；×—不可用。

②$\triangle^{1}$：氯盐渍土及亚氯盐渍土可用；$\triangle^{2}$：强烈干旱地区的氯盐渍土及亚氯盐渍土经过论证可用；$\triangle^{3}$：粉土质（砂）、黏土质（砂）的不可用；$\triangle^{4}$：水文地质条件差时的硫酸盐渍土及亚硫酸盐渍土不可用。

3. 盐渍土填料压实

为提高提高盐渍土路堤的压实度，碾压时应加大压实功能。一般盐渍土路堤的压实度，应尽可能地提高一些，以防止盐分的转移和保证路堤稳定。

盐渍土路基压实度，应满足设计、施工技术规范和质量标准要求。

4. 路基排水

盐渍土地区路堤，应能保证排水畅通，不致因积水使土质发生不利变化。

1）取土坑用作排水设施的技术要求

为保证路基稳定，应防止路基附近积水，避免地面水对路堤产生冲蚀，危及路堤安全与稳定。

①当两侧有取土坑时，可利用取土坑进行横向与纵向排水。

②当两侧无取土坑时，宜设置排水沟进行排水。

③取土坑与路基边坡坡脚之间，最好设置不小于 2m 的天然护坡道。

④取土坑的坑底离最高地下水位，不应小于 0.15～0.20m。

⑤纵向排水沟应有 0.3%以上的纵坡，取土坑坑底应向路堤外应有 2%～3%的横坡。当根据地形设置必要的横向排水沟时，两排水沟之间的距离不宜大于 0.3～0.5km。

2）排水沟设置

当地下水位比较高，地形有利时，可在路堤旁侧设置降低地下水位的排水沟，并将水引至路堤范围以外。

3）地面排水与地下水分别设置排水设施

一般情况下，地面排水系统不宜与降低地下水位的排水系统合并设置，以免抬高地下水位或冲毁降低地下水的排水沟，影响路基稳定。

5. 路堤高度

盐渍土地区路堤边缘，必须高出地面或地下水位，或地表长期积水位的最小高度，不应低于表 3-20 的规定数值。

盐渍土地区路堤最小高度 表 3-20

土质类别	高出地面（m）		高出地下水位或地表长期积水位（m）	
	弱、中盐渍土	强、过盐渍土	弱、中盐渍土	强、过盐渍土
砾类土	0.4	0.6	1.0	1.1
砂类土	0.6	1.0	1.3	1.4
黏性土	1.0	1.3	1.8	2.0
粉性土	1.3	1.5	2.1	2.3

注：一级公路、高速公路按 2 倍计；二级公路按 1.2～1.5 倍计。

1）兄弟地区经验

据柴达木地区的经验，在过干地区浓度饱和的地下盐水地段，路基边缘高出地下水位的最小高度，可比低矿化度或淡水的地下水情况适当降低；据黑龙江省的经验，碱土地段路基填土的高度可比非盐渍土地段适当降低。

2）毛细水隔断层设置

为了隔断毛细管水上升、防止路基冻胀与翻浆及再盐渍化，如提高路堤或降低地下水位措施不经济或不可能时，可在路堤下部设置毛细水隔断层。

隔断层一般可用粗粒的渗水土修筑，也可用沥青、石灰或石灰沥青膏等不透水材料修筑。

如用粗粒的渗水材料修筑时，其厚度视所用填筑材料的颗粒愈粗者厚度可愈小，安全高度一般可采用 0.15m，而在潮湿地区可采用 0.3m。

为了防止隔断层失效，应在隔断层的顶面及底面各铺一层反滤层。隔断层应尽量设置在路基的中部或底部。在硫酸盐渍土及亚硫酸盐渍土地段，为防止盐胀，更应当放低一些。当隔断层设置在路基底部时，考虑下沉和淤塞所造成的影响，其厚度要适当大一些。

三、盐渍土路堤横断面设计

盐渍土地带路堤横断面设计，视盐渍化程度不同，分一般盐渍土、过盐渍土和长期浸水盐渍土，其所设计的横断面技术，各有不同的技术要求。

1. 一般盐渍土地区路基横断面设计

在有盐壳的盐渍土上，特别是在湿盐渍土上，应采用有取土坑与设置护坡道的断面。当地面水不多时，可采用设边沟的断面。

2. 过盐渍土路基横断面图式

考虑到施工问题，如果地表过盐渍土不铲除，并用渗水土填筑时，若无盐胀问题，隔断层可设在距路基边缘以下 60～100cm 处；若有盐胀问题，隔断层应设在产生盐胀的深度以下。

在用当地土填筑路基，并铲除表层过盐渍土时，隔断层也可设置在铲除表层过盐渍土后的地面上，其隔断层厚度，除包括已铲除的过盐渍土厚度外，还应高出原地面 30～50cm。隔断层可用砾石填筑，也可用不透水的黏土压实。

对于长期浸水的盐渍土地区，路基横断面设计可参考图 3-13。

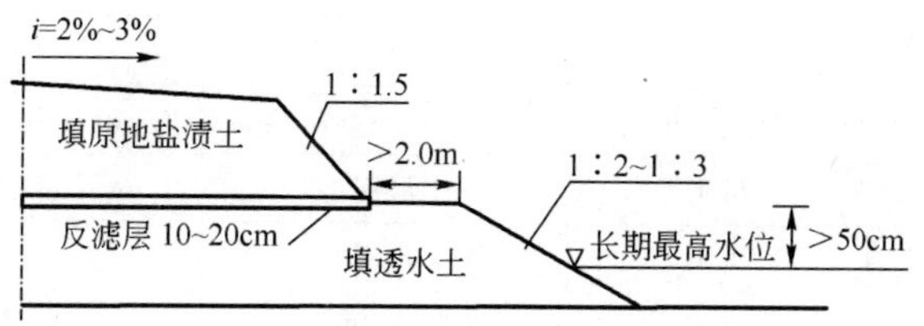

图 3-13 浸水盐渍土路堤横断面示例

四、盐渍土路堤边坡与路肩处理

为了保证路堤的有效宽度，当其易遭受到雨水冲刷、淋溶和松胀影响时，在取土无困难，不占用农田的地方，对强盐渍土及过盐渍土的路基宽度，建议按标准路基宽度增加 0.5～1.0m。

1. 路肩处理方法

在过盐渍土地区，对较高等级的公路，为防止路肩吹蚀、泥泞与水分从路肩部分下渗，造成路面沉陷，对其路肩应进行加固。其加固方法：

（1）用粗粒渗水材料，掺在当地土内封闭路肩表层；

（2）用沥青材料封闭路肩；

（3）就地取材，用 15cm 厚的盐壳加固。

2. 盐渍土路堤边坡

盐渍土路基边坡坡度，根据盐渍土的类别和盐渍化程度，可参考表 3-21 确定；遭受水淹的路堤，边坡应采用 1∶2～1∶3 的坡度。路基边缘高度应不低于设计水位以上 0.5m。若为长期浸水，还须满足表 3-21 的规定。

盐渍土地区路堤边坡坡率 表 3-21

土质类别	填料盐渍化程度		土质类别	填料盐渍化程度	
	弱、中盐渍土	强盐渍土		弱、中盐渍土	强盐渍土
砾类土	1∶1.5	1∶1.5	粉质土	1∶1.5～1∶1.75	1∶1.75～1∶2.00
砂类土	1∶1.5	1∶1.5～1∶1.75	黏质土	1∶1.5～1∶1.75	1∶1.75～1∶2.00

对硫酸盐渍土路基，根据需要与可能，宜采用卵石、砾石、黏土或盐壳平铺在路堤边坡上，以防边坡疏松、风蚀和人畜踩踏而破坏。

第五节 盐渍土地段路堤施工

一、盐渍土地段路堤填料选择

1. 盐渍土填料适宜性

盐渍土填筑路堤可用性，应根据当地气侯、水文地质条件，按表 3-22 进行选择。

盐渍土作为路基填料的可用性分类表 表 3-22

盐渍土名称	硫酸盐渍土及亚硫酸盐渍土	氯盐渍土及亚氯盐渍土		
		公路自然区划		
		IV_2、VII_2	IV_1、VII_1、VII_4、VII_6	II_2、II_3、II_4、II_5、III、V_4、VII_2、VII_4
弱盐渍土	可用	可用	可用	可用
中盐渍土	部分可用①	可用	可用	可用
强盐渍土	不可用	可用	条件好时可用②	采用措施③后可用
过盐渍土	不可用	条件好时可用②	采用措施后可用③	不可用

注：①中、低级路面可用；硫酸盐含量大于 1%时，高级路面不可用，或采取化学改性处理后可用。
②水文、水文地质条件好时可用。
③采取提高路基、设置毛细隔断层等措施。

盐渍土路堤填料中，允许含盐量不得超出规定允许值（表 3-23），不得夹有盐块和其他杂物。

盐渍土地区路基填料容许含盐量（以质量百分数计，%） 表 3-23

路面等级	氯盐渍土及亚氯盐渍土	硫酸盐渍土及亚硫酸盐渍土	碳酸盐渍土
次高级路面	≤8	≤2	≤0.5
高级路面	≤5	≤1	≤0.5

2. 填料含盐量检验频次

在路堤填料中应对含盐量加强控制，对含盐量及其均匀性按以下频率进行检查：

路床以下：每 1000m^3 填料，应至少作 1 组试件进行测试；

路床部分：每 500m^3 填料，应至少作 1 组试件进行测试。

以上测试时，每组取 3 个土样，取土不足上列数量时，亦应做 1 组试件。如果将上述上、下两层盐土打碎拌和而含盐量不超过规定时，则表土不必铲除废弃。

3. 超标盐渍土的应用

在内陆盆地干旱地区，如当地无其他适用的填料，需用易溶盐含量超过规定值的土、砾、盐岩等作填料时，应根据当地气候、水文地质等情况，通过试验决定措施。

含盐量大的土层，一般分布在地表数百毫米范围内。实际检测时，如发现上、下层含盐量不一样，但总的平均含量未超过规定允许值时，可以通过将上、下两层盐土打碎拌和来保证填料含盐量的均匀性。

石膏土或石膏粉均可作为路堤填料。蜂窝状和纤维状石膏土，由于其疏松多孔，用做填料时，应破碎其蜂窝状结构，以保证达到要求的压实度。

二、盐渍土地段路堤基底处理

由于一般盐渍土地区，土的含盐量往往地表层最大，故当路堤底部表层盐渍土含有过量盐分，即含盐量＞7%，或表土松软有盐壳时，应在填筑路堤之前，将路堤基底与取土坑范围内的表层过盐渍土铲除。

过盐层铲除深度，应根据盐渍土的试验资料确定，一般为 0.1～0.3m。

铲除后的地表，应做成由路中心向两侧约 2%～4%的横坡，以利排水。

铲除的表层过盐渍土，应堆置在距路较远处，最好堆置在低处，以免水流浸渍后，又流回路基范围内。铲除后的回填土处理，应参考表 3-23 的规定进行采用。

通过盐沼地区的路堤，应用渗水土填筑。若淤泥层较厚时，则须按软土泥沼地区路基设计方法进行处理。

地表为过盐渍土细粒土地区，或有盐结皮和松散土层应铲除，其铲除深度，通过试验确定。

盐土地区路堤施工之前，应测定其基底（包括护坡道范围内）的表土的含盐和含水率及地下水位，根据测得的结果，分别按以下规定进行处理：

1. 过盐土处理

如表土含盐量超过表 3-23 时，应在填筑路堤前予以挖除，如路堤高度小于 1.0m 时，除将基底含盐量较重的表土挖除外，应换填渗水性土，其厚度对高速公路、一级公路不应小于 1.0m，其他公路不应小于 0.8m。

2. 超过液限土层处理

原基底土的含水率，如超过液限的土层厚度在 1m 以内时，必须全部换填渗水性土；如含水率界于液限和塑限之间时，应铺 10～30cm 的渗水性土后再填黏性土；如含水率在塑限以下时，可直接填筑黏性土。

3. 地下水较高的土层处理

当清除软弱土体达到地下水位以下时，则应铺筑渗水性强的粗粒土，并应高出地下水位 30cm 以上，再填黏性土。

4. 防止次化盐措施

盐土地区的地下水位一般离地表较浅，如果地下水的毛细水能进入路堤土体内，则土体的含盐量将逐渐增加，产生次生盐渍化，铺填渗水性好的大颗粒土或铺隔离层，可隔断毛细水不进入路堤土体。

5. 沥青或水泥混凝土路面下盐渍土处理

在修建沥青混凝土路面和水泥混凝土路面地段，仅采用渗水性填料，虽能隔离毛细水进入路堤土体，但不能防止强烈蒸发所产生的气态水携盐上升，聚积于路面之下造成破坏。应在路堤下部设置封闭性隔水层，采用不透水材料如沥青砂、防渗薄膜、聚丙烯编织布等；隔水层铺设前，应清除植物根茎，将基底做成 2%的横坡，整平压实，沿横坡均匀铺平。

三、盐渍土地段路堤隔水层、保护层

当地表为过盐渍土细粒土比较厚时，难以全部铲除，亦可只铲除一部分，然后设置封闭隔水层。隔水层设置深度，宜在路床顶以下 80cm 深度处。若有盐胀问题存在，隔水层应设在产生盐胀的深度以下。

当采用土工合成材料做隔水层时，为防止合成材料被压挤破，宜在隔水层上、下分别铺一层 10～15cm 厚的砂或黏土层进行保护。

在修建高级路面或次高级路面地段，仅采用渗水性填料，虽然隔离毛细水进入路堤土体，但不能防止强烈蒸发所产生的气态水携盐上升，聚积于路面下面造成破坏。因此在路堤下部设置封闭性的隔水层是必要的。

四、盐渍土地段路堤横断面

如果盐渍土含盐量在允许范围内，属于准用盐渍土。此时，路基横断面可参照图3-14设计。视盐渍土地面地势地形，盐渍土状态和地下水高低，以及地面排水条件，按图中所示的几种情况选用相应的横断面。

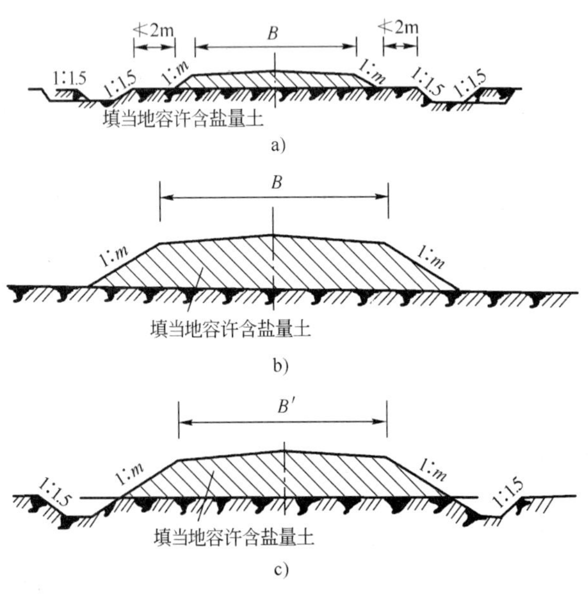

图 3-14　盐渍土含盐量在容许范围内的参考断面图

1. 准用盐渍土路堤横断面

一般情况下，推荐采用设取土坑与护坡道的断面（图 3-14a）。

遇有地下水位较高和取土坑排水不良的情况，则采用无取土坑断面（图 3-14b）。

遇有盐壳的盐土，特别是湿盐土处，应采用有取土坑与设置护坡道的断面（图 3-14a）。

当地面水不多时，可采用设边沟的断面（图 3-14c）。

2. 过盐渍土路堤横断面

当地表过盐渍土很厚难以铲除，应全部用渗水材料填筑。路基横断面可参考图 3-15。

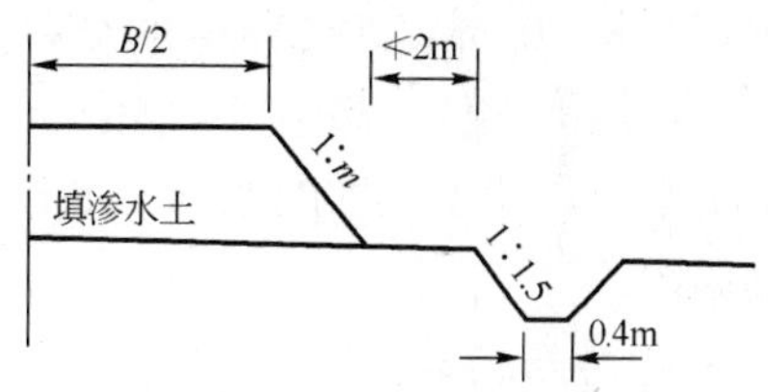

图 3-15　用渗水材料填筑的路基断面参考图

3. 设隔离层横断面

铲除表层过盐渍土，需要设置隔离层，方能用当地容许含盐量土填筑。

隔断层应设置在铲除表层过盐渍土后的地面上，其厚度除包括已铲除的过盐渍土厚度外，还应高出原地面 30～50cm。

隔断层也可设置在路堤内，深度视防治冻胀、翻浆与盐胀的要求而定，隔断层上部填容许含盐量土，下部填当地容许盐渍土。路基横断面参考图 3-16。

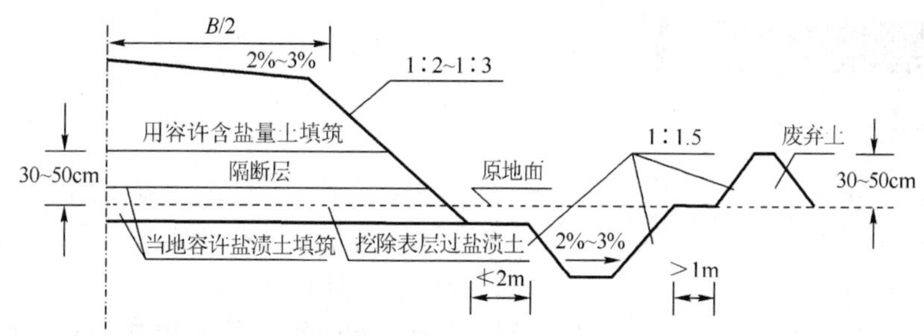

图 3-16　设置断层的路基横断面参考图

4. 盐渍土永浸区路基

长期浸水的盐渍土永浸区路基，横断面可参考图 3-13 设置。

5. 边坡坡度

盐渍土路基边坡坡度，根据盐渍土的类别和盐渍化程度，可参考表 3-21 确定；遭受水淹的路堤，边坡应采用 1∶2～1∶3 的坡度。路基边缘高度应不低于设计水位以上 0.5m。

五、盐渍土地段路堤排水措施

在盐渍土地区修建的公路，水易对路基造成溶蚀，是影响路基稳定的主要因素。雨水、融雪水形成的地面径流，以及人为的排、灌水、流动水和积水携盐侵入路基，使路基土体聚积过量的含盐水分，这会导致路基失稳而破坏，因此，在盐渍土地带施工及运营过程中，应合理地布置好排水系统，同时采取对路堤和边坡采取妥善的防护措施，防止雨水冲蚀，避免路基及其附近有发生积水问题。

1. 取土坑作为排水设施要求

路堤一侧或两侧有取土坑时，取土坑底部距离地下水位，不应小于 15～20cm。坑的底部应向路堤外有 2%～3%排水横坡和不小于 0.2%的纵坡。

2. 布设纵向防水护堤

在排水困难地段，或取土坑有被水淹没可能时，应在路堤一侧或两侧取土坑外侧，设置高 0.4～0.5m、顶宽 1m 的纵向护堤。

在地下水位较高地段，除挡导表面水外，应加深两侧边沟或排水沟，以降低路堤下的地下水位。渍土地区的地下排水管与地面排水沟渠，必须采取防渗措施。盐土地区不宜采用渗沟。

3. 防护措施

高速公路、一级公路的盐渍土路基的路肩及坡面，应采用防护措施或加宽路基措施。其他等级公路，亦宜采用防护措施。

由于硫酸盐渍土有膨胀性，氯盐渍土易溶蚀，且具有吸湿性，碳酸盐渍土遇水易冲蚀、崩解、湿陷，使路基的路肩和边坡部分松散软化，易遭受雨水冲刷、风蚀及人员践踏的破坏，在运营期路肩宽度将日渐缩窄，给养护工作带来困难。因此，对路肩和边坡的加固防护，应严格按照设计施工，不能随意改变或取消。

六、盐渍土地段路堤填筑

1. 连续施工

盐渍土路基的施工，应从基底清除表土开始连续施工，即从基底到路床表面应分段一次完成，不可间断。应分层填土、压实，直至达到路床设计标准要求，在较短时间内一气呵成。在设置隔水层的地段，至少一次做到隔水层的顶部。

在蒸发量大的干旱地区施工，表面极易风干，下层水分就会携盐上升，积聚于表层。如不能连续施工，下层盐向上层转移，逐层递补，就会形成上层路基再盐渍化和形成新的盐壳。因此，在填完一层检验合格就要及时施工第二层。

2. 施工季节

众所周知，盐渍土中的土和盐状况是随着季节不断变化的，因此，在盐土地区筑路，应尽可能地考虑到这一特点，力求在土含水率接近于最佳含水率时期，既不发生冻结，又不发生积水的枯水季节进行施工。

- 对于不冻结的土，也可以考虑冬季施工。
- 当地下水位高，对黏性土的盐土地区，以夏季施工为宜。
- 砂性土盐土地区，以春季和夏初施工为宜。
- 强盐渍土地区，在表层含盐量较低的春季施工为宜。

3. 分层压实

盐渍土路堤应分层铺填、分层压实，每层松铺厚度不大于 20cm，砂类土松铺厚度不大于 30cm。碾压时应严格控制含水率，不应大于最佳含水率 1 个百分点。雨天不得施工。

4. 控制最佳含水率

填土压实工作应尽可能在最佳含水率的条件下进行。若土的天然含水率过高或过低时，可采用开挖临时排水沟以降低地下水位，或挖槽晒干，翻开晾干，及洒水加湿等办法控制改变含水率，以使其符合设计要求。

在干旱缺水地区，争取加水到最佳含水率的60%～70%以上，也可采用加大压实功能的办法，并应设法（如远运）洒水，使路基表层20cm厚的土层在碾压时拥有最佳含水率，以提高路基土的压实度。

对于过干、缺水地区或饱和盐水地区，可考虑采用洒泼盐水的方法来进行压实碾压，或使用饱和的浓盐水，洒泼后让其蒸发，逐层自然结晶，以达到密实的要求。

5. 压实标准

采用重型压实标准，可以增大填筑土的密度（密度对盐胀量有一定影响）。密度大的路基，对水和盐分的上升起阻碍减缓作用，可使次生盐渍化大为减轻。压实时，应控制略低于最佳含水率为好。限制压实层松铺厚度是保证压实度达到规定的重要措施。

6. 预留沉陷

在湿盐渍土地区利用湿盐土修筑路堤时，应考虑湿盐土的沉陷问题，酌情预留。

七、盐渍土地段构造物基础防护层

在盐渍土地区，当人工构造物基础埋置在盐渍土以下时，为了防止上部盐渍土对基础的影响，可设置防护层。一般不宜用盐渍土本身来作防护层或垫层。

第六节　石灰、粉煤灰稳定盐渍土路堤

在盐渍土修筑公路时，研究与实践证明，石灰、粉煤灰稳定盐渍土是一种常用的材料。

石灰、粉煤灰稳定盐渍土具有较好的击实性，并随龄期的增长，其抗渗性能增强，压缩性降低，抗剪强度快速增加；而且还大大改良了盐渍土的湿陷性。

石灰、粉煤灰稳定盐渍土配比，以石灰∶粉煤灰∶盐渍土9∶24∶67效果比较好。相应的室内试验配合比为10∶30∶60。

工程实践表明，当粉煤灰含量高，碾压成型难度较大，但是表现出更好的综合性能：最低的压缩性，较低渗透性，后期具有最好的抗剪强度，并随龄期增长，强度增加的趋势更加明显，并具有较好塑性变形能力。

石灰、粉煤灰稳定盐渍土与水泥稳定盐渍土相比较，成本降低，施工方便；也弥补了石灰单一稳定盐渍土失败的缺陷。石灰、粉煤灰稳定盐渍土施工技术要求：

1. 施工期

石灰、粉煤灰稳定盐渍土，施工期应在最低气温5℃以上的季节，同时，必须在重冰冻（－3～－5℃）到来之前一个月到一个半月完成。

2. 压实度和压实层厚度

使用石灰、粉煤灰稳定盐渍土修筑一级公路路面底基层，压实度应达到95%。选用18～20t三轮压路机和振动压路机，压实层厚为20cm/层。压实完毕后，应覆盖上素土进行保湿养生，封闭交通或采取措施，确保表层不受损害。施工时严禁用“贴补”方法找平。

3. 拌和方法

石灰、粉煤灰与盐渍土拌和，应使用公路专用稳定土拌和机，采用路拌法拌和施工。

4. 材料技术要求

在用石灰、粉煤灰稳定盐渍土时，用消石灰应为 III 级或以上等级。使用合格的粉煤灰，其技术要求应符合《公路路面基层施工技术规范》（JTJ 034—2000）的要求。

5. 强度要求

用石灰、粉煤灰稳定盐渍土混合料制成的试件，7d 浸水抗压强度≥0.6MPa 。

6. 延时试验

用石灰、粉煤灰稳定盐渍土制订的混合料，按照试验规程应做延时试验，并严格控制自加水拌和至碾压成型时间；如无试验资料，可按拌成混合料的堆放时间不宜超过 24h 来控制。

混合料的其他试验，按《公路工程无机结合料稳定材料试验规程》（JGJ 057—94）（T 0804）执行。

7. 排水处理

如所修筑的公路设置路缘石，必须注意防止路缘石阻滞路面表面水和结构层中水的排除。

8. 在养生期间，除洒水车外，应封闭交通。

第七节　盐渍土地段路堤病害与防治

一、盐渍土地段路堤主要病害

1. 盐渍土路基主要病害

1）溶蚀

盐渍土路基的溶蚀病害，主要是土中的氯盐引起的，其次是硫酸盐，这些盐分遇到水后可溶解，使路基形成雨沟、洞穴，甚至湿陷、坍陷等病害。

2）盐胀

盐渍土中的硫酸盐，在盐分结晶时产生盐胀。在冷季，土基内的盐胀可使路面不平、鼓包、开裂，是盐渍土地区高等级公路最突出的病害；路基边坡及路肩表层，在昼夜温度变化时，引起路基土中的盐胀反复作用，使路基填料变得疏松、多孔，易遭风蚀，并易坍陷。

3）冻胀

氯盐渍土，当含盐量在一定范围内，由于冰点降低、水分聚流时间加长，可加重冻胀。但含盐量较多时，由于冰点降低多，路基将不冻结或减少冻结，从而不产生冻胀或只产生轻冻胀。

硫酸盐渍土对冻胀具有和氯盐渍土类似的作用，但冰点降低不如氯盐渍土多，因此影响不如氯盐渍土显著。

碳酸盐渍土由于透水性差，可减轻冻胀。

4）翻浆

当氯盐渍土含盐量在一定范围内时，不仅可加重冻胀，也可加重翻浆。这是因为氯盐渍土不仅聚冰多，而且液、塑限低，蒸发缓慢。当含盐量较多时，也因不冻结或减少冻结而不翻浆或减轻翻浆。

硫酸盐渍土在降低冰点方面，其作用和氯盐渍土类似，因此，硫酸盐渍土也可以加重翻浆，但不如氯盐渍土显著。春融时结晶硫酸钠脱水可起加重翻浆的作用。碳酸盐渍土由于透水性差，可减轻冻胀也可减轻翻浆。

5）侵蚀

盐渍土对人工构造物基础具有侵蚀性。当硫酸盐的含量超过1%和氯化物含量超过4%，就会对水泥产生有害的腐蚀作用。尤以硫酸盐结晶水化物影响最大，会造成水泥稳定土、砂浆、混凝土等疏松、剥落、掉皮和侵蚀等。

2. 盐渍土特性与路基病害

由于易溶盐的存在和盐分能改变土的性质，因此，盐渍土工程性质随易溶盐的种类和含盐量的大小而变化。盐分对土的作用，既有利的方面，也有不利的方面。

在干旱的过干地区，氯化物盐类的胶结作用和吸湿、保湿作用常常有利于路基的稳定。

路基在潮湿状态下，由于易溶盐的存在及其状态的转变（结晶与溶液的相互转化），能使路基土的密度减小，并较快地丧失其稳定性，造成道路泥泞，甚至坍陷、溶陷，也能使翻浆更严重。当含有硫酸盐类时，对路基可产生有害的松胀作用。盐渍土的碱化作用，可使土的膨胀性增加。

盐渍土路堤基本工程性质，与各类盐渍土路基的主要病害，汇总于表3-24、表3-25、表3-26，以供施工人员参考。

氯盐渍土基本工程性质与路基主要病害 表3-24

基本工程性质	密度	盐类晶体填充在土的孔隙中，能使土的密度“增加”，这是不稳定的；土湿化后，盐类被溶解，土的密度降低，当含盐量超过5%～8%时，密度显著下降
	液限与塑限	盐渍土的液、塑限，随含盐量增大而减小；最佳含水率亦随含盐量的增加而降低，故可在较低的含水率情况下，有效地进行土的压实
	强度与水稳性	在潮湿状况下，盐渍土的强度随含盐量的增加而降低；可在较小的含水率时，达到液性和塑性状态，湿化作用相同时，比非盐渍土能更快和更大地丧失其稳定性。 干燥状态时，有粘固性，盐渍土的强度高于非盐渍土
	盐胀与膨胀	盐分结晶，体积不变化，不产生盐胀作用
路基主要病害现象	泥泞	容易引起泥泞
	翻浆与冻胀	能加重翻浆与冻胀
	盐胀所引起的病害	无
	盐溶所引起的病害	受水时，易溶解，含盐量多时，可产生湿陷、坍陷等病害

硫酸盐渍土基本工程性质与路基主要病害　表 3-25

基本工程性质	密度	盐渍土的密度，随含水率盐量的增加而降低；当其含盐量接近 2%时，密度就显著下降
	液限与塑限	随含盐量的增加而增大
	强度与水稳性	1. 潮湿状况下，强度随含盐量的增加而降低。 2. 干燥时，盐分对土的粘固性作用很小
	盐胀与膨胀	1. 体积随温度显著变化，盐胀作用严重，造成土体表层结构破坏和疏松。 2. 盐胀作用所涉及的深度，随温度的不同而有所差异，可达 1～2m
路基主要病害现象	泥泞	容易引起泥泞
	翻浆与冻胀	能加重翻浆与冻胀
	盐胀所引起的病害	1. 最严重，在路面底层附近有过量硫酸盐时，会造成路面鼓包、破裂。 2. 盐分体积变化，能使路基表层疏松，边坡呈蜂窝状。 3. 边坡及路肩疏松，盐土粉末容易被风吹蚀
	盐溶所引起的病害	受水时，易溶解，含盐量多时，可产生湿陷、坍陷等病害

碳酸盐渍土基本工程性质与路基主要病害　表 3-26

基本工程性质	密度	盐渍土的密度，随含盐量的增加而降低；当其含盐量超过 0.5%时，路基密度便显著降低
	液限与塑限	随含盐量的增加而增大
	强度与水稳性	1. 潮湿情况下，薄膜水和钠离子所引起的交换作用最厉害，强度下降最显著。 2. 在干燥状态时，粘固性大
	盐胀与膨胀	受水后，膨胀作用最严重，能增加黏土的塑性和黏附性，渗透系数变小
路基主要病害现象	泥泞	塑性和黏附性很大，遇水后泥泞不堪
	翻浆与冻胀	透水性差，翻浆与冻胀现象较轻
	盐胀所引起的病害	无
	盐溶所引起的病害	—

3. 盐渍土环境诱发其他病害

盐渍土环境诱发的其他病害，一般有如下四种：

1）构造物水泥砂浆抹面脱落；

2）氯离子随钢筋混凝土裂缝浸入，构造物钢筋加速锈蚀，体积膨胀，混凝土胀裂；

3）处于干湿交融处的水泥混凝土构造物，譬如路缘石，表面剥蚀（俗称“狗牙”现象），影响观瞻；

4）栏杆、扶手等钢结构锈蚀加速。

二、硫酸盐渍土地段路堤盐胀防治措施

预防硫酸盐渍土病害措施，常采用的方法有以下几种：

1. 布设隔断层

- 在路基内布设隔断层，防止水分和盐分进入路基上部；
- 如果只是隔断毛细水，可用粗粒渗水材料修筑；

· 如果同时要求隔断毛细水和气态水，则可用沥青、土工布等不透水材料修筑。

隔断层的埋置深度，对高等级公路满足减少盐胀、冻胀的要求，同时考虑经济和耐久性，一般以不小于1.0～1.5m为宜。

隔断层是防治路基盐胀最有效、最简便措施，在新建公路时应优先考虑。

2. 提高路基

提高路基高度，是预防硫酸盐渍土病害又一常见措施，其目的在于减少进入路基上部的水分和盐分。因为施工简便，是最常用的措施；但是，高度不足时，效果不太显著；需要很大的高度才有较好的效果。这时因为硫酸盐渍土在很低的含水率时即可产生盐胀，而盐胀的深度远较当地冻深为大。根据公路、铁路施工经验，当冻深大于1m时，对于粉质亚黏土硫酸盐渍土路基，要高出地下水位6～7m才能有效防治盐胀。如果路基产生盐胀的水气中气态水占有较大比重，则不宜单纯采用提高路基的办法。

3. 降低地下水位

降低地下水位，以减少进入路基上部的水分和盐分，其效果与提高路基类似，需把地下水位降低到一定深度才有较好的效果；同样，如果产生盐胀的水分中气态水占有较大比重，则不宜单纯采用降低地下水位的水法。

4. 化学处理盐渍土

对路基上层的硫酸盐渍土进行化学处理，使土中的易溶盐成分和性质发生变化，从而不再产生盐胀或减轻盐胀。

目前，使用的化学掺加剂效果明显的有 $CaCl_2$、$BaCl_2$ 两种，其化学反应式如下：

$$Na_2SO_4 + CaCl_2 \longrightarrow CaSO_4 \downarrow + 2NaCl$$

$$Na_2SO_4 + BaCl_2 \longrightarrow BaSO_4 \downarrow + 2NaCl$$

为使化学处理的盐渍土不受下层水分和盐分的影响，其处理层底部应设置隔离层。由于施工复杂，费用较高，化学处理盐渍土在公路上仍处于试验期。

5. 加大路基上覆荷载

这种措施适用于一般公路和原有公路轻度盐胀的防治。目前较多采用的是加铺厚层（≥60cm）砂砾垫层。其作用是：

· 减少路基盐胀深度；

· 加大路基上覆荷载；

· 吸收、缓和一部分路基的不均匀盐胀。

也有加铺半刚性基层的，其目的是：减少路基盐胀深度；加大路基上覆荷载；利用半刚性基层整体性强的特点抑制盐胀。

第四章 过湿土地段路堤施工

沿海滩涂地带，处处都是盐碱地，土质条件极差，砂石材料就成为填筑路堤的奢望材料，但是需从远程调运，运费之高难以承受。因此，利用无机或有机固化材料，使用原地土壤进行“造土”，以满足路堤填料，成为首选方案。图 4-1、图 4-2 是疏港公路穿过盐汪子和泥沼地带的地形地貌。

凡是盐田、海水养殖区、水网地带，其地势低洼，地基土含水率高、变形量大，或说地基土的天然含水率，远远大于最佳含水率，本书对这种土壤，统一称为过湿土。

过湿土与盐渍土一样，不能直接用于填筑路堤。如果无可奈何，不可避免时，应按设计要求及有关规定，采用石灰、水泥、粉煤灰、选择适当固化剂，对过湿土进行改性处理，满足了路堤填料的技术要求后方可使用。

图 4-1　公路需要穿过的水网——盐汪子

图 4-2　滩涂过湿土地貌

第一节　过湿土地段路堤一般技术要求

在过湿土地带，修建公路路基，必须事先详细查明水文、地质、地貌、路基基底等情况，以便采取相应的针对性措施进行地基治理。

一、过湿土路堤地基处理

过湿土地段路基修筑之前，首先应对地基进行清理和处置。对于无积水的地表，清除深度一般不小于 15cm，清理后应予以压实。被清除出的含有许多植物根系表土，可以铺在路堤边坡上，以利植物生长，起到边坡防护作用。

对于积水地段，应将水排出后清理掉腐殖质淤泥，回填上透水性材料，并将积水坑穴填平夯实。

1. 一般地面基地处理

过湿土路段，原地面被清表后，应掺入石灰进行翻松。翻松深度应大于 0.30m。必要时应先将土翻松、打碎，再整平、压实。

经过水田、池塘、洼地时，应根据具体情况，采用排水疏干、换填水稳性好的土或采取抛石挤淤等处理措施，确保路堤基底具有足够的稳定性。

2. 斜坡地面处理

被清理后的地面，如果原地面的横坡度为 1∶5～1∶2.5 时，应将原地面挖成台阶，台阶宽度不小于 1m。地面横坡陡于 1∶2.5 时，应作特殊处理，防止路堤沿基底滑动，常用的处理措施有：

(1) 经过验算，当下滑力不大时，先清除基底表面的薄层松散土，再挖宽 1～2m 台阶，但是，坡脚附近的台阶宽通常为 2～3m。

(2) 经验算下滑力较大，或边坡下部填筑土层太薄时，先将基底分段挖成不陡于 1∶2.5的缓坡，再在缓坡上挖宽 1～2m 宽台阶，最下一级台阶亦宜再宽一些。

(3) 若坡脚附近地面横坡较平缓时，可在坡角处作土质护堤或干砌片石垛护堤。

护堤最好用渗水性土填筑，可用与路堤相同的土填筑。片石垛最好用大块的片石分层干砌，里外咬合紧密，不得只砌表面而内部任意抛填。片石垛的断面尺寸应通过稳定性检算确定。

二、过湿土地带路基填料

对于过湿土地段的路堤，一般土和石料都可用作路堤的填料，最好选用卵石、碎石、砾石、粗砂等透水性良好的填料。

以下土壤不能用于或直接用于填筑路堤：

1. 不适宜用作填筑的土壤

(1) 淤泥、沼泽土，含残余树根和易腐烂物质的土，不能用作填筑路堤。

(2) 液限大于 50％及塑性指数大于 26 的，且透水性很差，干时坚硬难挖，具有较大的可塑性、黏结性、毛细现象显著、浸水后能长时间保持水分土壤，因而承载力很低，故一般不作为路堤填料。

当这类土若非用不可时，应在接近最佳含水率情况下充分压实，并设置完善的排水设施，或对过湿土采用生石灰、添加固化剂等方法改善土质。

(3) 强盐渍土和盐渍土，不能作为高等级公路的填料；膨胀土除非表层用非膨胀土封闭，一般也不宜用作高等级公路的填料。

2. 使用工业矿渣注意事项

工业废渣虽然是较好的填料，但是，高炉矿渣或钢渣至少应放置一年以上，方可使用，必要时应予破碎。有些矿渣使用前应检验有害物质含量，以免污染环境。

3. 材料选用

1）材料选用原则

有多种料源可供选择时，应优先选用那些挖取方便、压实容易、强度高、水稳性好的土料。路堤受水淹部分，应选用水稳性好的填料。粉煤灰属于轻质筑路材料，当路堤修筑在软弱地基或滑坡体上时，采用轻质填料有利于路堤的稳定。

在常水位以下路堤，其所用的填筑材料，应选用矿渣、块石、砾石等水稳性良好的材料，其粒径不宜大于 30cm。

受海潮涨落影响的部分，宜选用水稳性好的材料，如具有天然级配的砂砾、卵石、粗（中）砂，石质坚硬不易风化的片、碎石等。

2）取土场布设

过湿土地段的路基填筑，宜设置集中取土场，以保证填料质量或便于采取改性治理措施；严禁挖取田间耕土，如需远运取土时，应考虑挖土后平整造田，或远离路基挖成渔塘。要尽可能采取纵向运土填筑路堤，避免路侧取土；否则应将路旁取土坑表层的种植土妥善保留，待竣工后再将其均铺于坑底以便恢复农田。

4. 过湿土盐渍土改性

按照路基设计和施工规范，过湿土中一般含有机土或植物根径，或含有其他有害物质，此外，过湿土中含有不同成分的盐类物质，均不能直接用作路基填料。对于不含或在有机物含量在允许范围内的过湿土，需要经过改性处理，使之满足公路填料的技术要求后，方可用作路基填料。

对过湿土改性常用的材料，有石灰以及其他固化剂。随着科学技术发展和工业化水平的提高，用于土壤的固化剂材料种类繁多，各有自己的用武之地。疏港公路在建设中，使用石灰对过湿土盐渍土和选用 NCS 固化剂进行改性，收到满意的效果。

1）石灰改性过湿土

用于过湿土改性的石灰，其技术指标应符合有关规范及设计要求，须采用Ⅲ级以上的石灰。若采用磨细生石灰粉，其粒径小于 0.15mm 的颗粒应达到 80%，且不大于 0.5mm。粉状物不应有含水率。

在湿土中掺干灰，产生水化吸水，降低过湿土的含水率，降低黏性土的塑性指数，从而便利施工碾压（图 4-3、图 4-4）。

图 4-3　在过湿土上摊铺生石灰

图 4-4　用挖掘机把生石灰拌入过湿土中

使用生石灰改性过湿土方法：

(1) 将生石灰粉掺入已堆放一周的备土中，掺灰总剂量应符合设计要求。一般采用两次掺拌，第一次可掺入总剂量的60%左右。

(2) 先用装载机、挖掘机翻拌一次，闷料2～3d后（图4-5）。石灰掺入土中，可使土的含水率下降3%左右，其下降程度通常与气温、相对湿度有关。再翻拌一次，直至土团不结块，易于打碎，待含水率接近最佳含水率时，再上路摊铺。

图4-5 掺入生石灰的过湿土正在闷料

(3) 摊入其余40%石灰，应用已消解好的石灰，使掺灰量达到设计要求。掺灰时要均匀，并用灰土拌和机或旋耕机进一步粉碎土块和翻拌灰土。

(4) 为有利于旋耕机的翻拌和晾晒脱水，每层土的松铺厚度控制在20～25cm。在4℃以上的晴朗天气，旋耕机每翻拌1次，既可拌匀灰土，粉碎土团，又有利于水分自然蒸发，在接近最佳含水率时进行碾压。

(5) 当采用路路法时，将经过初步晾晒的土运至施工作业段摊铺，采用重型铧犁和重型缺口圆盘耙等机械粉碎1～2遍并经整平后，将规定剂量的全部或2/3生石灰粉均匀撒布于上，再用上述机械粉碎、拌和4～6遍，然后用两轮压路机全面碾压一遍。上述工序应在同一天内完成。

施工中，应随时检查翻拌深度，使处治土层全部翻透，严禁在处治土层中有素土夹层，同时也应防止翻松过深而破坏下承土层的表面。

初步碾压的土层闷料一昼夜后，若采用两次掺灰的方法，则将剩余的1/3生石灰粉均匀铺撒到土层上，再进行翻拌、粉碎至土颗粒在50mm以下，最后整平，并碾压达到要求的密实度。

2) 使用固化剂改性过湿土

前章已述，NCS是一种复合黏性土的固化材料，它具有较高的吸水性，较好的施工延迟性，对改善过湿土压实条件，加快施工进度，缩短工期有显著成效，适用于塑性指数大、含水率过高、粉砂含量较高的粉性土、黏性土及亚黏土的处理。

NCS处治过湿土，采用路拌法施工时，可参照石灰处理过湿土工法施工。摊铺及压实施工要点：

(1) 从取土坑挖出的土，如果含水率过大，可将其堆置坑旁边，经初步晾晒，再运至施工作业段摊铺；或将挖出的土先运至作业段一侧，经初步晾晒后，用平地机或推土机推运至作业段上。

(2) 摊铺NCS固化剂，进行拌和。对拌和的混合料随时检查含水率，使其保持在允许范围内。避免含水率过大出现“弹簧”和表皮堆移现象。

(3) 对拌和合格的NCS固化混合料，在碾压过程中如遇有起皮、“弹簧”等现象时应停止碾压，及时翻松重新拌和处理，或掺加一定外掺剂拌和压实。

(4) 压实完成的每层处治土层，应按规定及要求检查压实度。采用NCS-I型固化剂，掺入量为 4%时，在重型击实标准压实度 93%的情况下，其无侧限抗压强度值应不小于 0.6MPa。

三、过湿土路基压实

用改性后的过湿土混合料，填筑高速、一级公路路堤时，宜选用压实效果较高的碾压机械，如重型轮胎压路机和振动压路机，以确保路堤填料的压实质量。改性过湿土压实的技术要求如下：

（1）不同土类的最大干容重和最佳含水率，彼此之间是不同的。在同一压实功能作用下，含粗粒越多的土，其最大干容重越大，而最佳含水率越小。

（2）压实标准采用重型击实标准。当碾压遍数增加，而压实效果不能提高时，宜减小压实层厚度。各种压路机最大时速，不超过 4km/h；碾压时，压实机械应配套，先轻后重，先慢后快，先静（压）后振（动）。

（3）直线段和大半径曲线段，应先压边缘，后压中间；小半径曲线地段因有超高，应先低（内侧）后高（外侧），边角部位不能漏压。

路堑，土埂距路堑坡顶的距离，依土质情况而不同。对于高速公路、一级公路，挖方地区应在坡顶 5m 外筑埂并挖截水沟，其他公路应在坡顶 3m 外筑埂。

四、过湿土路基防护

水流是影响和破坏路基稳定的主要因素，为保证过湿土路基稳定，必须根据水流对路堤破坏性质、程度进行防护和加固。

过湿土路堤防护方法有：土工膜袋混凝土护坡、石砌护坡、混凝土板护坡、植物防护、石笼、抛石、挡土墙等，可酌情综合采用两种或两种以上的措施。

护坡宜采用带护脚的浆砌或干砌片石，浆砌片石护坡每长约 10m 应设置一道伸缩缝，用沥青麻絮或其他土工合成材料填塞，下部间隔约 5m 留一个排水孔，反滤层可用砂、砾、碎、卵石等材料。

第二节　过湿土地段路堤施工

过湿土路堤施工，合理安排施工时间，争取在晴朗少雨季节施工，要求优化进度计划逐步推进，防止全线拉开。根据现场地形、运输等具体条件，制订详细施工组织设计，并加强施工期间排水，特别是雨水排除工作。

一、过湿土地段路堤施工技术要求

过湿土路堤施工，应选择适宜的气候，一般不宜安排在雨季或冬季。

在工地气温低于 5℃、有降雨或浓雾时，也不应进行 NCS 固化剂或生石灰粉处置过湿土。

使用 NCS 或生石灰等外掺剂时，操作工人应采取必要的劳动保护措施，如戴风镜、防尘面具、手套、帽子等专用劳保物品。

在施工路段上，石灰土拌和、摊铺、碾压和整形的全部操作，应在当天完成，不宜拖延到第二天。使用外掺剂处治过湿土施工时，应严格按设计配合比要求施工。过湿土地带，一般天然含水率比较高，因此施工时应采取降低天然含水率的措施。

直接用过湿土填筑路堤，施工时间应选则在雨天数较少、气温较高的季节施工。当过湿土天然含水率相对较低时，不必掺入外掺剂。施工中常采取如下措施降低天然含水率：

加强取土坑内排水，以降低土源含水率。含水率较低的表层土，可直接用于路堤填筑；含水率较大的过湿土，应挖出堆放坑边，堆高3m左右，进行晾晒（图4-6）。

图4-6　挖出过湿土进行晾晒

从取土坑取出的土，土中游离水自由下渗和向外蒸发，在冬季放置7d后一般可降低含水率4%左右，春季可降低5%左右，夏季可降低6%～8%。

取土堆放时，宜将下层含水率较大、不易粉碎的土放在堆顶，以便翻拌时将土块粉碎，降低含水率。堆放期间，可翻拌2～3次，以利于降低含水率、

粉碎土块，在接近最佳含水率时，上路摊铺晾晒、压实，或与固化剂一起拌和成混合料，再进行压实。

二、过湿土地段路堤施工准备

盐田、海水养殖区、水网地带路基施工时，由于一般地势平坦，水（渠）道纵横，土中有机质含量较高，其上部表土层常年或季节性处于过湿状态。因此，填筑路堤之前，必须按以下要求进行施工准备。

1. 过湿土地段地表处理

1）填筑之前，需要排除路基范围内的积水，晾晒湿土。同时，在路堤两侧护坡道外，开挖出纵向排水沟，在路基范围内开挖纵横向排水沟，排除积水，切断或降低地下水。

护坡道外边沟，应根据地形情况设置土质、石质或浆砌片（块）石边沟。

在护坡道外侧的排水沟外修筑土埂，目的在于防止外来水流入。

2）对原地面为淤泥、淤泥质土、泥炭土层等不良土质时，按软土地区路基施工相关方法处理。

3）路基范围内稻田的小土埂，采用推土机或挖掘机整平，对小型排水沟应排水、清淤，然后，按设计要求换填碎石土或石灰土。

4）地表耕植土，路基范围内的草木、杂物都应清除到路基外。清表后用压路机进行稳压至设计规定的压实度，并注意随时检查隐患并予以处理。

5）路堤填土高度大于2m时，清除10cm耕植土，经碾压稳定后，即可正式填筑。

填筑路堤时，一般每层虚厚30cm。碾压中若发现“弹簧”现象，应按要求进行处理，通常采用挖土晾晒、打碎回填或适当掺加石灰处理等办法。

还可以采用“石灰浅坑法”进行基底处理，开挖 40～50cm 方形或圆形、深 1m 左右的浅坑，清除坑内渗水，放入生石灰至坑深的 1/3，即可回填碾压。

在过湿土地段填筑路堤中的基底处理措施及规定，应遵循一般路堤填筑中有关规定的内容。

2. 取土坑设置

1）非鱼塘式取土坑

非鱼塘式取土坑，一般设置在路基一侧，底面应保持≮0.2％纵坡与 2％～3％的横坡，且开挖不宜太深，平原区深 1m 左右。

在洪水淹没地段，须每隔 50～70m 留一土埂，以避免路堤在雨季遭到冲蚀。当取土坑的宽度有变化时，在变化接头处大致用 15°的夹角，使坑的外边缘徐缓相接。

2）鱼塘式取土坑

鱼塘式取土坑应远离路堤坡脚 15m 以外。面积较大时取土坑内应分割成块，块与块之间应预留 3～5m 宽的土埂。

3. 隔离层及盲沟设置

为了保证路基稳定，在地势低洼路段，施工中可设置隔离层，以减少地面和地下水对路基的危害。

1）隔离层设置

隔离层有透水式与不透式两类：

（1）透水式隔离层，用碎（砾）石做成，层厚 7～15cm。

（2）不透水式隔离层，厚 25～30cm，有全铺式和封闭式两种。

2）盲沟设置

为了排除、隔断或拦截流向路基的层间水或少量泉水，需要降低地下水位，保证路基稳定，可设置盲沟。

盲沟有纵向和横向两种，可结合使用，也可单独设置。纵向盲沟设置在路基适当部位，横向盲沟设置在路肩下面。

三、过湿土地段路堤填筑方式

1. 过湿土地段路堤断面

过湿土地段的路堤，为了便于路堤排水，或阻止地面水冲击，在路堤两侧或在一侧设置护坡道，布设排水沟，其护坡道和边沟设置，应符合以下要求。

1）靠灌溉渠或排水沟的路堤一侧，可采用加宽 1～2m，并与路堤同时压实，或将路基与沟渠分开。二级或二级以上公路，要求路堤两侧各加宽 2～4m 的护坡道，或在临近水渠一侧全铺砌片石。

2）在边沟外或绿化带外侧，修筑土埂以阻止外来水浸入路堤。

3）盐田、水网路堤两侧，各设护坡道 1～2m，并根据地形情况，还设置土边沟或硬边沟。

4）硬边沟坡度不限，土边沟坡度以 1∶1 为好，边沟底宽以 60cm 为宜，边沟深度以利于排水为准，纵坡不小于 0.5％；冲刷比较大的地段，可通过计算设立大断面排水沟。

5）当路基边缘与路侧取土坑坑底差大于 2.0m 时，在路堤坡脚的原地面上设置护坡道。护坡道宽度最小宽度，应与路堤填高相适应，具体要求如表 4-1 所示。

路基填高与护坡道宽度

表 4-1

路基填土高度（m）	护坡道最小宽度（m）	路基填土高度（m）	护坡道最小宽度（m）
≤3	1	6～12	>2～4
3～6	2		

2. 过湿土路堤填筑

过湿土路堤填筑，应在整个宽度范围内，沿纵向水平分层填筑，每层填筑厚度视土类、运输方式和压实机械的选用情况而定，同时区分土的透水性大小（表 4-2），选择适宜的填筑方式。

各种岩土的渗透系数值

表 4-2

岩土名称	渗透系数（cm/s）	岩土名称	渗透系数（cm/s）	岩土名称	渗透系数（cm/s）
黏土	$<6\times10^{-6}$	粉砂	$6\times10^{-4}\sim1\times10^{-3}$	粗砂	$2\times10^{-2}\sim6\times10^{-2}$
粉质黏土	$6\times10^{-6}\sim1\times10^{-4}$	细砂	$1\times10^{-3}\sim6\times10^{-3}$	砾石	$6\times10^{-2}\sim1\times10^{-1}$
粉土	$1\times10^{-4}\sim6\times10^{-4}$	中砂	$6\times10^{-3}\sim2\times10^{-2}$	卵石	$1\times10^{-1}\sim6\times10^{-1}$

1）当地面横坡或纵坡缓于 1∶5 时，应先清除草木杂物、淤泥或浮土，并翻松表土再行填筑；

2）当横坡或纵坡陡于 1∶5 时，除清除杂物外，还应挖成台阶，台阶宽度≥1.0m，台阶高不小于 0.5m。

3）盐田、水网内的土埂，应用推土机推平或挖掘机挖平，小型排水沟清淤后应填以碎石土或石灰土至原地面，填筑前清除表层腐殖土 15～20cm 或彻底清除淤泥。

4）过湿土清表后，用钢轮压路机进行碾压，同时注意隐患部位的处理。一般“弹簧”较轻的，采用挖土晾晒、打碎回填或换填好土或砾石、砂等。如面积较大，不可能采用上述方法时，可开挖明沟、盲沟排除过多水分。此法耗时较长，为长期措施。

四、透水路堤填筑

在过湿土地段，需要修筑透水路堤时，其技术要求和构造形式分别叙述如下：

1. 透水路堤

透水路堤一般用较大石块置于基底，堆筑至一定高度后，在其上填筑路基土方，使水流透过石块孔隙，用作泄水构造物。

透水路堤按其水力作用与构造不同分为三种：

无压力式、压力式、下渗式。

透水路堤可用于二级以下公路，河沟纵坡大及跨越水域长，流速较小的河床。在这些情况下，修筑桥涵虽然经济，但是，其缺点易于淤塞。为此，当在夹带泥砂又流速极缓慢的水流上不宜采用。

2. 透水路堤施工

透水路堤施工步骤：

1）放样清基

首先，按路堤构造断面放样后，将进水口和出水口加固部分及堤身基底上的杂草、污泥清除；当地面坡度过陡时，亦按设计规定作成宽 1～2m、高 0.2～0.4m 的台阶。

2）砂石反滤层

为了防止淤泥上涌，阻塞路堤石块孔隙，可在基底上由细到粗均匀铺设砂石反滤层。

3）堆填块石

堆填块石时，由下而上、由小到大、分层填筑，并应注意尽可能增大石块间的空隙以利泄水。必要时，还可在底部设置陶管或硬质塑料管，用以加强排水能力。

4）铺设隔离层

为了使透水路堤能够较长时间保持其透水能力，避免由于路堤土挤入块石孔隙中影响泄水，施工过程中，当块石堆筑至设计高度时，一般可用青苔、泥炭或反铺草皮作为隔离层，亦可用砂石料做成与基底上相反的过滤层。

透水路堤两侧与土路基相接处，也可用类似方法处理，该经验已在实践中收效良好。上述方法施工时比较繁杂，施工中常改用土工布作隔离层，简化施工，并能长期保持渗透作用。

五、过湿土路堤压实及质量控制

过湿土地段的路堤填料压实标准与一般路基的压实标准相同。但是，对于特殊潮湿地段，压实标准值可减少 1%～3%，但须经上级主管部门批准。

1. 压实机具的选择

过湿土地表，应选用重型履带铲运机或推土机，清除表层耕植土、腐殖土，对坑洼进行整平，推土机后可带松土器，对含水率大的表层土进行翻松、晾晒，以降低含水率。

原地面碾压及原地面以上填筑 40cm 厚度的碾压，可采用 18～21t 的三轮静力压路机分层碾压，结合平地机进行整平。

初压时，应慢速由路基两侧向中间碾压，后轮轮迹重叠 25cm 左右。

填高到超过原地面以上 40cm 后，宜采用振动式压路机碾压，其碾压速度一般为 3～6km/h，仍应先慢后快。最合适的压实遍数应通过试验确定，一般 4～8 遍。

用粉煤灰作填料时，宜采用轮胎式压路机。

对盐田内狭窄沟壕填土、构造物两侧回填，以及局部“弹簧”土处理、坑塘修补等，可选用内燃式夯实机等小型压实机械。

2. 压实度试验及检查

过湿土地区路堤填方压实试验及质量检查要做好以下工作：

1）土样制备

采用代表性土样，制备成试件，通过试验测算出准确的数据，经过对试验数据分析整理，为路堤填筑提供符合实际情况的技术指标，为编制合理的施工方案做好准备。土样采集有路堤范围内原地面以下耕植土及取土坑的土等。

2）将采集的试样进行物理和力学性质试验，试验项目有含水率、密度、重度（土粒相对密度）、颗粒大小、液塑限测定及膨胀试验等。对土进行力学性质试验，进行击实实验、回弹模量试验、压缩试验等。

3）必要时对盐田、养殖、水网区土质还要进行有机质含量，酸、碱、盐度等化学试验。

4）路堤压实度质量验收检查，按一般路基检查项目及质检标准执行。具体见《公路工程质量检验评定标准》（JTG F80/1—2004）。

第三节　生石灰改良过湿土工程实践

沧州路桥工程公司在承建黄骅港南、中、东疏港公路工程中，碰到的主要难题之一就是路基填料问题。由于该工程所处自然环境是土质海岸浅海水域，当地路用资源只有超标的过湿土、盐渍土，大量外购砂石或远程调运好土，虽然能满足质量要求，但成本太高。经试验研究，采用掺加生石灰改良过湿土、盐渍土路用性能取得成功。下面简要介绍其做法。

一、“造土”工艺

众所周知，土质海岸之滨海地区，多为淤泥地质，且地下水位很高，取土多为泥膏状，多属超标的过湿土、盐渍土，不能直接用来填筑路基，需要对其进行处理，或采用添加剂进行改良，或掺加吸水材料调整填料含水率。直至符合路用标准，或压实条件为止。习惯上，我们将其称之为“造土”，其工艺流程图4-7。

图4-8～图4-12是黄骅港疏港公路网中的南、中路施工中“造土”的一条龙施工现场，即从取土场挖掘出土料，水分过多则晾干，过少则淋水达到最佳含水率；车辆运输石灰掺入土料，运至现场进行拌和。

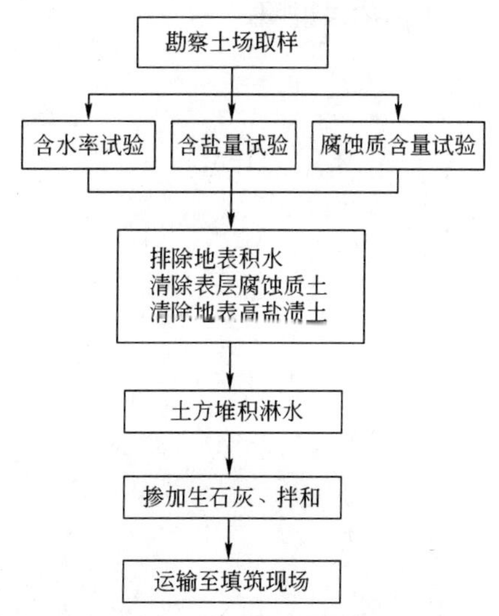

图4-7　“造土”工艺流程图

图4-8　从取土场坑中挖土

图 4-9　堆土晾晒或淋水

图 4-10　汽车运输生石灰

图 4-11　取土场掺加生石灰“造土”

图 4-12　掺入生石灰就地“造土”现场

二、生石灰改良土组成设计

为了有效地控制路基填筑压实度，按填筑路段和层位不同，掺入不同的石灰剂量，试验确定过湿土路段生石灰改良土组成设计，下面结合实例加以说明。

1. 基本情况

1）工程名称：黄骅港中疏港路。

2）试验项目：石灰稳定土组成设计。

3）工程部位：路基回填。

4）路面等级：一级，高级路面。

5）试验时间：2007 年 7 月 30 日。

2. 试验规程

公路工程无机结合料稳定材料试验规程（JGJ 057—94）（T 0804—94）。

3. 施工规范

公路路基施工技术规范（JTGE F10—2006）。

4. 原材料试验

1）石灰等级：不低于 III 级。

2）石灰种类：消石灰。

3）石灰产地：石家庄。

4）土壤种类：低液限黏土（CL）。

5）土的塑性指数：Ip＝21.5。

6）土有机质含量：0.888%。

7）盐渍土类型：氯盐盐渍土。

8）土含盐量：5.6%。

9）土承载比 CBR 值：3.2%。

10）土颗粒分析：0.074～0.002，含量 82.1%；<0.002，含量 19%。

5. 组成设计试验结果

1）素土击实试验：依据公路土工试验规程（JGJ 051—93，T0 131—93）试验结果，所得最佳含水量：17.6%；最大干密度：1.78g/cm^3。

2）灰土击实试验 I：依据公路工程无机结合料稳定材料试验规程（JGJ 057—94）（T0 804—94）规定试验结果：灰剂量：8%；最佳含水量：20.0%；最大干密度：1.62g/cm^3。

3）灰土击实试验 II：依据公路工程无机结合料稳定材料试验规程（JGJ 057—94）（T0 804—94）规定试验结果，灰剂量：12%；最佳含水量：21.0%；最大干密度：1.58g/cm^3。

6. 试验结论

1）承载比 CBR

按照公路路基设计和施工技术规范规定，一级公路路床顶面以下 0～30cm 范围内 CBR≥8%；30～80cm 范围内 CBR≥5%；

高级路面，路基填料含盐量≯5%。

综合上述试验数据，沿线素土 CBR 值不能满足路基施工规范要求。

2）路基填料

路床顶面以下 0～80cm 范围内，回填 8%石灰土；80cm 以下范围内，回填 12%石灰土，以满足其海水长期浸泡的恶劣环境之需要。

用石灰土作为路基填料时，宜用生石灰，并且，16h<闷料时间<24h，以利土壤钙化反应充分和吸收泥土中多余水分。

三、生石灰“造土”效果分析

黄骅港疏港公路网中的南、中疏港公路工程，采用掺加生石灰改良过湿土，取得效果如下：

首先，过湿土、盐渍土掺加生石灰改良后，路基填层固结成板体，强度显著提高。

设计允许弯沉值为 259，实测弯沉值一般为 30～60，最大值≤80，远远小于设计允许值。

设计允许沉降量为 50～150cm，实测沉降量一般≤30cm，最大≤50cm。

其次，该工程路基施工未能避开雨季，加之盐渍土吸湿性强，过湿土晾晒无法实现，由于掺加生石灰改良过湿土、盐渍土措施得力，保证了合同工期。

其三，沧州地区良好的路堤填料匮乏，尤其不产砂石料，由于掺加生石灰改良土用作路基填料获得了成功，对于过湿土地段和盐渍土地段，可以就地取材，大大降低了工程成本。图 4-13、图 4-14 系用石灰“造土”填筑的路堤成品路段。

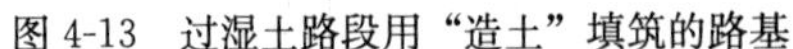

图 4-13　过湿土路段用“造土”填筑的路基

图 4-14　永浸区也用“造土”填筑路基

四、“造土”填筑路堤评价

石灰和水泥是固化盐渍土的常用材料，其他类型的固化剂，种类繁多，通过大量的科学试验结果表明，土壤固化剂具有很强的实用性、适宜性、经济性，预示着固化剂路用高潮即将来临。但是，在根据需要选择土壤固化剂时，应切记两点：

1. 客观评价土壤固化剂

应用土壤固化剂改良各类土质、提高其路用性能，尽管得到了国内外工程技术人员的关注和肯定，但它们均有各自不同的特性，甚至，有些性能还没有显现出来，例如：土壤固化结构的抗腐蚀性能、抗疲劳性能、化学稳定性能、气候稳定性及恶劣环境的适应性。所以选用时不要盲目，应该根据工程环境需要，充分考证。只有客观、全面的评价才最有价值。

2. 坚持“三步走”原则

土壤固化剂的应用，仍需坚持“三步走”的原则，即：首先室内试验；各项技术指标满足要求后，修筑试验路。在试验路成功的基础上，编制切实可行的施工操作规程，必要时请专家审议，而后方可大规模生产，并且在生产过程中不断总结完善。

笔者拜读到 2007，NO6.《中国公路》杂志上刊登的“TG 土质固化剂在淮北农村公路中的应用”一文，在该文中，华南理工大学谢士忠等专家，列举出具体工程实例，来阐明固化剂稳定土壤具有显明的实用价值和经济效益（表 4-3）。

不同类型路面基层费用比较表　　表 4-3

路 面 结 构	造价（万元）	单价（元/m²）	石灰用量（t）
20cm 混凝土路面	19.188	54.8	
12%石灰土+下封层+3cm 沥青碎石	15.366	43.9	166.108
复合固结土基层+下封层+3cm 沥青碎石	13.947	39.85	77.86

*注：村村通公路长 1000m，路面基层宽 4.0m，路面宽 3.5m；固化剂用量为灰土重的 0.015%，石灰剂量为 5%；使用 TG-1 和 TG-2 固化剂的基层强度分别达到 1.3MPa 和 1.322MPa。

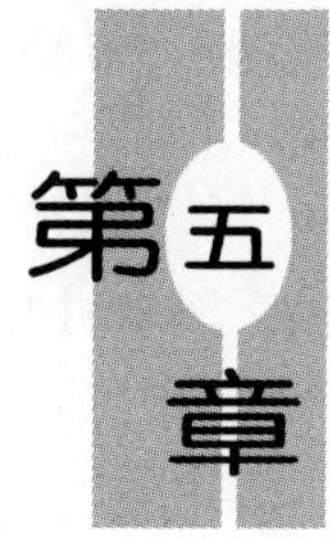

第五章 浅海路堤填筑施工

海潮涨落区（简称潮差区）和海水永浸区，统称为浅海水域。疏港公路建设成败是一个关键路段。其公路结构、技术要求、路堤填料、路堤放样、填筑方法，完全有别于一般公路，其质量评定标准，应遵循《港工堤防工程质量标准和方法》和公路现行有关规范和标准及方法进行检查和验收。

浅海路堤施工，基本步骤：测量放样、清淤、回填，进入路堤填筑工序。

浅海路堤施工成败与否，关键技术是路堤填筑质量，它关系着疏港公路永久稳定的大事。在浅海路堤填筑技术，重点是填料选择、填筑层位与压实工艺。

第一节　浅海路堤设计技术要求

一、浅海路堤技术要求

1. 浅海路堤设计高程

浅海路堤设计高程，应根据路堤所处地理环境及特点，考虑地形、地貌、地质、水文、气象等因素，结合施工条件及材料供应情况，合理地确定路堤设计高程，选择适宜的路堤断面及防护形式，保证路堤的整体稳定性、耐久性、耐腐蚀性。

1）潮汐

海水周期性涨落现象叫潮汐。如海边滩地宽阔开敞而坡度又平缓，则潮汐的海水面涨落运动十分显著。对有潮汐的海岸，潮位的变化特征是确定浅海路堤各部分高程的重要依据，也是施工中应特别重视的。

2）海浪或波浪

海水有规律的波动运动称为海浪或波浪。海洋中最常见的波浪是由风产生的，称为风浪或风成浪。波浪资料是浅海路堤设计和施工的主要依据，它直接关系到路堤的高度和断面尺寸。

2. 路堤防护设施

当路堤两侧有较大水头差时，宜设置过水构造物。当堤身或地基可能发生管涌潜蚀时，应在低水位一侧边坡下部设置排水设施、放缓边坡或设防护坡道，以及在路堤中心设置防渗墙等防渗加固措施。

近岸海流主要有潮流和风浪流。潮汐使海面发生周期性升降，海面高度的变化，迫使水体作水平方向的周期性流动，形成潮流。海浪以斜向角度达到海岸后，一部分海水以底流方式流回海中，另一部分则沿岸流动，形成沿岸流。位于潮流和风浪流浅海路堤，布设防护设施时，必须充分考虑到所在地域的潮流和风浪流。

3. 路堤材料选择

路堤填筑填料，应选渗水性好的材料，有困难时可采用细粒土，并应采取适当的防护和加固措施。

4. 高海潮设计频率

浅海路堤高度，不应低于高海潮水位频率的设计潮水位＋波浪侵袭高＋0.5m 安全高度。

各级公路路堤设计高潮水位频率应符合表 5-1 规定。不能满足要求时，应设置防浪墙等。

路堤设计高海水位频率 表 5-1

公 路 等 级	高速、一级公路		二级公路	三级公路	四 级 公 路
路堤设计高海水位频率	1/100	1/100	1/50	1/25	按具体情况确定

5. 设计波浪标准

设计波浪重现期标准，高速、一级公路、二级公路采用 50 年一遇，三、四级公路采用 25 年一遇。计算浅海路堤支挡和坡面防护工程的强度和稳定性时，设计波高的波列累积频率宜按表 5-2 确定。

波列累积频率标准 表 5-2

浅海路堤形	部 位	计 算 内 容	波高累积频率 F（%）
斜坡式	胸墙、堤顶方块	强度和稳定性	1
	护坡块石、护坡块体	稳定性	13
	护底块石	稳定性	13
直墙式	上部结构、墙身、桩基	强度和稳定性	1
	基床、护底块石	稳定性	5

注：当推算的波高大于浅水极限波高时，应采用极限波高值。

6. 浅海路堤形式

浅海路堤采用斜坡式，特殊情况下也可采用直墙式；常用路堤形式有三种：

1）明基床

在水底原地面上直接抛块石，经整平后作为重力式码头或防波堤、路堤等的地基传力层，然后在其上筑堤。

2）暗基床

在水底原地面以下挖槽后抛填块石，经整平后作为重力式码头或防波堤、路堤等的地基传力层，再在该基础上修筑路堤。

3）直墙式路堤

直墙式路堤优点，在于其内侧可以兼作码头，并在水深较大时，所需的建筑材料比斜坡式路堤省。它的缺点是消除波能的效果差。

7. 浅海路堤边坡坡率

浅海路堤边坡坡率，应根据填料性质、路堤高度、浸水深度、防护形式及海洋水文条件等确定，边坡坡率不宜陡于 1∶1.5。

8. 坡面防护

浅海路堤边坡坡面防护，应根据水深、波浪特点、施工条件及材料情况等，采用条石、块石、混凝土异形块体、土工合成材料等施做护坡。

为了减弱波浪对路堤的破坏作用，提高路堤边坡的稳定性，可在堤前采取防浪肩台、顺坝及潜坝等防护措施。各种防护工程应能抗海水及生物侵蚀，在寒冷地区还应具有耐冻和承受冰凌撞击的能力。

9. 外海侧护坡

外海侧护坡底部，应设抛石棱体，其顶面高程应高于施工水位，顶宽不应小于 1.0m。外海侧坡脚，应根据最大冲刷深度、地形、基础形式等采取妥善的护底措施，护底石厚度不应小于 1.0m，宽度不应小于 5.0m。

二、浅海路堤填筑技术

在浅海路堤施工之前，应先进行调查研究，查明潮差水文、地质、浪袭和余高以及海底淤泥、地形等情况，以便有针对性选择施工措施。

浅海路堤填料选择，在常水位以下路堤，宜用水稳性好、塑性指数不大于 6 且压缩性小、不易风化的透水性土料填筑。如采用天然级配的砂砾、卵石、矿渣、石质坚硬而不易风化的片、块、碎石等，边坡不得陡于 1∶2，必要时可在一侧或两侧设置护道和边坡防护。

1. 潮差区路堤填筑技术

潮差地段的路堤边坡和坡脚，经常受到海水涨落潮的冲刷和淘刷。当遇到遇到软弱地基时，对边坡和坡脚应采取措施，慎重进行处理。若处理不当，路堤则易出现沉陷病害，导致路堤失稳。潮差地段的路堤，一旦受到水浸，相应的路堤填料强度就会下降。在水网区水位的涨落，也会使路堤受到附加的渗透动水压力，降低了路堤边坡的稳定性。

2. 潮差区路堤填筑

无论潮差区还是永浸区地段，路堤的填料均宜选用渗水性较好的填料，如天然级配砂砾、卵石、粗（中）砂，石质坚硬的片、碎石等。当材料来源十分困难，无渗水性材料时，可采用黏性土填筑，此时，压实时应严格控制填土在最佳含水率。但是，重黏土、浸水后容易崩解的岩石，如泥灰岩、泥质胶结的细砂岩等、风化的石块、盐渍土，不宜用作浸水路堤的填料。

潮差区路堤填筑方式，采用水平分层填筑，每填一层经过压实符合规定要求后，再填上一层。在同一路段上用不同填料时应注意：

（1）不同填料应分层填筑，不得混填，以免内部形成水囊或薄弱面，影响路堤稳定。

（2）路堤上部受车辆荷载作用影响较大路段应用好的填料，路堤下部易受水浸害，故宜用水稳性、冻稳性较好的土填筑。

（3）透水性较大的土，填在透水性较小的土之下时，如果两者粒径相差悬殊，就在层间加铺过渡垫层，以免上层细颗粒落到下层内。

如果透性较小的土，填在透性较大的土之下时，其顶面应作成 4% 的双向向外横坡，以免积水。

(4) 沿纵向同层次改变填料种类时，应作成斜面衔接，且将透水性好的填料置于斜面的上面为宜。

(5) 在填方相邻作业段交接处，若为非同时填筑时，则应先填地段应按 1∶1 坡度分层留好台阶。若同时填筑时，应分层相互交叠衔接，搭头长度不得少于 2m。

3. 永浸区路堤填筑技术

永浸区路段的路堤，不仅受到海浪冲击，还永远浸泡在海水中。因此，常水位以下路堤，一般应选用水稳性好，压缩性小且不易风化的透水性填料。

岩石的渗透性，系在重力的作用下，岩土容许水通过的性能，通常用渗透系数表示。松散岩土的颗粒越细，越不均匀，其透水性就越弱。在选择时，尽可能选用渗透性好的填料，以保证路堤边坡的稳定性。

1) 适宜选作永浸区路堤（包括河塘、湖泊）填料

(1) 卵石、碎石、砾石、粗砂等透水性良好的材料。

(2) 高炉渣或钢渣等工业废渣，要求放置 1 年以上；采用粉煤灰填筑时，应做好护坡，防止冲刷。

(3) 碎（砾）石土，因其透水性大、内摩擦系数高、水稳性好，适宜用来填筑浸水路堤，但是，其中细粒土的含量应尽量小。

(4) 当无渗水性材料时，可选用黏土，但是，黏土填料一定要在最佳含水率时进行压实，并做好护坡。

2) 下列材料不适宜或严禁作为浅海路堤填料

(1) 易风化的软质岩石，例如：泥灰岩、哇藻岩等。因为这类材料浸水后易崩解、强度显著降低，变形最大，但是，施工时如能充分压碎填实，并做好防水护坡及隔离层，或采取其他特殊措施时，也可选用。

(2) 含盐量超过规定的强盐渍土、过盐渍土和膨胀土。

3) 一般路堤填筑技术要求

(1) 不同性质的土，要分层填筑，不得混杂乱填。但是，允许使用不同类的土（砂、亚黏土、砾石等）在混合掺配状态下填筑，亦即使用取土场内上述各种土的天然混合物。

(2) 各类土层的安排，应考虑路堤工作条件，凡不因潮湿及冻融而改变其体积的优质土宜填在上层，使路面有一个稳固的基础。如果路堤下层经常受到水流的侵蚀，则宜采用透水性好的土填筑。

(3) 透水性较小的土填在下层时，其顶面应做成 4% 的双向向外横坡，以保证上层透水性土有排水出路。另外，透水性较大的土层边坡不宜用透水性较小的土封闭。

(4) 当上下两部分为颗粒尺寸相差较大时，例如上部为黏性土，下部为石块，其间应加设由砂石材料铺成的反滤层，以防止细颗土挤入石块间隙中而引起路堤沉陷。

(5) 透水的与不透水的土，不得在同一层混杂使用，以免在填方内形成水囊。相邻两段用不同类土填筑时，应力求采用斜面连接，以免连接处产生明显的不均匀变形。

三、浅海路堤填筑压实

浅海（含潮差区、永浸区）区路堤填筑压实，除按一般路堤的压实要求外，施工中宜

选用压实效果较高的碾压机械，如重型轮胎压路机和振动压路机。还应注意以下几项要求：

1）控制压实层厚度，掌握压实遍数，同样质量的振动压路机比钢轮静碾压路机压实有效深度大1.5～2.5倍。

2）横向接头的轮迹应有一部分重叠，对振动压路机一般重叠0.40～0.50m，对三轮压路机一般重叠后轮1/2宽，前后相邻两区段亦宜纵向重叠1～1.5m。应做到无漏压无死角和确保碾压均匀。

3）压路机行驶速度过慢则影响生产率，过快则与土的接触时间过短，压实效果较差。

·一般光轮静碾压路机的最佳速度为2～5km/h。

·振动压路机为3～6km/h。

·各种压路机械的最大速度，不宜超过4km/h。

·对压实度要求较高的上层以及铺土层较厚时，行驶速度更要慢些。一般先慢后快，先轻后重。

4）直线段和大半径曲线路段，先压边缘后压中间，小半径曲线段或超高段，应先低（内侧）后高（外侧）。

5）碾压要全面，不留死角，边端部要碾压到位，边坡可采用人工拍实，也可用卷扬机牵引小型振动压路机从坡脚向上碾压。

6）根据不同填料和场地条件，要选择不同的压实机械。一般来说：

·6～8t的轻型钢轮压路机，适用于各种填料的预压整平；

·12～15t重型钢轮压路机，适用于细粒土、砂类土和砾石土。

·30t以上的重型轮胎压路机，适用于各种填料，尤其是细粒土。其气胎压力应根据填料种类进行调整，土颗粒越细气压应越高。

·羊足碾需有钢轮压路机配合，对被翻松的表层进行补压。

·振动压路机具有滚压和振动的双重作用，用于砂类土、砾石土和巨粒土，其效果远远优于其他机械，但对细粒土的压实效果不理想。

·牵引式碾压机械结构质量大，爬坡能力强，生产率高，适合于广阔的工作场地，并可以采用螺旋运行路线。

·自行式碾压机械结构质量小，灵活机动，适用于狭窄工作场地，宜采用穿梭式直线运行，在尽头回转。

·夯实机械在路堤压实中不是主要设备，仅用于狭窄工作场地的作业。

7）浅海区路堤压实质量检测

浅海区的路堤填筑材料组成设计，应严格按照现行的公路路基施工技术规范规定的执行，并在成功填筑试验段的基础上，开始正常施工。

压实质量检验、评定、验收标准，严格按“标书”和公路工程质量检验评定标准，同时还应满足现行“港口工程质量标准”有关条款要求。

四、浅海路堤抛填料管理要点

1. 抛填方法

一般当水深超过3.0m时，迎浪堤坝堤身石、棱体块石和垫层石，采用载量为350～

$1000m^3$ 自航开体驳船，借助定位船定位，运到指定位置进行抛填。不同石料分界面补抛与薄层石料抛填，用小方量开体驳、方驳上的反铲或自带扒杆的舱驳抛填。

2. 抛石试验段

由于船型的差异和抛石区水深、潮流的不同，抛至水下的石料成堆情况会各不相同；再由于海床地质的差异，每层抛填的厚度，即加载速率也会有所区别。故每一新抛石区域，或不同规格的石料，在大规模抛填之前，必须选择典型路段进行抛石试验，并及时总结出某类船驳在不同水深、潮流、抛填方式条件下石料水下成堆规律，以指导大规模抛石。

3. 抛石设计断面

大型开体驳抛填，其每次抛填方量多为 $500 \sim 1000m^3$。为避免石料抛出设计断面从而影响质量和造成不必要的经济损失，应设计好抛填控制断面，并在大规模抛石中，严格实施。

在水深 0.8～1.0 倍浪高内（浅层）抛石，断面可能在风浪作用下变形，即前坡的石料被卷到后坡，甚至被抛出设计断面。故浅层抛石要按安全设计断面施工。安全断面小于设计断面，即使施工期遇有大风浪，被卷动的石料多数仍在设计断面之内，不至于影响质量或造成返工。

4. 抛石断面动态管理

大规模抛石高峰期，抛石断面都在随时变化，故每抛完一批石料，立即进行断面测量。其测量成果，用不同颜色的线条叠合在同一张图上，以便校核、分析、比较及确定下批抛石位置、方量和抛填方法。若欠抛量较大，可继续用开底驳抛石；若欠抛量甚小，则需用小开底驳、方驳反铲或自带扒杆的舱驳补抛，以免抛出设计断面。

5. 抛石加载速率

严格按“抛石试验段”验证的加载速率控制抛填，不要过快；相邻施工段抛石厚度与高差不宜过大，尤其是软基更应该高度警觉，以免地基变形过快、过大而失稳。

第二节　浅海路线放样和路位控制技术

疏港公路同一般公路一样，其线位是工程的灵魂。路线测量就是将其灵魂具体描绘在大地上。在陆地上，根据测量结果，通常采用定桩的方法，就可以将路线描绘在地面上，再借助于山岩、大树、建筑物等稳固的物体做参照物，依靠栓桩来标定重要控制点、基准点。

然而，在海洋水面上进行测量定位，这些方法则无济于事。因为茫茫的海面上，既没有参照物，也没有固定点，还有无休止的风浪干扰，显然，靠传统的测量定位系统，确定路线线形与定位是不实现的。

RTK（实时动态定位）—GPS 系统在公路工程设计、施工测量中的开发应用，使浅海水域公路建设中路线定位、测量中的难题迎刃而解。同时，使水下抛石、抛砂，水下栅栏板、四角块、扭王块安装、水下模袋混凝土浇注等工程施工控制，进入了自动化、程序化和科学化阶段实施阶段。既降低了劳动强度，避开了恶劣环境的约束，又提高了测量精度和速度。

一、RTK-GPS 的概念

1. GPS 定义

GPS（Global Positioning System）中文意思是全球定位系统。它是一种可以授时和测距的空间交会定点的导航系统，可向全球用户提供连续、实时、高精度的三维位置、三维速度和时间信息。

2. GPS 系统组成

GPS 系统的组成：空间卫星部分，由 21 颗工作卫星和 3 颗备用卫星；地面控制部分，其中由 1 个主控站，5 个监控站和 3 个注入站组成；用户接收机部分。GPS 接收机的基本类型分导航型和大地型。大地型接收机又分单频型（L_1）和双频型（L_1，L_2）。频率 L_1＝1575.42MHz、L_2＝1227.60MHz、

3. GPS 定位

1）GPS 定位方法分类

GPS 定位方法，若按用户接收机天线在测量中所处的状态不同，可分为静态定位和动态定位。

若按定位的结果来分，可分为绝对定位和相对定位。

按相对定位数据解算，是否具有实时性，又可将其分为后处理定位和实时动态定位（RTK）。其中后处理定位又可分为静态（相对）定位和动态（相对）定位。

2）GPS 定位原理

（1）绝对定位原理

利用 GPS 进行绝对定位，其基本原理为：

以 GPS 卫星与用户接收机天线之以确定用户接收机天线所对应的点位，即观测站的位置。设接收机天线的相位中心坐标为（X，Y，Z），则有：

$$\rho=\sqrt{(X_S-X)^2+(Y_S-Y)^2+(Z_S-Z)^2}$$

卫星瞬时坐标（X_S，Y_S，Z_S），可据导航电文获得，所以式中只有 X、Y、Z 三个未知量，只要同时接收 3 颗 GPS 卫星，就能解出测站点坐标（X，Y，Z）。可以看出，GPS 单点定位的实质就是空间距离的后方交会。

（2）相对定位原理

GPS 相对定位，亦称差分 GPS 定位，是目前 GPS 定位中精度最高的一种定位方法。其基本定位原理为：用两台 GPS 用户接收机，分别安置在基线 D 两端，并同步观测相同 GPS 卫星，以确定基线端点（测站点）在 WGS-84 坐标系中的相对位置或称基线向量。

WGS-84 是卫星定位采用的坐标系简称。其全称 World Geodetic System 1984。在 GPS 定位测量中，坐标原点取地球的质心，所有又称地心坐标系。为使用方便起见，国际上通过协议方式确定坐标轴的指向是国际上共认的坐标系，所以称为协议坐标系。

4. GPS 后处理定位方法

目前，工程中广泛应用的是相对定位模式。其后处理定位方法有：静态定位和动态

定位。

1）静态相对定位

（1）方法：将几台 GPS 接收机安置在基线端点上，保持固定不动，同步观测 4 颗以上卫星。可观测数个时段，每时段观测十几秒至 1 小时左右。最后将观测数据输入计算机，经软件解算得各点坐标。

（2）用途：是精度最高的作业模式。主要用于大地测量、控制测量、变形测量、工程测量。精度：可达到（5mm＋1ppm），其中 ppm（part per million 的缩写，百万分之…）为比例误差，单位为 10^{-6}。

2）动态相对定位

（1）方法：先建立一个基准站，并在其上安置接收机，连续观测可见卫星，另一台接收机在第 1 点静止观测数分钟后，在其他点依次观测数秒。最后将观测数据输入计算机，经软件解算得各点坐标。动态相对定位的作业范围一般不能超过 15km。

（2）用途：适用于精度要求不高的碎部测量。

（3）精度：可达到（10～20mm＋1ppm）。

5. GPS 实时动态定位（RTK）方法

RTK 工作原理及方法（图 5-1～图 5-4）：与动态相对定位方法相比，定位模式相同，仅要在基准站和流动站间增加一套数据链，实现各点坐标的实时计算、实时输出。

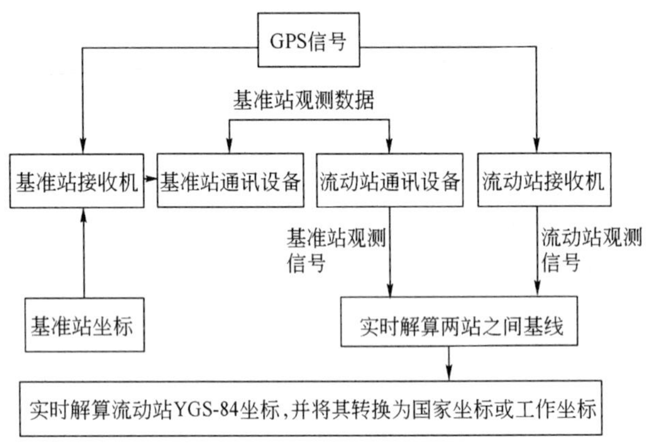

图 5-1　RTK 定位图

卫星接受天线　坐标控制点

图 5-2　基准点

图 5-3　参考站

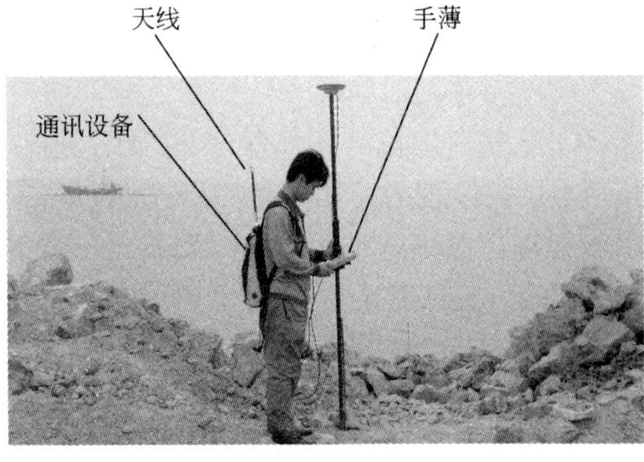

图 5-4　流动站

主要用途：适用于精度要求不高的施工放样及碎部测量。作业范围：目前一般为10km左右；精度：可达到（10～20mm＋1ppm）。

二、RTK-GPS特点与应用

1. GPS测量特点

1）测站间无需通视

在普通测量中，测站之间相互通视，一直是测量的难题，GPS测站间无需通视这一特点，使得选点更加灵活方便。但是，测站上空必须开阔，以利接收GPS卫星信号不受干扰。

2）定位精度高

一般双频GPS接收机基线解精度为5mm＋1ppm，而红外仪标称精度为5mm＋5ppm，GPS测量精度与红外仪相当，但是，随着距离的增长，GPS测量优势愈加突出。大量实践证明，在<50km的基线上，其相对定位精度可达12×10^{-6}，而在100～500km的基线上可达10^{-6}～10^{-7}。

3）观测时间短

在<20km的短基线上，快速相对定位，观测时间一般只需5min即可。

4）提供三维坐标

GPS测量在精确测定观测站平面位置的同时，可精确测定观测站大地高程。其特点操作简便，GPS测量自动化程度很高。观测中测量员主要任务是安装并开关仪器、量取仪器高和监视仪器工作状态，而其他观测工作如卫星的捕获，跟踪观测等均由仪器自动完成。

5）全天候作业

GPS观测可在任何地点，任何时间连续地进行，一般不受天气状况影响。

2. GPS接收机

GPS接收机是用来接收、处理和测量GPS卫星信号的专门设备，按其用途分为导航型、测量型和授时型三种。

1）天线单元：GPS接收机的天线由接收天线和前置放大器两部分组成。

2）接收单元：GPS接收机的接收单元主要由信号通道单元、存储单元、计算和显示控制、电源等四部分组成。

3. 实时GPS测量在公路建设中应用

1）绘制大比例尺地形图；

2）工程控制测量；

3）公路中线测量；

4）公路纵横断面测量；

5）施工测量；

6）变形测量。

三、GPS测量实施

GPS测量的实施程序大体分为：GPS网的设计、选点与建立坐标、外业观测及成果检核与处理四个阶段。

1. 选点与建立坐标

1）GPS网的图形设计

根据测量的不同用途，GPS网的独立观测边，应构成一定的几何图形。其基本形式有：三角形网、环形网和星型网。

2）选点与建立坐标

GPS测量的实施，选点、建立坐标应遵循的原则：

（1）观测站应远离大功率无线电发射台和高压输电线，其距离不得小于200m。

（2）观测站附近不应有大面积的水域，或对电磁波反射或吸收强烈物体。

（3）观测站应设在易于接收设备的地方，视场内周围障碍物的高度角应小于10°～15°。

（4）观测站应交通方便，且便于其他测量手段联测和扩展。

（5）对于基线较长的GPS网，观测站附近应具有良好的通讯设施和电力供应。

（6）GPS网点选定后应设置具有中心标志的标石，以精确标志点位（图5-5）。绘制点记，应包括：点位略图、点的交通情况及选点情况。

2. 外业观测

1）天线

天线安置应满足下述要求：

（1）静态相对定位时，天线安置应利用三脚架，并安置于标志中心的上方直接对中观测（图5-6）。

图5-5　网点标石

图5-6　用三脚架安置天线

（2）天线底板上的圆水准器气泡须严格居中。

（3）天线的定向标志线应指向正北，并顾及当地磁场的影响，不得超过±3°～5°。

（4）雷雨天气安置天线，天线底盘应接地，以防雷击。

（5）天线安置后，在各观测时段的前后，各量取天线高一次，两次量测结果差不应超过3mm，取其平均值。

2）外业观测

（1）确认外接电源电缆与天线等各项联结无误后，方可接通电源，启动接收机。

（2）开机后，接收机的有关指标和仪表数据显示正常后，方可进行自测试和输入有关测站和时段控制信息。

(3) 接收机在开始记录数据后，用户应注意查看有关观测卫星数量、卫星号、相位测量残差、实时定位结果及其变化、存储介质记录等。

(4) 在观测过程中，接收机不得关闭并重新启动；不准改变卫星高度角的限值和天线高。

(5) 每一观测时段始末及中间应各测记一次气象资料，当时段超过 60min 应增加观测次数。

(6) 观测站的全部预定作业项目全部完成后，并且记录与资料完整无误方可迁站。

3. 观测记录

外业观测过程中所有的观测数据和资料均须完整记录，此乃 GPS 精密定位的依据，须妥善保存。

四、浅海水域路线放样

浅海水域一片汪洋，即使滩涂区也不例外，星罗棋布的盐池、虾池、鱼池及其给排水系，也构成了一片水的田地，在浅海水域公路施工测量，RTK-GPS 大有用武之地。

1. RTK-GPS 作业基本要求

1) RTK-GPS 作业基本条件

RTK-GPS 作业，应尽量选择良好的天气，尽量避免雷雨。夜间作业精度一般优于白天。RTK-GPS 作业基本条件见表 5-3。

RTK-GPS 观测基本条件 表 5-3

观测窗口状态	卫星数	卫星高度角	PDOP 值	备　注
良好窗口	≥5	20°以上	≤5	$(PDOP)^2=(Hdop)^2+(Vdop)^2$
勉强可用的窗口	4	15°以上	≤8	
避免观测的窗口	4	15°以上	≥8	
不能观测的窗口			≤3	

表 5-3 中的 PDOP 系表示位置精度强弱度，其值是纬度、经度和高程等误差平方和的开根号值，即 Pdop 的平方＝$(Hdop)^2+(Vdop)^2$。具体含义：归因于卫星的几何分布，天空中卫星分布程度越好，定位精度越高。HDOP 水平（即二维）坐标精度强弱度；为纬度和经度等误差平方和的开根号值。VDOP：垂直（即高程）坐标精度强弱度，为高程的误差值。

2) 卫星预报

(1) RTK-GPS 作业前要进行严格的卫星预报，选取 PDOP＜6，卫星数＞6 的时间窗口。编制预报表时应包括可见卫星号、卫星高度角和方位角、最佳观测卫星组、最佳观测时间、点位图形几何图形强度因子等内容。

(2) 卫星预报表的有效期以 20d 为宜，当超过 20d 时，应重新采集一组新的概略星历进行预报。

(3) 卫星预报时应采用测区中心的经纬度。当测区较大时，应分区进行卫星预报。

3) RTK-GPS 测量初始化

（1）RTK-GPS 测量必须在完成初始化后才能进行。初始化可以采用静态和 OTF 两种。初始化时间长短与距参考站距离有关，两者距离越近，初始化越快。

（2）推荐静态初始化，只有在运动状态下才进行 OTF 初始化。OTF 方式一般在测量船、汽车等运动载体上使用。

2. RTK-GPS 作业时设备启动状况基本要求

1）开机后经检验有关指示灯与仪表显示正常后，方可进行自测试并输入测站号（测点号）、仪器高等信息。

2）接收机启动后，观测员可使用专用功能键盘和选择菜单，查看测站信息接收卫星数、卫星号、卫星健康状况、各卫星信噪比、相位测量残差实时定位的结果及收敛值、存储介质记录和电源情况，如发现异常情况或未预料情况，并及时作出相应处理。

3. RTK-GPS 观测期间的作业要求

1）不得在天线附近 50m 内使用电台，10m 内使用对讲机。

2）天气太冷时，接收机应适当保暖；天气太热时，接收机应避免阳光直接照晒，确保接收机正常工作。

3）RTK-GPS 作业期间，参考站不允许下列操作：

（1）关机又重新启动。

（2）进行自测试。

（3）改变卫星截止高度角或仪器高度值、测站名等。

（4）改变天线位置。

（5）关闭文件或删除文件等。

4）RTK-GPS 工作时，参考站可记录静态观测数据，当 RTK-GPS 无法作业时，流动站转化快速静态或后处理动态作业模式观测，以利后处理。

5）在流动站作业时，接收机天线姿态要尽量保持垂直（流动杆放稳、放直）。一定的斜倾度，将会产生很大的点位偏移误差。如当天线高 2m，倾斜 10°时，定位精度可影响 3.47cm（$\triangle S=20\times\sin10°=3.47$cm）。

6）RTK-GPS 观测时要保持坐标收敛值<5cm。

4. 浅海路线施工放样方法

1）RTK-GPS 测量放样

（1）测线设计（既可在计算机上设计，也可在手簿上设计）；

（2）基准站设置和参数输入；

（3）流动站设置和参数输入；

（4）按设计测量和采点（线路放样时测线上按线路测量和采点）；

（5）查看卫星可见状况显示，自动接受或用户自定义容差，均方根误差（RMS）显示；

（6）图解式放样，通过前后、左右偏距控制，能快速完成放样工作。

（7）存储点名、点属性与坐标。

2）RTK-GPS 断面测量工作流程

（1）建立工作项目。

（2）进行 RTK-GPS 测量，记录点名、点位属性信息及三维坐标信息。

（3）将接收机控制器中的数据传输到微机中。

(4) 进行观测点的筛选，删除不必要的观测点。

(5) 形成纵断面和横断面数据文件，根据设计需要，可进一步建立断面测量资料数据库、DEM 模型、制作 DLG 图。

5. 浅海水域公路施工测量

1) 恢复公路中线

浅海水域公路工程动工前恢复中线，是施工测量的基本作业之一。运用 RTK-GPS 测量控制系统，借助于水上交通工具可顺利实现。只是中桩需要用旗标显示（为便于施工，一般只在边桩处设置旗标）。

2) 横断面复测

横向零填断面复测是校核工程量、确定施工方案、安排工程计划和成本控制的需要，也是测量的基本作业之一，可用 RTK-GPS 测量控制系统，必要时辅助水上交通工具即可实现。

3) 浅海水域导向标布设

所谓浅海水域这里特指潮差区和永浸区，在这个区域进行公路工程施工，中线恢复、路基边线与坡脚线有效控制，就得依靠设置各类导向标来实现。

(1) 导向标种类及用途

为准确控制浅海水域公路工程、沿线设施及护岸基础工程施工，必须在施工前设置导向标。

①中心标：沿路基纵向中心线设置，每 20～25（50～100）m 设一处，用于控制路基的中心线。

②边标：沿路基纵向设置，用于控制路基的底宽和顶宽，相邻断面间距一般 20m（曲线段间距可按 10m 设置）。逢路基设计横断面变化处必须增设。路基填筑层顶面两侧之边标，同时兼做施工过程中的里程标（指示桩），用红色油漆于其上标注施工桩号，以利指导施工。图 5-7 和图 5-8 是黄骅港中、东疏港公路永浸区施工中旗标设置场景。

图 5-7　永浸区边标（旗标）设置情景

③路基横断面控制标

垂直于路基中心线（纵向）设置，每一变坡点至少一处，其连线则确定了路基横断面施工范围。逢路基设计横断面变化处必须增设。

(2) 导向标设置方法及标识

基础桩用钢管制作，长 2～6m，将其打入泥土中，钢管桩上用铁丝绑扎毛竹杆，杆长不小于 6m。导向标以杆顶系彩色三角旗做标识，同种类导向标选用同一种颜色，以利施工作业人员辨认。

图 5-8　永浸区施工机械沿旗标方向作业

（3）水尺设置

水尺用于潮水水位观测，指导施工，现场可以自制。在细长的竹竿或木杆上用红黑油漆交替喷涂刻度，每一刻度 10cm，一端埋入地下，四周用铁丝斜拉加固。水尺埋设位置要求：

①水流畅通，无壅水现象，不受风浪影响。

②潮水涨落时不会露底或没顶。

③设置稳固，不易遭受碰撞。

④读尺方便，容易联测高程。

五、抛石定位方法

浅海路线确定之后，使用定位船舶，指引开体驳运料船运至填筑位置进行抛填。

定位船可用 1700t 方驳，在船上安装两台 GPS 接收机，其连线须平行于船轴线（图 5-9）。测出两台 GPS 接收机天线与船体在平面上的相对关系，通过卫星定位软件，将 GPS 实时测得的坐标在计算机屏幕上直观地显示成定位船体与防浪堤轴线、边坡线以及抛石区域之间的位置关系。通过绞放锚缆可将定位船精确定位在作业段区域内任何位置。供抛石船靠驳，定位抛石。

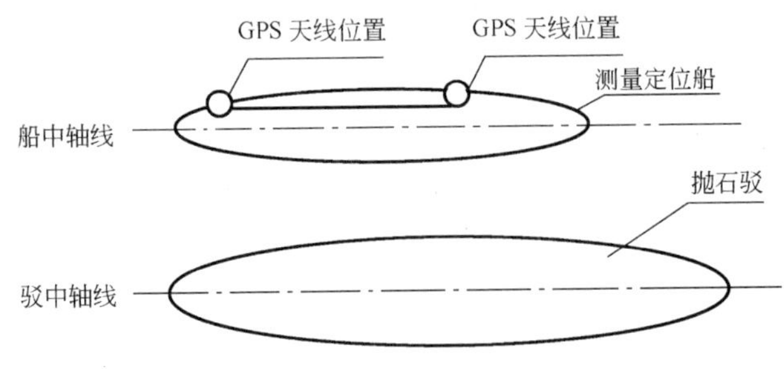

图 5-9　定位船控制抛石驳定位抛石示意图

开体驳运石到抛石现场，靠驳在定位船旁边，由于受到涌浪推力作用，不可避免的导致定位船发生少量移位，故抛石驳依靠定位船初步定位后，定位船要根据 GPS 坐标调整自身位置，而后，重新将抛石驳调整到准确的抛填位置之后，开体驳方可大规模抛石。

第三节　浅海路堤堤底砂垫层抛填

浅海路堤填筑作业内容，按照路堤构造分别为：抛填砂垫层、碎石垫层、铺设土工布、抛填迎（背）堤坝的堤身石、棱体块石、二片石，修筑混合倒滤层、边坡防护和回填路堤。

浅海水域路堤施工，按照施工程序，需要先修筑路堤两侧的迎浪堤和背浪堤坝，尽早形成路堤围堰，为填筑路堤创造条件，按序填筑路堤、铺设路面结构。

浅海路堤一旦位置测定后，在进行路堤施工时，首先，应按路堤设计要求，在全路堤范围内抛填砂垫层。砂垫层设计抛填厚度一般为50cm，所用砂全部从外海由船舶运输到现场，然后按确定的工艺进行抛填。

一、路堤砂垫层抛填

1. 路堤砂垫层抛填施工流程（图5-10）

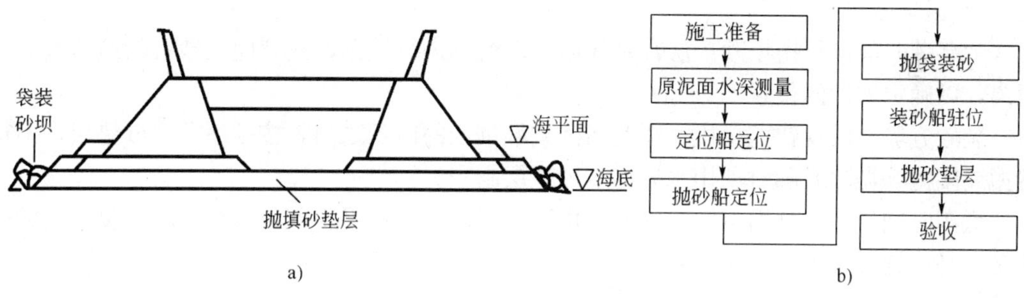

图5-10　路堤底砂垫层抛填

a）砂垫层位置；b）抛填工艺流程

2. 底砂垫层抛填方法

1）测量海底泥面水深

在正式抛填之前，采用测量船使用GPS与数字化自动回声测深系统相结合方法测量海底泥面水深，然后对测量成果进行整理，通过HaiDa水上成图软件对实测数据进行处理，绘制出平面图。

HaiDa是海洋成图、测量软件，系广州中海达测绘仪器有限公司研制。该软件系按照国内海测作业规范和作图格式编制的。它可与GPS、测深仪相连，能快速测量出大面积水域，可在海上测定线路，生成定位数据和水深数据；可自定义坐标系、投影和坐标变换。可在任意坐标系下工作，直接输出坐标成果，时监控作业船舶的位置，还与电子罗盘配合可测方向。其特点：易用、通用、灵活，价位适宜，倍受欢迎。我们在黄骅港疏港公路施工中，全部使用该软件时时控制船舶抛填位置，精确地控制了路堤施工方位。

2）定位船定位

根据施工范围和船型，计算出GPS在施工坐标系下位置。由拖轮将定位方驳送入施工区域，方驳垂直于堤轴线方向驻位，并用八字形锚固定。根据设计的砂垫层边线及里程标志，先利用方驳绞缆初步驻位，再使用GPS进一步校核，使其准确驻位。

3）抛袋装砂

为防止抛填后的砂垫层遭受到水流冲失，在抛填之前，先抛填袋装砂在海底筑起两道砂坝，即在砂垫层抛填位置的两侧，沿堤纵向用砂袋抛出一条高度等于砂垫层厚度的砂袋坝，以起到挡砂作用。

抛砂施工一般趁海水低潮时，对抛填的袋装砂采取人工方式进行调整、砌筑，以保证砂袋的位置、厚度满足挡砂要求。

抛袋装砂方驳的定位及测量方法，与抛填砂垫层一样，根据标志桩初定位，使用GPS进行校核，利用水砣测量高程。

4）装砂船驻位

运输抛填砂料，应选择小型方驳，趁高海潮时间运输，采用方驳＋反铲挖掘机施工。自航定位方驳提起八字形两个后锚，再将两个前锚栓于提前设置的定位浮鼓上。定位方驳根据设立的标志初步驻位、再由GPS准确定位。

自航装砂驳由施工区域缓慢靠到定位方驳一侧，用两根缆绳牢固拴于定位方驳系缆桩上。同时，用两台GPS流动站置于船头、船尾，分别测定装砂船的施工坐标，对装砂船进行准确定位。

5）抛填砂垫层

趁高潮时间进行抛填砂垫层，正式抛填以前先进行试抛，找到抛填砂石的漂移方向和距离，以确定抛砂的位置。

装砂方驳上的反铲挖掘机，在两条砂袋堆砌成的砂坝之间，按顺序抛填砂垫层，不得漏抛或多抛，抛填时随时利用水砣测定砂垫层高程。

低潮时间砂垫层顶面可漏出水面，由人工对砂垫层不平整部位进行整平，整平好的砂垫层，马上铺设土工布。

二、砂垫层抛填质量控制

1. 砂垫层抛填施工质量控制方法

砂垫层抛填施工，从使用材料入手，加强施工质量控制和检查：

1）严把垫层砂的进场关

砂垫层质量是否合格，应从砂的产源调查入手，不合格的砂源决不采用。

2）抛填过程中，加强质量检查

砂垫层的暴露段长度，应控制在50m之内，抛填完成后马上进行下一道工序的施工。在抛填过程中，及时进行测量检查，以便对超高或不足区域进行及时处理。砂垫层一般不须整平，经水流的作用砂垫层会自动平整。如砂垫层不够平整，则趁低潮时间人工水下整平。

现场监测控制应制度化，利用GPS、测深仪等测量手段，对抛填的砂垫层进行全面、精确的监控。

2. 抛填砂垫层质量验收标准

1）砂垫层质量基本要求

砂垫层抛填后，应采用测量船使用GPS与数字化自动回声测深系统相结合进行砂垫层高程测量，测量成果通过HaiDa水上成图软件进行整理，将实测数据进行处理，绘制抛填的砂垫层平面图、断面图和三维形象图。通过计算机将实测面叠加到设计断面，即可实时显出实际抛填断面形状与设计断面的差异，并可直接计算出需补抛的数量和部位，便于补抛。多次测量同一断面使用不同颜色叠加，可反映出该断面形成的过程和实际抛填情况，并可打印记录，保存数据备查。

2）完成的砂垫层抛填区域，及时请监理工程师验收。

3）砂料材质要求：

① 砂粒应是未风化、坚硬、密实、耐风化且透水性强的砂；

② 堆填稳定后湿重度应达到 18kN/m³；

③ 内摩擦角≥32°；

④ 粒径小于 0.1mm 的颗粒含量≯5%；

⑤ 有机混合物含量≯5%；

⑥ 易溶性盐类和中溶性盐类含量≯8%。

4）砂垫层的顶面宽度≮设计顶面宽度。

5）验收标准与方法

砂垫层整平的范围和方法，应从满足设计要求，并符合国家现行标准的有关规定进行整平。

• 质量检验方法：检查整平轨道或机械的定位记录，并现场进行观察检查。

基床顶面的坡度，应满足设计要求，并符合国家现行标准的有关规定。

• 坡度检验方法：在检查整平偏差的同时进行检查。

水下基床整平的允许偏差、检验数量和方法应符合“标书”指定标准或表 5-4 的规定。

水下基床整平允许偏差、检验数量和方法 表 5-4

项目		允许偏差 mm		检验单元和数量	单元测点	检验方法
		细平	极细平			
顶面高程	码头、防波堤	±50	±30	每个断面（码头每 2 m 一个断面，防波堤、导堤和丁坝每 5～10 m 一个断面）	每 2～3 m 一个测点	经纬仪或 GPS 定位，用水准仪、水深测杆检查钢轨内侧 1 m 和中线处。基床顶宽小于 6 m 时，可只测钢轨内侧 1 m 处
	导堤、丁坝	±100	—			
整平边线		+5000			2	经纬仪或 GPS 定位，用测深水砣、水深测杆或测深仪检查

注：①滑道基床顶面极细平的允许偏差，当设计无要求时，按 0/20mm 控制。
②如用 3 条及以上轨道整平时，每个断面单元测点数为（n−1）×2，其中 n 为轨道条数。

3. 砂垫层成品质量检测

软土地基砂垫层质量和基础换砂工程，根据施工记录进行检查。

1）水下砂垫层或基础换砂的范围及厚度、振冲密实的范围，必须符合设计要求。

• 检验方法：检查断面测量记录。

2）陆上砂垫层压实后、水下基础换砂振冲后的干土重力密度或标准贯入击数必须符合设计要求和规范规定。

• 检验方法：检查试验记录。

3）水下施工抛砂前应检查基槽尺寸，如发现明显变化，应进行处理。

• 检验方法：对基槽断面进行复测、插控或潜水检查。

4）砂垫层和基础换砂的允许偏差、检验数量和方法应符合“标书”指定标准或表 5-5 的规定。

砂垫层和基础换砂允许偏差、检验数量和方法　　表 5-5

序号	项目		允许偏差（mm）	检验单元和数量	单元测点	检验方法
1	顶面高程	头	±300	每 5～10m 检查 1 个断面，且不少于 3 个断面，每 20m² 为 1 处	2～4m 为 1 个点，且不少于 3 点	用测深水砣检查
		防波堤	+500，−300			
	上砂垫层		+30，−20	每 20m² 为 1 处	1	用水准仪检查
2	陆上砂垫层厚度		±H/10	每 100 m² 为 1 处	1	挖坑用钢尺量

注：①H 为砂垫层厚度。
②排水砂垫层只检查厚度。

第四节　铺设土工布

土工布应具有较好的抗拉强度和张拉摸量，用于路基工程能将荷载均匀的扩散在较大的受力面积范围内，预防不均匀沉降对路基造成的危害。

一、土工布成品材料与铺筑技术要求

1. 适用范围

在含有大量黏土、粉沙土的饱水细粒土或大孔隙有机质土、泥炭土、松砂等软土地段，在土的含水率大、压缩性高、承载力低、抗剪强度弱等，在水网地带、降雨频繁的填河、鱼塘等地段，特别是施工期限紧迫时，多采用土工布加筋土和砂垫层综合处理，或采取土工格栅加粉煤灰进行综合处理。

2. 土工布材料技术要求

土工布材料应选择尺寸合适、结实强韧、延伸率小，耐磨耐热耐老化、耐酸碱、渗透性良好的裂膜编制布，其技术性能应符合设计或不低于表 5-6 规定。

土工布技术性能　　表 5-6

检验项目	纵、横向抗拉强度	纵横向伸长率	顶破强度（湿态）	渗透系数（需要时）	有效孔径（O_{95}）
要求值	纵：≥3kN/5cm 横：≥2kN/5cm	≯24%	≥2kN	≥1×10⁻² cm/s	≤0.30mm

采用涤纶机织加筋土工布和无纺土工布，其单位面积质量均为 400g/m²。

进入工地的土工布材料，须附有产品出厂合格证、出厂日期、取样日期、标注组号和批号、产品试验、检验报告，经检验合格后方可进场使用。土工布运抵现场，应查验合格证和产品检验报告，在确认产品型号后，应妥善保管，防止暴晒，并委托有资格的专门机构，对进场的每批土工布成品进行抽样检验。

3. 土工布铺筑形式

在黄骅港疏港公路网工程中，铺设的土工布分为三种类型：第一种为浅海水域永浸区公路路基防护堤，位于砂垫层顶面；第二种为防护堤内坡，组成倒滤层，其铺筑位置及形式见图 5-11；第三种为潮差区路基边坡防护，其铺筑位置及形式如图 5-12。

土工布铺设方法：在软基表面上，修筑拱度 2%～4%，然后摊铺一层土工布，土工布向上翻盖反包 1～2 层土。

采取砂垫层和土工布加筋土对软地基进行综合处理时，在软基表面修筑拱度 2%～4%，然后铺一层厚 0.30m 的符合要求的砂垫层，在砂垫层顶面铺一层土工布，然后按要求填筑路基。

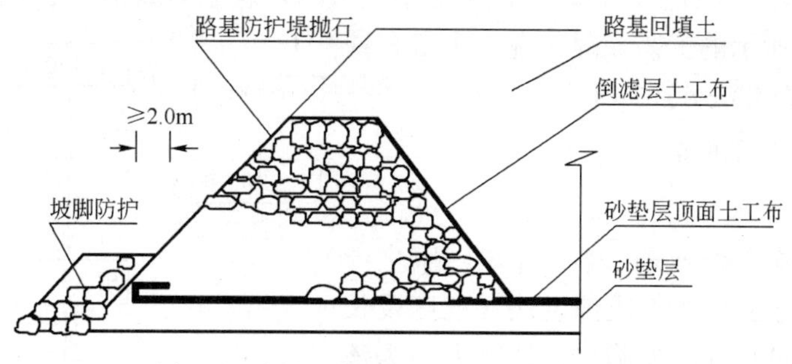

图 5-11　永浸区路基防护堤土工布铺设示意图

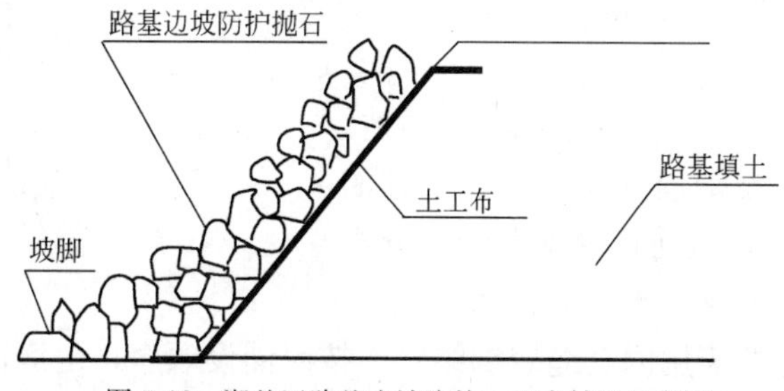

图 5-12　潮差区路基边坡防护土工布铺设示意图

图 5-13～图 5-16 是浅海水域正在施工路基边坡防护工程，施工人员正在铺设土工布。

图 5-13　浅海水域

图 5-14　理坡后正在铺设土工布

图 5-15　二片石上填碎石后铺土工布

图 5-16　正梳理迎浪堤坝边坡

二、土工布铺筑

土工布铺设工序流程如图 5-17 所示。土工布铺设，应趁海水低潮时间施工，每一施工段砂垫层抛填、二片石垫层抛填、回填抛填完成后，应立即铺设土工布。

按照图 5-17 所示的工艺流程，现将土工布铺设和质量控制检查方法分述如下：

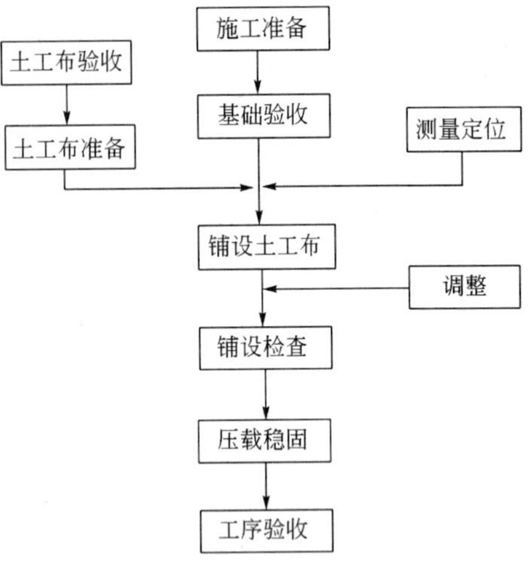

图 5-17　铺设土工布施工工艺流程图

1. 土工布铺筑前准备工作

1）土工布加工

土工布应在施工作业前 30 日通知厂家生产施工用土工布；土工布加工成铺设块，宽度及长度随施工区域不同通过计算确定，计算方法为该段基础断面长度加富裕长度 1.5m。

2）土工布准备

经检验合格的土工布，首先运至堆放场地。按照施工顺序，将土工布铺展开来，用加工好的 ϕ60mm 钢管卷成滚状，卷滚前在钢管两端三分之一位置拴好两根 ϕ20mm 丙仑绳，并随土工布一起卷到卷滚中。卷好的卷滚用丙仑绳捆绑结实，按照铺设顺序，由运输船运至施工地点准备铺设。

3）施工准备

趁海水高潮时间，由平板驳将袋装碎石运输到现场，并抛填在指定的位置，以便在低潮时间铺设土工布时，用作压块防止被水或风冲起。另外装载土工布的平板运输驳在砂垫层以外一侧驻位，以便低潮时间将土工布搬运至砂垫层顶面进行铺设。

4）水下测量定位

建立土工布 GPS 自定义系统，铺设定位网格。布设 5m×2m 的测量控制网格，建立铺设土工布所用的 GPS 平面定位控制系统，将铺设土工布的设计参数（坐标）事先输入 GPS 和计算机系统，在铺设土工布施工中，计算机显示器上将显示铺设的土工布确切位置，以便于进行质量监控。

2. 铺设土工布

在海水低潮时间，土工布铺设底面可露出水面，故土工布趁低潮时人工进行铺设。人工将土工布抬放至指定铺设的砂垫层或二片石、或回填顶面，由 GPS 定位至设计的铺布位置起点。

每块土工布的铺设位置，必须根据前一块已铺的实际边线位置修正后确定。确保相邻土工布间实际搭接宽度在整块布范围内任一位置均≮1.0m。

打开土工布卷滚，先用碎石袋压住土工布的边线位置，然后再滚动卷滚，每前进 2m，用碎石袋压牢。两块土工布搭接部位也要压牢。若出现较大偏差，及时调整布卷位置。土工布卷滚滚动时，要修正铺设边线位置，以保证要求的搭接宽度及其他规范要求。

3. 土工布铺设质量控制要点

1）土工布应在平整的下承层上按设计宽度铺设，土工布上下面所接触的填料不得有尖石、树根等物，以免刺破土工布。

2）土工布应横向铺设；铺设时必须绷紧、拉挺，不得有折皱、扭曲或凹凸；沿纵向拼接可缝合或搭接。若采用缝合时，缝合强度应不小于土工织物的同向抗拉强度；若采用搭接，则搭接宽度不小于0.30m。

土工布横向两端的锚固长度不应小于2m，端部回折部分不得外露，应用不小于0.30m厚度的填料予以覆盖，以免老化断裂，失去加固效果。

3）为避免已铺完的土工布长时间暴晒，土工布铺设后与填筑其上的第一层填料之间隔不应超过一周。因故必须延长间歇时，表面必须覆土保护，厚度不小于0.20m

4）禁止一切车辆和施工机械直接在铺设的土工布上行驶，或在已铺好的土工织物上堆放他物。

5）施工中随时检验土工布的质量，发现有折损、刺破、撕裂等瑕疵时，视其程度修补或更换。修补范围应超过裂口至少0.30m，必要时，应抽样检查，确定土工布是否符合其产品质量标准。

6）双层土工布上、下层搭接缝应错开，最小搭接间距不小于0.50m。

7）土工布上铺第一层填料时，应采用无棱角的细粒料，填筑时应由两边向中间，碾压时应自中间向两边。

三、土工布铺设质量控制

1. 土工合成材料选用

土工合成材料选用，应根据工程要求、环境特点、施工条件等选用。选用时应考虑土工合成材料的物理性能、力学性能、水力学性能、耐久性和产品形态等指标，并应符合下列规定。

1）织造土工织物宜应用加筋垫层、膜袋混凝土护坡、充填袋筑堤和软体排护底、护滩工程。

2）非织造土工织物宜应用于土工织物滤层。

3）土工膜袋宜应用于护坡工程。

4）土工带宜应用于加筋岸壁工程。

5）土工网宜与土工织物相结合，应用于加筋垫层和土工织物滤层。

6）土工格栅宜应用于加筋垫层和加筋土岸壁工程。

7）土工复合材料宜应用于土工织物滤层、软土地基加固和堤坝防渗。

2. 土工合成材料保护

在暴露条件下，应选用具有防老化性能的土工合成材料，并采取掩土覆盖等防护措施。

3. 土工合成材料选用需要注意的几点

1）长期受力的土工合成材料，应考虑其强度随时间的衰减。

2）土工合成材料结构设计的荷载，可按水运工程现行有关标准规定的标准值取值。

3）土工合成材料进场，应提交出厂合格证明和试验检验报告，并应按设计要求与合同规定，对产品质量进行检验。

4）土工合成材料的主要物理性能、力学性能、水力学性能和耐久性等指标的测试方法应符合国家现行有关标准的规定。

5）土工合成材料进场后应存放在通风遮光处，严禁暴晒。

6）若有搭接宽度不够、铺偏、打折和卷起等现象，必须返工。

四、土工布质量检验与验收标准

1. 土工织物的品种

土工织物的品种、规格和技术性能，必须符合设计要求和有关规定。

检验方法：检查出厂合格证和抽样试验报告。抽查数量每批不少于一次。

2. 土工织物接头抗拉强度

土工织物垫层拼幅缝接头的抗拉强度，必须符合设计要求和有关规定。

检验方法：检查接头强度抽样试验报告。

3. 土工织物两端锚固处理

土工织物垫层两端的锚固处理，应符合设计要求。

检验方法：观察检查。

4. 铺设的外观质量

土工织物垫层铺设，不得发生折叠和破损现象。

检验方法：观察检查。

5. 施工允许偏差

土工织物垫层施工的允许偏差、检验数量和方法应符合表 5-7 的规定。

土工织物垫层施工允许偏差、检验数量和方法 表 5-7

序号	项目		允许偏差（mm）	检验单元	单元测点	检验方法
1	搭接长度	水下	$\pm L/5$	每块土工织物	每 20m 一个点	用钢尺量
		陆上	±100			
2	轴线偏移	水下	1500		2	用钢尺量两端
		陆上	500			

五、土工布质量检验实例

1. 浅海水域路基抛石筑堤倒滤层工程材料—土工布的检验情况如下：

1）出厂检验情况，检查事项

（1）工程名称：黄骅港中疏港路。

（2）工程部位：路基抛石筑堤倒滤层工程。

（3）产品名称：聚酯长丝纺粘针刺土工布。

（4）产品代号：FNG400—6.15。

（5）产品卷长：80m。

（6）检验单位：山东众联新材料有限公司。

（7）执行标准：《土工合成材料长丝纺粘针刺非织造土工布》（GB/T 17639—1998）

（8）出厂时间：2008 年 3 月 6 日。

（9）检验时间：2008 年 3 月 6 日。

(10) 出厂检验报告见表 5-8。

土工布出厂检验报告 表 5-8

项　　目	单　　位		标 准 值	检 验 结 果
单位面积重量	g/m²		400	400.8
厚度	mm≥		3.1	4.84
断裂强力	kN/m≥	横向	20.5	22.59
		纵向	20.5	28.98
断裂伸长率	%	横向	30—80	60.97
		纵向	30—80	61.5
撕破强力	kN≥	横向	0.56	0.64
		纵向	0.56	1.02
CBR 顶破强力	kN≥		3.5	5.02
等效孔径 O90 (O95)	mm		0.08～0.20	0.12
垂直渗透系数	cm/S		$5\times10^{-2}\sim5\times10^{-1}$	0.1
产品等级：合格				

2) 用户检验情况

(1) 工程名称：黄骅港中疏港路。

(2) 工程部位：路基抛石筑堤倒滤层工程。

(3) 产品名称：聚酯长丝纺粘针刺土工布。

(4) 产品代号：FNG400—6.15。

(5) 产品卷长：80m。

(6) 检验单位：天津市市政工程质量检测中心。

(7) 执行标准：《公路工程土工合成材料试验规程》(JTG E50—2006)。

(8) 出厂时间：2008 年 3 月 8 日。

(9) 检验时间：2008 年 3 月 8 日。

(10) 用户检验报告见表 5-9。

土工布用户检验报告 表 5-9

检 测 项 目	单　　位	标 准 要 求	实 测 结 果	结　　论	检测方法标准条款
纵向抗拉强度	kN/m	≥20.5	31.44	合格	T1123—2006
纵向延伸率	%	—	65.38	—	T1123—2006
横向抗拉强度	kN/m	≥20.5	26.35	合格	T1123—2006
横向延伸率	%	—	68.73	—	T1123—2006
CBR 顶破强力	N	—	3839.95	—	T1126—2006
单位面积质量	g/m²	≥400	471.6	合格	T1111—2006
检验结论：合格					

2. 浅海水域路基路基防护工程材料—土工布检验

1) 出厂检验

(1) 工程名称：黄骅港中疏港路。

(2) 工程部位：路基临时防护工程。

(3) 产品名称：聚酯长丝纺粘针刺土工布。

(4) 产品代号：FNG400—6.15。
(5) 产品卷长：80m。
(6) 检验单位：山东众联新材料有限公司。
(7) 执行标准：《土工合成材料长丝纺粘针刺非织造土工布》(GB/T 17639—1998)。
(8) 出厂、检验时间：均为 2008 年 3 月 20 日。
(9) 出厂检验报告见表 5-10。

土工布出厂检验报告 表 5-10

项　　目	单　　位		标　准　值	检 验 结 果
单位面积重量	g/m²		400	486.40
断裂强力	kN/m≥	横向	6.0	9.06
		纵向	6.0	9.90
断裂伸长率	%	横向	30～80	85.19
		纵向	30～80	87.17
CBR 顶破强力	kN≥			1759.0
产品等级：合格				

2) 用户检验
(1) 工程名称：黄骅港中疏港路。
(2) 工程部位：路基抛石筑堤倒滤层工程。
(3) 产品名称：聚酯长丝纺粘针刺土工布。
(4) 产品代号：FNG 400—6.15。
(5) 产品卷长：80m。
(6) 检验单位：天津市市政工程质量检测中心。
(7) 执行标准：JTGE 50—2006。
(8) 出厂、检验时间：分别为 2008 年 3 月 20 日和 2008 年 3 月 22 日。
(9) 代表数量：150000m²。
(10) 用户检验报告见表 5-11。

土工布用户检验报告 表 5-11

检 测 项 目	单　　位	标 准 要 求	实 测 结 果	结　　论	检测方法标准条款
纵向抗拉强度	kN/m	≥6.0	9.06	合格	T1123—2006
纵向延伸率	%	—	87.17	—	T1123—2006
横向抗拉强度	kN/m	≥6.0	9.90	合格	T1123—2006
横向延伸率	%	—	85.19	—	T1123—2006
CBR 顶破强力	N	—	1758.51	—	T1126—2006
单位面积质量	g/m²	≥400	486.40	合格	T1111—2006
检验结论：合格					

第五节 迎浪堤坝碎石垫层抛填

一、迎浪堤坝碎石垫层工艺流程

碎石垫层抛填厚度为500mm，抛填用的碎石全部经外海由船舶运输到现场，乘高潮时间进行抛填。碎石垫层抛填施工工艺流程如图5-18所示。

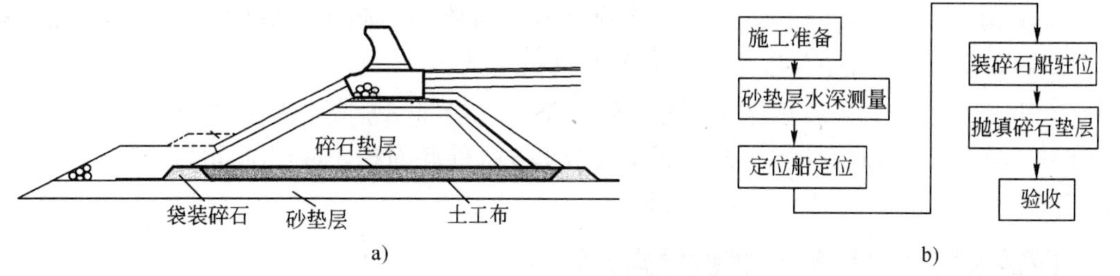

图5-18 迎浪堤坝碎石垫层抛填

a）碎石垫层位置；b）抛填工艺流程图

1. 施工准备

抛填碎石垫层前，需根据施工船舶船型及施工区域，对欲抛填区域计算出抛填网格及抛填区域对应的施工坐标，确定施工定位船舶驻位方式。

2. 水深测量

施工之前，采用测量船用GPS与数字化自动回声测深系统相结合方法测量水深，确定抛填位置，计算出碎石垫层抛填量。

3. 定位船定位

根据施工范围和船型，布设定位网格，自航定位方驳进入施工区域后，抛下八字形后锚，再将两根前缆系于预先设置的定位浮鼓上。定位方驳应垂直于堤轴线方向，根据设立的边线及里程标志桩进行初步定位，然后，再由GPS校核准确驻位。

4. 抛填碎石船驻位

自航装碎石的平板驳，由施工区域缓慢靠定位方驳一侧，通过两根缆绳牢固拴于定位方驳系缆桩上。同时，使用两台GPS流动站分别置于船头、船尾，测定装石船的施工坐标，对装石船进行准确定位。

二、迎浪堤坝碎石垫层抛填与夯实

碎石垫层应趁海水高潮时间，由装石方驳上的反铲挖掘机按顺序抛填碎石垫层。抛填时不得漏抛或多抛，并随时利用水砣测定碎石垫层高程。再趁海水低潮时间，由人工将不平整的碎石垫随时进行整平。

碎石垫层正式抛填之前，先用土工布袋装上碎石，抛填在碎石垫层两端，堆积成水下两条小堤坝，高度同碎石垫层厚度，作为抛填碎石垫厚度的标志，以控制抛填料质量。然后，在两小堤坝之间抛填碎石。袋装碎石质量一般为 200～250kg，具有足够重力抗击海底水流冲击。

水下抛填的碎石垫层，采用重锤进行夯实，其质量控制技术和方法如下所述：

1）夯锤重量、落距和夯实冲击能，必须符合规范规定。夯击时，必须做出夯实记录，时时进行观察检查。

2）夯实方法应符合规范规定。夯实遍数不得少于试夯所确定的遍数，如不进行试夯，其遍数不得少于规范规定。

3）夯实的范围、分层厚度、分段搭接长度，应符合设计要求和规范规定，并不得漏夯，并认真做出施工记录。

4）抛填碎石夯实验时，收复打一夯次的平均沉降量：码头基床应不大于 30mm；防坡堤基床应不大于 50mm；孤立墩应不大于 50mm。

5）夯实之前应对抛石基床顶面进行适当整平，局部高差应不大于 300mm。

6）夯实后基床顶部补抛块石的面积大于 1/3 构件底面积，或连续面积大于 $30m^2$，且厚度普遍大于 0.5m 时，应作补夯处理。

三、迎浪堤坝碎石垫层抛填质量控制

抛填碎石垫层应采取以下措施，对抛填质量进行控制：

1）严把垫层碎石进场关。垫层碎石质量是否合格，应从石料的产源调查入手，不合格的石源决不采用。

2）抛填垫层碎石的分段长度，应控制在 50m 以内；抛填完成后应迅速进行下一道工序的施工，以减小水流冲刷，确保碎石垫层的抛填质量。

3）在碎石垫层抛填过程中，应及时进行测量验收检查，以便对超高或不足区域进行及时处理。

4）现场监测控制，采用 GPS、测深仪等测量手段，对抛填的碎石垫层厚度、位置等进行全面、精确的监控，确保抛填质量。

四、迎浪堤坝碎石垫层质量验收

碎石垫层抛填的基本要求：抛填完成后应采用测量船由 GPS 与自动回声测深系统相结合方法进行高程测量，依此算出需补抛的数量和部位，并按下列要求进行质量验收。

1. 工程质量验收标准

1）石料规格和质量，必须符合设计要求和规范规定。

检查施工记录并进行观察检查。碎石垫层的最小厚度≮设计要求的 70%。

· 检验方法：检查断面测量图，并到场进行实地观察检查。

2）抛石之前，应对基槽尺寸、高程及回淤沉积物进行检查，重度大于 $12.6kN/m^3$ 的回淤沉积物厚度，不应大于 30cm。

· 检验方法：用测深水砣检查或潜水取样进行试验。

3）抛石断面平均轮廓线≮设计断面，断面坡度应符合设计要求。

· 检验方法：检查断面测量记录。

4）水下基床抛石的允许偏差、检验数量和方法应符合“标书”或表 5-12 的规定。

水下基床抛石允许偏差、检验数量和方法　　表 5-12

序　号	项　目	允许偏差	检验单元	单元测点	检验方法
1	顶面高程（相当于施工预留沉量的高程）	+0～500	每个断面（每5～10m一个断面，且不少于三个断面）	1～2m一个点，且不少于三个点	用回声测深仪或测深水砣检查
2	边线	+400～0	每一个断面（每5～10m一个断面）	2	

2. *水下抛填碎石夯实质量检查事项*

水下抛填的碎石垫层夯实质量，用从以下几个方面进行质量检查：

1）通过施工记录，检查夯锤重量、落距和夯实冲击能，是否符合规范要求。夯实遍数是否符合试夯所确定的遍数。若没有进行试夯，其遍数不得少于规范规定。

2）通过夯实记录，检查夯实范围、分层厚度、分段搭接长度，是否符合设计要求和规范规定，并不得漏夯。同时，每个夯实施工段（按土质和基床厚度划分）抽查不少于5m 一段，检查收复夯实的实际平均沉降量是否满足设计要求。

检验方法：用原夯锤、原夯击能复打一夯次（夯锤相邻排列，不压半夯），用水准仪测其沉降量，第 1m 取一个断面，1m 一个点，取其平均值。

3）夯实之前应对抛石基床顶面进行适当整平，局部高差应不大于 300mm。

· 检验方法：用测深水砣检查。检验数量：5～10m 一个断面且不少于三个断面；1～2m 一个点且不少于 3 个点。

第六节　迎浪堤坝垫层石和堤身石抛填

防浪堤砂垫层和碎石垫层施工完毕，并验收合格后，开始抛填迎浪堤坝的垫层石和堤身石。两者石质量一般为 10～100kg，使用 1000t 以上方驳，将堤身石运输至满足吃水要求的施工地点附近，再倒至小型平板驳上，趁海水高潮时间，用小型平板驳对垫石和堤身石进行粗抛，再趁海水低潮时间由挖掘机进行理坡。

垫层石块系位于迎浪堤坝底层，系为抛填堤身石奠定基础，除去石块要求大一些外，与堤身石别无差异。鉴于垫层石块是堤身石的基础，其抛填位置关系着整个迎浪堤坝质量，所以除其位置准确外，层面应当平整，以利于堤身石抛填。

抛填垫层石和堤身石时，应该按照护岸施工“及时成形，同步推进”，即“堤身石暴露段防护应及时，护岸全断面跟进”的原则组织施工。堤身石抛填施工工艺流程如图 5-19 所示。

一、堤身石抛填施工方法

1. *施工准备*

抛填迎浪堤坝堤身石前，需根据施工区域，对欲抛填区域，计算出抛填网格及抛填区域对应的施工坐标，并设立边线及里程标志，以便于方驳驻位。

2. 水深测量

施工之前采用测量船由 GPS 与数字化自动回声测深系统相结合方法进行水深测量，计算出抛填量及需抛填的位置和数量。

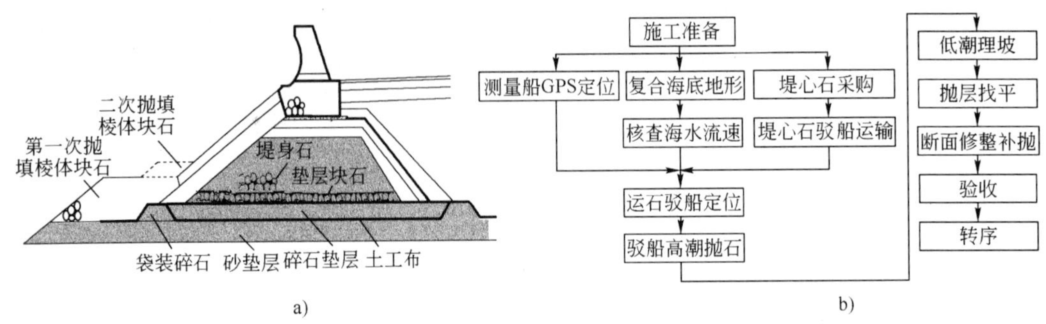

图 5-19 迎浪堤坝垫层石和堤身石抛填

a）垫层块石和堤身石部位；b）抛填施工流程

3. 迎浪堤坝的堤身石抛理

趁海水高潮时间，采用小型平板驳＋反铲式挖掘机的工艺进行施工。根据计算抛填量抛填至堤身位置。再趁低潮时间，挖掘机登至已抛迎浪堤坝堤身石顶面进行理坡。对于缺石部位再趁海水高潮时间用方驳补抛。图 5-20～图 5-22 系黄骅港浅海水域路基防护工程抛石筑堤施工现场掠影。

图 5-20 小型平板驳船运输垫层石和堤身石

图 5-21 驳船深水抛石

二、迎浪堤坝的垫层石和堤身石施工质量控制

迎浪堤坝堤身石石料规格和质量应符合设计要求和规范规定。石料进场前要进行检验，不合格者严禁进场。

1. 石料质量控制

1）采用新鲜无严重风化、无裂缝且不成片状的岩石。

2）迎浪堤坝的垫层石和堤身石在水中浸透后的强度≮30MPa。

3）软化系数应＞0.75。

4）岩石的吸水率(按空隙体积比例计)≯0.8。

5）岩石的重度应大于 24kN/m³。

6）块石的几何尺寸：最大边长度与最小边长度之比≯1.5～2.0。

7）块石的尺度及重量应符合设计要求。

2. 迎浪堤坝的堤身石抛填过程控制

1）迎浪堤坝的堤身石抛填完成后，应迅速进行下道工序施工，防止被波浪海流等淘刷，确保台风期及突风时抛石堤的安全。

2）在迎浪堤坝的堤身石抛填过程中，及时进行测量验收检查，超高部位由挖掘机抛填至低洼处，不足低凹处及时补抛。

图 5-22 反铲式挖掘机抛理迎浪堤坝堤身石

三、垫层石和堤身石抛填质量验收

垫层石和堤身石抛填之前，应在海水低潮时间，采用全站仪和水准仪进行断面轮廓线测量，并采取拉线方式标出。完成设计断面的抛石段，及时请监理工程师验收，填报隐蔽工程验收单。

1. 迎浪堤坝堤身石抛填质量验收标准

1）迎浪堤坝堤身石石料的规格和质量，应符合设计要求和规范规定。

• 检验方法：检查检验资料并进行观察检查。

沧州路桥工程公司，在黄骅港疏港路工程施工中，对迎浪堤坝堤身石饱水抗压强度进行检查，结果见表 5-13。

迎浪堤坝垫层石和堤身石饱水抗压强度　　表 5-13

试件编号	技术要求（MPa）	强度（MPa）		备　注
		单值	平均值	
1	≥30	61.4	63.02	1. 工程部位：迎浪堤坝堤身石 2. 岩石含水状态：饱和 3. 样品描述：50×50×50，mm 4. 检测依据：JTGE 41—2005 5. 检验日期：2008.9.10 6. 产地：山东青州 7. 结论：合格
2		59.6		
3		55.8		
4		64.7		
5		64.9		
6		71.9		

2）迎浪堤坝堤身石抛填厚度

迎浪堤坝堤身石抛填最小厚度，不应小于设计要求的 70%。

• 检验方法：检查断面测量图并到现场进行观察检查。

3）抛石断面轮廓线

抛石断面平均轮廓线，不得小于设计断面，坡面坡度应符合设计要求。

• 检验方法：检查断面测量记录。

4）抛石、理坡、安放高程的允许偏差、检验数量和方法应符合“标书”指定标准或表 5-14 的规定。

抛石、理坡、安放高程允许偏差、检验数量和方法 表 5-14

序号	项目		允许偏差（mm）	检验单元和数量	单元测点	检验方法
1	抛石（块石质量 kg）	10～100	±400	每一断面（5～10m 为 1 个断面）	1～2m 为 1 个点	拉线尺量或用测深水砣检查
		100～200	±500			
		200～300	±600			
		300～500	±700			
		500～700	±800			
		700～1000	±900			
2	理坡（块石质量 kg）	10～100	±200			
		100～200	±300			
3	安放（块石质量 kg）	200～300	±400			
		300～500	±500			
		500～700	±600			
		700～1000	±700			

注：栅栏板、四脚空心块理坡允许偏差：水上±100mm；水下±150mm。

2. 抛石垫层石和堤身预留沉降量及施工监测

根据地质资料，对堤身沉降计算分析，并结合施工期位移沉降观测。沉降盘一般设在堤轴线和护底块石处，定期对沉降盘进行观测。通过沉降盘沉降观测资料，确定抛石堤顶预留沉降量。经监理工程师批准后作为堤顶控制高程依据。

第七节 棱体块石施工

在迎浪堤坝堤身石的外侧，需要抛理 200～250kg 棱体块石，以保护路堤安全。棱体块石抛填位置和工艺流程，见本章第六节图 5-19。

1. 棱体块石施工方法

棱体块石抛填分两层进行，首先抛填护面栅栏板地脚以下部位，待下层栅栏板安装完成后，再趁海水高潮时间，用小型平板驳抛填剩余部分，最后趁低潮时间由挖掘机理坡。图 5-23～图 5-26 反映的是黄骅港中疏港公路永浸区路基防护工程抛填棱体块石的实况。

2. 棱体块石施工质量控制

1）棱体块石水中浸透后的强度≮30MPa；不成片状、无严重风化和裂纹。

2）棱体块石的实测断面线，与相同断面的下层石实测线比较，得出的棱体石最小厚度≮设计厚度的 70%，否则应局部补足。

3）完成设计断面的规格块石抛放，及时请监理工程师验收，填报隐蔽工程验收单。

图 5-23 迎浪堤坝坡脚处补抛棱体块石

图 5-24 在龙口处抛填棱体块石

图 5-25 抛填的棱体块石即将合龙场景

图 5-26 龙口处理坡

3. 棱体块石技术要求

1）石料的规格和质量，必须符合设计要求和规范规定。检验方法：检查施工记录并到现场进行观察检查。

在黄骅港疏港路工程中，沧州路桥工程公司对使用的棱体块石饱水抗压强度进行检测，测定的结果见表 5-15。

棱体块石饱水抗压强度 表 5-15

试件编号	技术要求（MPa）	强度（MPa）		备　注
		单值	平均值	
1	≥50	84.2	91.0	1. 工程部位：棱体块石 2. 岩石含水状态：饱和 3. 样品描述：50mm×50mm×50mm 4. 检测依据：JTGE 41—2005 5. 检验日期：2008.9.10 6. 产地：山东青州 7. 结论：合格
2		86.2		
3		95.7		
4		96.0		
5		104.2		
6		79.9		

2）抛填前应检查基床和岸坡，如有超过设计要求和规范规定的回淤或塌坡，应进行清理。检验方法：检查施工记录并插探检查。

3）墙身后棱体抛填程序和速率，应符合设计要求和规范规定。检验方法：检查施工记录并到现场进行观察检查。

4）棱体断面的平均轮廓线不得小于设计断面，坡面的坡度应符合设计要求。检验方法：检查断面图或施工记录。

4. 检验标准

抛石棱体的允许偏差、检查数量和方法应符合“标书”指定标准或表5-16的规定。

抛石棱体允许偏差、检验数量和方法 表5-16

序号	项　　目		允许偏差	检验单元和数量	单元测点	检 验 方 法
1	棱体顶部边线		±100	每一断面（5～10m为1个断面）	1或2	用经纬仪和钢尺量
2	棱体顶部标高		+200，−0		2m为1个点且不少于3点	用水准仪检查
3	坡面轮廓线	水下	±200			用水准仪检查
		水下	±300			用测深水砣检查

第八节　二片石、混合倒滤层施工

1. 二片石、混合倒滤层施工方法

迎浪堤坝的堤身石抛填完毕后，其内外边坡的坡面和坡度，通常不规则，需要理坡，以达到设计坡度要求。理坡时，通常使用二片石对内外堤坡进行理坡，使之接近于设计坡度。铺筑的二片石厚度，一般为30～40cm。

在二片石找坡的基础上，再在内外边坡上铺20cm碎石，进一步对坡度进行理坡，以使堤身内外坡度符合设计要求。然后在外侧安装栅栏防护板，内侧铺设土工布、混合倒滤层。二片石、堤身碎石垫层、混合倒滤层位置见图5-27。

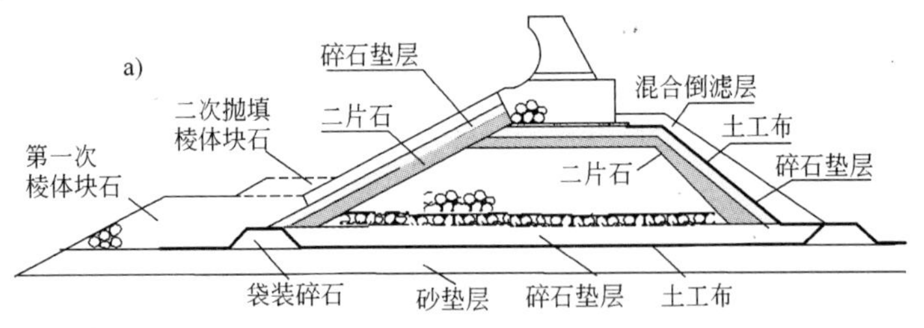

图5-27　二片石、混合道滤层部位

二片石或混合倒滤层料，采用自卸汽车运至施工现场，由现场指挥人员指定抛填地点，趁海水低潮时间，用反铲式挖掘机依照坡度尺进行理坡，再由人工找平，其施工程序如图5-28所示。

图5-29～图5-32是黄骅港中疏港公路浅海水域路基防护工程——二片石、混合倒滤层施工场景。

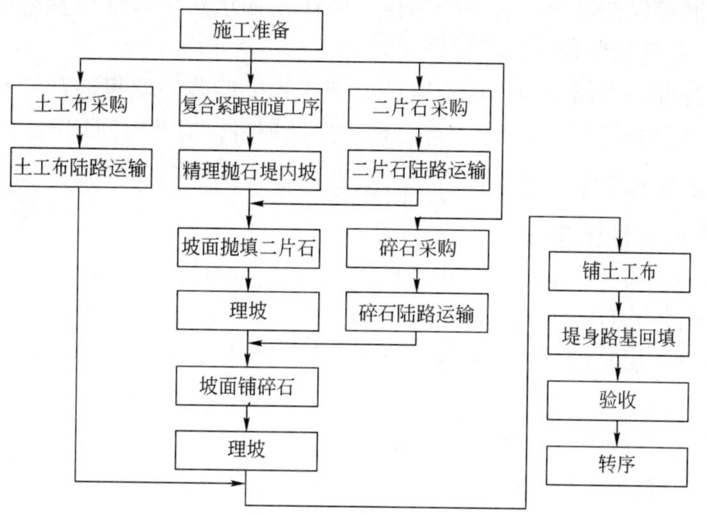

图 5-28　混合倒滤层施工工艺流程图

图 5-29　堤身内坡面倒滤层

图 5-30　路堤回填土

图 5-31　抛石筑堤

图 5-32　测量控制抛石断面

2. 二片石、混合倒滤层施工质量控制

1）垫层抛理后，立即进行测量检查，发现超高部位，立即清理，不足低凹处及时补抛。垫层的实测断面线与相同断面的迎浪堤坝堤身石实测断面线进行比较，得出的垫层实际断面线与设计断面线间的允许高差为±20cm，不能满足要求时局部补足。实际坡度不应陡于设计坡度。

2）现场监测控制制度化，利用全站仪、经纬仪和水准仪等常规测量控制手段，对抛石工程做全面、精确的监控。

3）完成设计断面石料抛放，应及时请监理工程师验收，填报隐蔽工程验收单。二片石抛理后，应及时抛填混合倒滤层。混合倒滤层抛理后，应及时回填土。

3. 验收检验质量标准

混合倒滤层质量检查事项：

1）土工织物的品种、规格和技术性能，必须符合设计要求和有关规定。

·检验方法：检查出厂合格证和抽样试验报告。

2）土工织物滤层在坡顶、坡趾处理和立缝铺设的固定措施，必须符合设计要求和技术规程的规定。

·检验方法：现场进行观察检查。

3）土工织物拼幅的缝接方法，应符合《水运工程土工织物应用技术规程》（JTJ/J239）的规定。

·检验方法：现场进行观察检查。

4）土工织物滤层铺设，不得发生折叠和破损现象。检验方法：现场进行观察检查。

5）压稳砂袋的数量及间距，应符合《水运工程土工织物应用技术规程》(JTJ/T239)的规定。检验方法：观察检查。土工织物滤层施工的允许偏差、检验数量和方法应符合“标书”指定标准或表5-17规定。

土工织物滤层施工的允许偏差、检验数量和方法　　表5-17

<table>
<tr><th>序号</th><th colspan="3">项　目</th><th>允许偏差(mm)</th><th>检验单元及数量</th><th>单元测点</th><th>检验方法</th></tr>
<tr><td rowspan="4">1</td><td rowspan="4">平整度</td><td rowspan="2">抛石面</td><td>水下</td><td>200</td><td rowspan="4">每个断面（每10m一个断面）</td><td rowspan="4">每2m一个点</td><td rowspan="4">检查基层理坡或整平测量记录</td></tr>
<tr><td>水上</td><td>100</td></tr>
<tr><td rowspan="2">砂、砂砾石面</td><td>水下</td><td>150</td></tr>
<tr><td>水上</td><td>100</td></tr>
<tr><td rowspan="2">2</td><td rowspan="2">搭接长度</td><td colspan="2">水上施工</td><td>$\pm L/10$</td><td rowspan="2">每块织物（抽查30%）</td><td rowspan="2">3</td><td rowspan="2">用尺量上、中、下3处</td></tr>
<tr><td colspan="2">水下施工</td><td>$\pm L/5$</td></tr>
</table>

注：L为设计搭接长度，单位mm。

以上阐述的施工方法，也适用于背浪堤坝的施工。

第九节　抛填技术创新

1. 大袋水稳性建筑垃圾海上筑堤

吸取使用大土工袋装砂，或装山皮土筑路的经验，不仅可提高筑堤速度，而且降低了成本。在浅海水域筑路时，用大土工袋装上具有水稳性、透水性、经粉碎粒径较比均匀的建筑垃圾，以此代替山皮土或砂，即可以节省投资，又有利于环境保护，这是一项值得推荐的一项措施。

2. 膜袋固化土海上筑堤

低掺量固化土，具有较高的抗剪强度，其强度与原地基土的含水率、土性、固化剂的掺量有关。利用膜袋装上固化土，用于填筑围埝。此时，围埝堤体可作为结构体考虑。在地基只承受堤体重力的条件下，计算滑动面通过地基土时的稳定性。

没固化的固化土工膜袋（湿润状态）间的平均摩擦系数为 $f=0.28$。完全固化后固化土膜袋间的平均摩擦系数为 $f=0.53$，固化土大大提高了围埝稳定性。比用抛石斜坡堤可缩短工期，且节约工程造价 20%。

无论采用哪一种固化剂，包括 Aught-set 高性能土壤固化剂、NCS 土壤固化剂（New type of Composite Stabilizer for Cohesive Soil）、HEC 高强高耐水土体固结剂、HAS 高强耐冰土壤固化剂、泥土固化剂（cbr plus super）和采用水泥、石膏和硫铝酸盐水泥制备固化剂等，均应以试验为准，因为各地的原材料——土壤性质不同，将会从根本上影响结果。

随着我国沿海滩涂的开发和港口建设的发展，海上围埝、护岸和公路工程建设越来越多，利用土工膜袋装上固化土技术将大有用武之地，对于贫石地区（河北沧州地区）而言，它具有显著的经济价值和保护环境资源的重大意义，可以从根本上改变填海筑堤依赖砂石的历史。

第十节　浅海水域筑路安全措施

浅海水域筑路，环境特殊，因此，在施工过程中，必须把安全生产放在首位，确保无死亡和重伤事故、无重大机械设备事故、无等级火警事故、无风浪伤亡事故。

1. 安全组织保证

在浅海水域筑路施工之前，必须设立安全小组，由国家 A 类或 B 类安全员资格证者任组长，配备专职和兼职安全员，建立安全控制网络。严格执行国家的有关安全方针、政策和法规。对参加施工的全体人员进行“安全第一、预防为主。安全生产、人人有责”安全活动教育。据具体情况，制定安全守则，健全安全生产岗位制，杜绝发生重大人身伤亡事故，预防一般事故发生。

2. 安全技术措施

在浅海水域施工期间，须按照国家、省、市颁布的有关安全法规、规程和安全生产条例、规章，建立以项目经理为首的安全领导小组，制定并实施一系列安全措施，贯彻落实“安全生产，预防为主”的方针，确保工程现场施工安全。

安全目标：杜绝一、二类人身伤亡、机械设备及工程质量事故。避免三类事故和社会治安事故，维护工地正常生产，生活秩序；防止四类一般性小事故，确保施工按计划完成。为达到上述目的，必须遵守以下安全措施：

1）开工前组织有关人员，认真学习安全防护规程，遵照管生产必须管安全的原则，项目经理是安全生产的第一负责人，设置专职安全员，负责安全生产责任制的制订和贯彻落实，经常到工作面进行检查，发现问题，及时处理，做到定时、定人、定措施整改，杜绝不安全因素。

2）树立“安全第一”的思想，提高职工的安全意识和自我保护意识，定期举行安全会议，检查安全责任制和安全措施的落实情况，各作业班组在交接前后，均进行安全作业情况的检查和总结。在主要进场路口设置醒目的安全告示牌。

3）按国家劳动保护法的规定，加强劳保用品的管理，现场作业人员一律配发相应的劳动保护用品，如安全帽、安全带、防尘面具等。

4）加强夜间生产、生活安全措施，场内道路、作业面布置足够照明灯具。

5）施工期间按时收听、收看天气预报。

6）加强操作工人的安全技术教育和培训，新工人入场上岗前先进行“三级”安全教育。建立安全档案，做好安全技术交底工作，对特殊工种如各种机械、电气设备、车辆、船舶等机械操作应杜绝无证作业。定机定人，严格按安全操作规程作业。

7）加强场区施工用电和电机设备安全管理，低压电器线路按标准离地 5m 以上临空架设，严禁乱拉乱接，对施工作业面临时线路进行挂高离地 2m 以上布置。对电机设备和用电机具进行切实有效的安全接地和接零保护，做好日常保护保养和定期检修工作，防止漏电触电事故发生。

8）施工现场配置颜色统一并有警示标记的配电箱，并进行编号，做到门锁齐全，严禁乱拉乱合。

9）加强安全防火知识教育，严禁使用电炉，合理布置消防设施，对职工进行基本的防火器材使用示范训练，做到人人都会使用简单的消防器材，真正做到群防群治，把火灾事故消灭在萌芽状态。

10）对防火重点场所、仓库挂置醒目的禁火牌，执行动火许可证制度，严禁无证动火，加强防火器材的配置和定期检查，确保万无一失。

11）禁止职工酒后上班，严禁酒后作业。

12）设立月度安全奖励制度，开展“百日无安全事故”活动，争取本工程项目无安全事故。

13）建立职工安全档案，严格执行安全生产“六大纪律”和安全生产“十个不准”，严禁违章指挥和违章作业，对违章者据违章情节给予处罚和追究责任，并计入安全档案。

14）加强流动人口的暂住证的管理工作。由于公路工程工期长，合作单位多，地点分散，职工调动频繁，为防止社会闲杂人员混入，预防偷盗事件的发生，加强保卫科与当地公安机关和乡镇村密切合作，认真做好本埠人员的管理工作，确保工程施工顺利进行。

3. 安全预案

针对工程性质制定“浅海水域作业安全预案”和“防台风抢险预案”，组织安全预案演习。

第六章 浅海路堤防护

位于浅海的路堤，不仅像一般路堤那样，承受车辆永久作用，而且还时常受到海浪风浪冲击，以及盐渍的浸蚀。因此，需要对路堤边坡进行专门防护。

浅海堤的防护，在黄骅港疏港公路中，采用的有栅板式防护、土工膜袋混凝土护坡、浆砌石防浪墙等形式。其中栅板式防护和混凝土膜袋，都是很重要的防护设施，前者主要用于消解海浪对路基的冲击能量，保护路基的整体性和稳定性，后者适用于有较陡边坡、较强水流和波浪作用的海堤、公路路基护坡等。

浆砌片石防浪墙，砌筑高于路堤的路面，两侧的防浪墙，犹如两道屏障，阻挡海浪袭击，保证车辆在风浪中安全行驶。在实际工程中，该三种防护可以联合使用，组成浅海中坚固的路堤防护设施。

第一节 栅栏板边坡防护设施

栅栏板式边坡防护设施，是一种永久式路堤防护体系，它是用耐腐蚀的钢筋混凝土材料，按照路堤边坡防护要求的坡率，在预制场浇筑成方形、矩形栅栏，然后运输到现场安装，并联结成一体。栅栏板由边肋、次肋组成，彼此之间浇筑成整体，组成栅格形状（图 6-1），其预制方法同一般钢筋混凝土构件，但是，鉴于栅栏板所处环境特殊，“一生”中抗击海浪冲击，年年承受着冻融变化，日月经受干湿交替折磨，时常还处于海雾笼罩下，其所处环境十分恶劣，因此，其构造和材料要求与一般混凝土相比有着特殊要求，以便于在海浪中履行路堤防护“任务”。

图 6-1 浅海路堤栅栏防护板

一、栅栏板施工流程

栅栏板构件预制和安装流程，如图 6-2 所示。

二、栅栏防护板混凝土设计

栅栏板同扭王块、四角块、桥梁下部结构混凝土一样，同处于恶劣的自然环境里，为了保证自身抗击风浪和海水浸蚀的能力，其混凝土组成设计，应严格按其港工高性能混凝土要求进行。

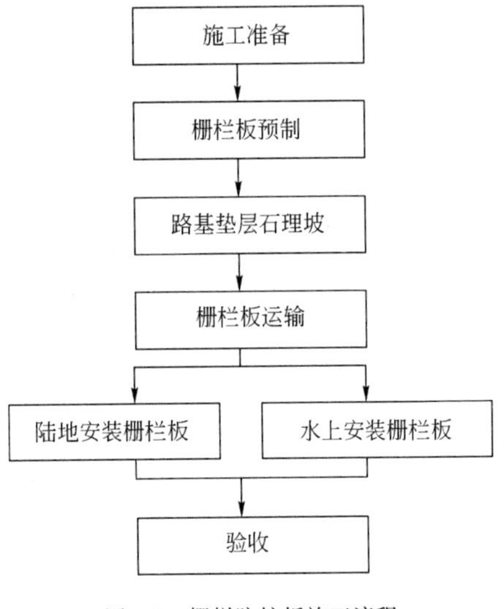

图 6-2　栅栏防护板施工流程

1. 水泥

栅栏板所用水泥，应根据具体情况，对水泥矿物组成等提出专门要求。每一工程所用水泥品种以两三种为宜，并宜固定厂家供应。有条件时，应优先采用散装水泥。

所选用的每一种水泥，都必须合现行的国家标准及有关部颁标准的规定。

1）栅栏板水泥品种选用原则

处于水位变化区的外部混凝土，由于经常受海浪冲刷和冻融作用，应优先选用硅酸盐大坝水泥和硅酸盐水泥，或普通硅酸盐大坝水泥和普通硅酸盐水泥，并具有抵抗硫酸盐侵蚀的水泥，如抗硫酸盐水泥。

长期位于水下部位的混凝土和钢筋混凝土，应选用矿碴硅酸盐大坝水泥、矿碴硅酸盐水泥、粉煤灰硅酸盐水泥和火山灰质硅酸盐水泥。

2）水泥等级选用原则

栅栏防护板所用水泥，其等级与混凝土等级须相适应。对于低等级的混凝土，当等级与水泥等级不相适应时，应在现场掺用适量的活性混合材料。

在处于水位变化的部位，以及受冰冻作用的混凝土，其水泥等级不宜低于 32.5 级。

3）水泥质量的检验

运至工地的水泥，应有制造厂的品质试验报告。试验室必须对其进行复验，必要时还应进行化学分析。

对水泥进行质量检验时，每 200～400t 同品种、同等级的水泥为一取样单位，如不足 200t 也作为一取样单位。

检验取样方式，采用机械连续取样，也可从 20 个不同部位水泥中等量取样，混合均匀后作为样品，其总数量至少 10kg。然后，按现行的国家标准方法对水泥品质进行检查。

4）水泥运输、保管及使用，应符合下列要求：

（1）水泥品种、等级不得混杂。

（2）水泥在运输过程中应防止受潮。

（3）散装水泥储存应专设水泥仓库或储罐。水泥仓库宜设置在高燥地点并应有排水通风措施。

（4）袋装水泥堆放时，应设防潮层，距地面、边墙至少 30cm，堆放高度不得超过 15 袋。

（5）袋装水泥到货后，应标明品种、等级、厂家、出厂日期，分别堆放，并留出运输通道。

（6）散装水泥应及时倒罐，一般可 1 个月倒罐 1 次。

2. 水

水泥混凝土用水，须严格按现行港工施工技术规范控制氯离子、硫酸根离子和其他有害物质含量。

3. *砂石*

按现行材料试验检验规程，对砂石进行严格试验，并按现行港工施工技术规范控制氯离子、硫酸根离子和其他有害离子的含量。

4. *矿物掺合料及添加剂*

为了改善混凝土的性能，提高混凝土抵御海水浸蚀的功能，在进行混凝土设计时，一般通过试验研究，在混凝土混合料中，掺入适量的掺合料和添加剂。常用的掺合料有粉煤灰、硅灰、磨细矿渣；添加剂有：高效防水剂、引气剂、防腐剂、阻锈剂等。

1）掺合料：粉煤灰

粉煤灰掺入水泥混凝土混合料中，对其能起到以下作用：

(1) 填充集料颗粒之间的空隙，并包裹它们形成润滑层。粉煤灰的表观密度只有水泥的 2/3 左右，而且粒形好。质量优良的粉煤灰含大量玻璃微珠，能将混凝土孔隙填充的更加密实，能明显提高混凝土的抗渗能力，减少水泥用量。

(2) 混凝土混合料，掺入粉煤灰对水泥颗粒起物理分散作用，使其分布得更均匀。当混凝土水胶比较低时，水化缓慢的粉煤灰可以提供水分，使水泥水化反应更充分。

(3) 粉煤灰和聚集在集料颗粒周围的氢氧化钙结晶发生化学反应，不仅生成具有胶凝性产物（与水泥中硅酸盐的水化产物相同），而且加强了薄弱的过渡区，可明显改善混凝土的各项性能，譬如：改善了混凝土的和易性、泌水性，减轻了混凝土的离析。

(4) 粉煤灰延缓了水化速度，减小混凝土因水化热引起的温升，对防止混凝土产生温度裂缝十分有利。

(5) 在混凝土中掺加粉煤灰节约了大量的水泥和细集料：在一般情况下，在混凝土中合理使用一吨粉煤灰可以取代 0.6～0.8t 的水泥，并取代 10%左右的细集料。

(6) 减少了用水量：经试验，用 30%的粉煤灰代替 20%的水泥，搅拌混凝土中用水量可减少 6%左右，而且增强了混凝土地密实性。

(7) 增加混凝土地修饰性：粉煤灰混凝土修饰性比基准混凝土要好，能使表面平整饱满，较容易抹面和修饰而且硬化后的混凝土色泽更为美观。

在混凝土混合料中，掺入粉煤灰虽然对混凝土有以上有利作用，但也产生了一定的副作用。经研究发现，掺加了粉煤灰的混凝土，比基准混凝土抗冻指标有所下降，如要提高抗冻性能，需要提高强度或延长养护龄期；抗剪强度、黏结强度也有所降低。

经过试验还表明，在混凝土混合料中还可掺加硅灰、磨细矿渣等掺合材料，可改善混凝土使用性能，提高抗硫酸盐腐蚀能力，消弱碱集料反应的危害。

2）掺加矿物掺合料注意事项：

(1) 混凝土混合料中掺入粉煤灰后，应采取有效措施，确保矿物掺合料以粉状掺入混合料，避免其结块或成团。

(2) 配制混凝土的集料应具有良好的级配，以减小空隙率，有利于降低水胶比。同时，在拌和混凝土混合料时，必须采用强制性搅拌机，以保证混合料拌和的均匀。掺入粉煤灰后，混凝土混合料一般比较黏稠，在出机口、罐车进料口、入泵口以及摊铺过程要采取相应措施，以保证混凝土浇筑质量。

(3) 掺入粉煤灰的混凝土混合料，应控制其坍落度应比普通混凝土减小，以不影响泵送与振捣。浇注成形后要及早喷洒养护剂或覆盖外露表面。气温过低时，要采用保温养护措施，且适当延缓拆模时间。

3）选用优质添加剂

为了改善混凝土性能，在混凝土混合料中加入适量的添加剂，譬如：高效防水剂、引气剂、防腐剂、阻锈剂，会提高混凝土的氯离子抗渗性指标，增强混凝土抗冻性能，强化抗硫酸盐腐蚀能力，预防钢筋锈蚀，有效提高混凝土的耐久性。在现代混凝土中，加入添加剂，已是“家常便饭”的事，不过问题是选择何种添加剂，加入多少量，应根据混凝土使用环境，气候和施工条件，经过试验确定。

5. 栅栏防护板混凝土设计实例

黄骅港疏港公路，位于浅海地段的路堤边坡，采用钢筋混凝土栅栏板进行防护。按照设计栅栏防护板分 A、B 两种，其中 A 型安装在水面以上，主要消减水面波浪的冲击能量，B 型安装在水面以下（图 6-3），实际两种类型的栅栏防护板，只是大小不同，其构造是一样的。栅栏防护板的混凝土配合比由沧州路桥工程公司设计。混凝土具体配合比如下所述：

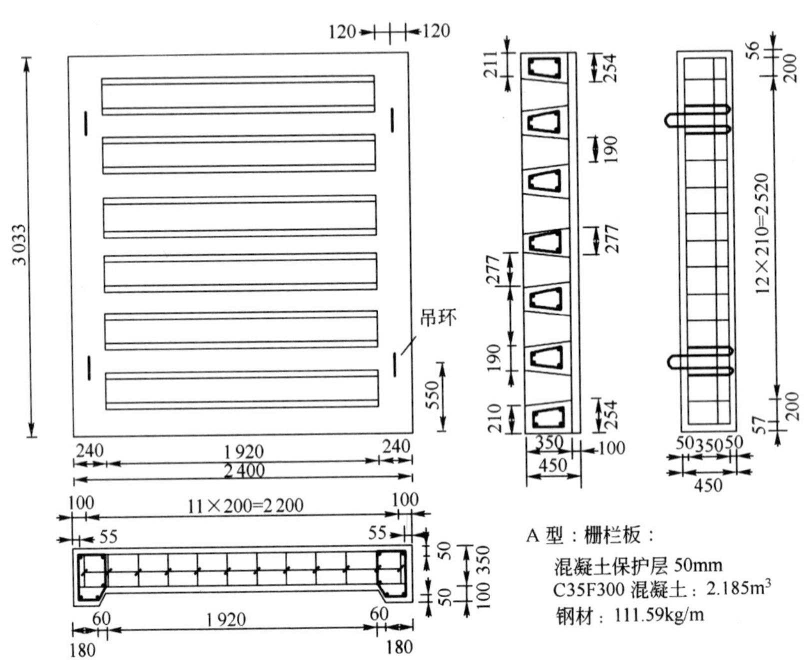

图 6-3 A 型栅栏防护板构造（尺寸单位：mm）

B 型尺寸：3 500mm×2 800mm

混凝土：C35F300：2.033m³。钢材 139kg/m。

1）A 型栅栏板混凝土组成设计

（1）基本情况

- 工程名称：黄骅港中疏港路。
- 工程部位：防护工程—栅栏板（A 型）。
- 设计要求：混凝土等级 C30、抗冻等级 F300。
- 试验依据：《水运工程混凝土施工规范》（JTJ 268—96）。

· 试验条件：温度：15℃，湿度 40%，设备：混凝土搅拌机。

· 设计单位：天津港湾工程质量检测中心有限公司。

· 设计时间：2007 年 11 月 23 日。

(2) 原材料试验。

· 水泥品种等级：普通硅酸盐水泥（代号 P.O)：42.5 级；厂牌：德州大坝。

· 砂子品种：海砂；产地：山东龙口。

· 石子种类：石灰石；产地：天津蓟县。

· 引气剂品种：引气剂 AE；引气剂厂家：青岛科力。

· 减水剂品种：高效减水剂；厂家：泊头奥通。

(3) 组成设计结果列于表 6-1、表 6-2。

混凝土技术条件 表 6-1

配　合　比	水灰比或水胶比	坍落度 (mm)	砂率 (%)	含气量 (%)	抗压强度 (MPa) 28d
1∶1.52∶3.82	0.36	90	30	5.8	44.8

混凝土材料用量（kg/m³） 表 6-2

水泥	砂	石 (mm)			水	外加剂	
		5～10	10～20	20～40		AE	减水剂
380	577.6	145.2	580.6	725.8	136.8	0.0266	3.8

2) B 型栅栏板混凝土组成设计

(1) 基本情况

· 工程名称：黄骅港中疏港路。

· 工程部位：防护工程—栅栏板（B 型)。

· 设计时间：2008 年 3 月 24 日。

其他基本条件同 A 型栅栏板混凝土组成设计的基本条件。

(2) 原材料试验，同 A 型栅栏板混凝土组成设计的试验条件。

(3) 组成设计结果列于表 6-3、表 6-4。

混凝土技术条件 表 6-3

配　合　比	水灰比或水胶比	坍落度 (mm)	砂率 (%)	含气量 (%)	抗压强度 (MPa) 28d
1∶1.32∶3.32	0.36	90	30	5.0	—

混凝土材料用量（kg/m³） 表 6-4

水泥	砂	石 (mm)		水	外加剂	
		5～25	20～40		AE	减水剂
400	528	929.6	398.4	144	0.028	4.0

三、栅栏防护板预制

1. 混凝土拌和

预制栅栏防护板，宜采用强制性拌和站拌和混凝土混合料，混凝土搅拌运输车运输。

2. 栅栏防护板模板

预制栅栏防护板模板及支架，必须具有足够的强度、刚度和稳定性，对照模板设计进行观察检查。

1）模板的拼缝应平顺、严密、不得漏浆。检验方法：观察检查。

2）模板表面应干净，脱模剂应涂刷均匀，且不得污染钢筋和混凝土接茬处。检验方法：观察检查。

3）预埋件、预留孔的数量和规格，应符合设计要求，安置应牢固。检验方法：观察检查。

4）预制构件混凝土底胎表面应平整、光滑，不应有局部沉降、开裂现象。检验方法：观察检查。

5）模板制作的允许偏差、检验数量和方法应符合表 6-5 的规定。

模板制作允许偏差、检验数量和方法 表 6-5

<table>
<tr><th>序号</th><th colspan="3">项　　目</th><th>允许偏差（mm）</th><th>检验单元和数量</th><th>单元测点</th><th>检 验 方 法</th></tr>
<tr><td rowspan="4">1</td><td rowspan="4">钢模板</td><td colspan="2">长度与宽度</td><td>±2</td><td rowspan="4">每块模（逐件检查）</td><td>4</td><td>用钢尺量</td></tr>
<tr><td colspan="2">表面平整度</td><td>2</td><td>1</td><td>用 2m 靠尺和楔形塞尺量，取大值</td></tr>
<tr><td colspan="2">连接孔眼位置</td><td>1</td><td>3</td><td>用钢尺量，抽查三处</td></tr>
<tr><td colspan="2">钢闸板长度与宽度</td><td>±2</td><td>2</td><td></td></tr>
<tr><td rowspan="4">2</td><td rowspan="4">单个底胎模</td><td colspan="2">长度与宽度</td><td>±3</td><td></td><td>6</td><td>用钢尺量两端和中部</td></tr>
<tr><td rowspan="2">平整度</td><td>表面</td><td>5</td><td rowspan="3">第块底胎模（逐件检查）</td><td>2</td><td rowspan="2">用 2m 靠尺和楔形塞尺量，取大值</td></tr>
<tr><td>侧面</td><td>3</td><td>2</td></tr>
<tr><td colspan="2">四角相对高差</td><td>5</td><td>1</td><td>用水准仪检查四角，取大值</td></tr>
</table>

注：①钢木混合模板按设计要求检查。
②有特殊要求的模板按设计要求检查。
③组合定型钢模板按现行《组合定型钢模板技术标准》检查。
④模板维修标准可参照本表执行。
⑤钢框胶合模板按钢模板执行。

6）预制构件模板安装允许偏差、检验数量和方法应符合表 6-6 的规定。

7）现浇混凝土模板安装允许偏差、检验数量和方法应符合表 6-7 的规定。

预制构件模板安装允许偏差、检验数量和方法 表 6-6

序号	项目			允许偏差（mm）	检验单元和数量	单元测点	检验方法
1	模板接缝表面错牙			2	每缝（抽查10%且≮3条）	1	用钢尺量
2	长度	梁、板类构件		±5	每个构件（逐件检查）	2	用钢尺量两边
		方块类	边长≤5m	+5 −10			
			边长>5m	±10			
3	梁板类	宽度		+0 −5	每个构件（逐件检查）	3	用钢尺量两端及中部
		高（厚）度		+0 −5		6	
	方块类	宽度		+5 −10		3	
		高度				4	
4	侧向弯曲矢高	梁、板类		$L/1000$ 且≯15	每个构件（逐件检查）	1	拉线用钢尺量
5	顶面两对角线差	板、方块	短边≤3m	15		1	用钢尺量
			短边>3m	30			
		沉箱		30			
6	预埋件、预留孔位置			10	每个预埋件（抽查10%且不少于2个）	1	钢尺量纵横向，取大值

注：①L 为构件长度，B 为构件截面长度，单位 mm。

②空心块体、工字形方块的壁厚按沉箱壁厚允许偏差执行。

③预埋件和预留孔的位置偏差，在设计上有特殊要求时，应按设计要求检查。重要预埋件、预留孔的位置，应逐件检查。

④表中未列项目按有关章节预制构件的允许偏差执行。

现浇混凝土模式板安装允许偏差、检验数量和方法 表 6-7

序号	项目		允许偏差（mm）	检验单元和数量	单元测点	检验方法
1	轴线	梁	5	每个构件（逐件检查）	3	用经纬仪检查两端
2	高程	梁、管沟等支承面	+0 −10		3	用水准仪检查两端及中部
3	截面尺寸	梁的宽度	±5	每个构件（逐件检查）	3	用钢尺量两端上下口及中部上口
4	顶面两对角线差	短边≤3m	15		1	用钢尺量
		短边>3m	25		1	
5	梁的长度		+5 −10		2	用钢尺量顶部和底部
6	侧向弯曲矢高		$L/1000$ 且≯25		1	拉线用钢尺量，取大值
7	预埋件、预留孔位置		10	每个预埋件（抽查10%且不少于3个）	1	用钢尺量

注：①H 为构件全高，L 为构件长度，单位 mm。

②同表 6-6 注③和注④。

四、栅栏防护板钢筋

浅海路堤钢筋混凝土栅栏防护板，所用钢筋品种、规程和质量，焊条、焊剂的牌号和性能，必须符合设计要求和国家现行有关标准规定；进口钢筋焊接前，必须进行化学分析检验和钢筋接头焊接试验，并符合设计要求和《进口热轧变形钢筋应用若干规定》的规定后方可使用。检验方法：根据检查出厂质量证明和抽样试验报告进行检查。

1. 钢筋焊接质量

钢筋焊接接头的外观。应符合下列要求。

1）闪光对焊接头

(1) 接头处不得有横向裂纹；

(2) 卡具处钢筋表面烧伤：I、II、III 级钢筋不得有明显烧伤，IV 级钢筋不得有烧伤；低温焊接时 II、III 级钢筋均不得有烧伤。

2）电弧焊接头

(1) 焊缝表面平整，不得有明显凹陷、焊瘤；

(2) 接头处不得有横向裂纹；

(3) 咬边深度不大于 0.5mm；

(4) 气孔及夹渣在 2 倍钢筋直径长度的焊缝表面上均不得多于 2 处，且每处的直径不大于 3mm。

3）电渣压力焊接头

(1) 接头处不得有裂纹；

(2) 钢筋表面无明显烧伤。

4）气压焊接头

(1) 接头处不得有横向裂纹；

(2) 镦粗表面不得有严重烧伤。

检验方法：观察并用放大镜、检验数量和方法应符合表 6-8 的规定。

钢筋焊接接头允许偏差、检验数量和方法 表 6-8

序号	项目	允许偏差				检验单元和数量	单元测点	检验方法
		对焊	电弧焊	电渣压力焊	气压焊			
1	接头处钢筋轴线偏移	0.1d 且≯2mm	0.1d 且≯3mm	0.1d 且≯2mm	0.15d 且≯4mm	每个接头（按不同类型各抽 5% 且不少于 10 个接头）	1	用刻槽直尺量
2	接头处弯折	4°	4°	4°	4°		1	
3	帮条沿接头中心线偏移	—	0.5d		—		1	用钢尺量
4	焊缝长度	—	−0.5d		—		2	
5	焊缝厚度	—	−0.05d		—		2	用焊缝量规量
6	焊缝宽度	—	−0.1d		—		2	
7	镦粗直径	—	—		≮1.4d		1	用卡尺量

注：d 为钢筋直径，单位 mm。

2. 冷拉钢筋和冷拔低碳钢丝

1）冷拉钢筋表面严禁有裂纹和局部缩径。检验方法：观察检查。

2）冷拉钢筋的力学性能必须符合设计要求和规范规定。检验方法：检查抽样试验报告。检验数量：每批（同级别、同直径、且≯20t 为 1 批）抽取两根。

3）冷拔低碳钢丝表面严禁有裂纹和机械损伤。检验方法：观察检查。

4）冷拔低碳钢丝的力学性能必须符合设计要求和规范规定。检验方法：检查抽样试验报告。检验数量：每盘任一端截取不少于 150mm 各取 2 个试件，分别做拉力和反复弯曲试验。

5）冷拉钢筋的方法应符合规范规定。当采用控制冷拉率（单控）方法时，钢筋的实际伸长率不应小于试验确定的冷拉率。同时其超拉值 II、III 级钢筋不应大于 0.2%，IV 级钢筋不应大于 0.1%。检验方法：检查施工记录。

图 6-4　检查栅栏防护板钢筋绑扎、安装质量

3. 钢筋制作

1）钢筋应平直无局部弯折，钢筋表面应无颗粒状或片状锈皮。检验方法：观察检查。

2）钢筋加工的形状、尺寸应符合设计要求。钢筋弯折的圆弧半径和弯钩尺寸符合规范规定。检验方法：观察和尺量检查。

3）钢筋制作的允许偏差、检验数量和方法应符合表 6-9 的规定。图 6-4 为黄骅港中疏港路质量检验人员检查栅栏板钢筋。

钢筋制作允许偏差、检验数量和方法　　表 6-9

序号	项目		允许偏差（mm）	检验单元和数量	单元测点	检验方法
1	长度		+5 −15	每根钢筋或每片网片（按类别各抽查 10%，且不少于 10 片或 10 根）	1	用钢尺量
2	弯起钢筋弯折点位置		±20		1	
3	箍筋边长	$D\leqslant 10$mm	±4		2	
		$D>10$mm	±10			
4	点焊钢筋网片尺寸	长、宽	±10		2	用钢尺量
		网眼尺寸	±10		2	
		对角线差	15		1	
		翘曲	10		1	放在水平面上用钢尺量

注：D 为钢筋直径，单位 mm。

4. 钢筋绑扎与安装质量检查

1）检查钢筋的品种、规格及质量，钢筋根数，是否符合设计要求和规范规定。

检验方法：检查出厂质量证明和抽样试验报告并观察检查。

2）钢筋焊接质量，必须符合标准《港口工程质量检验和评定标准》（JTJ 221—98）第 9 章第 1 节的有关规定。

·检验方法：按本标准有关规定检验。

3）钢筋冷拉质量必须符合本标准有关规定。

·检验方法：按标准《港口工程质量检验和评定标准》（JTJ 221—98）第 9 章第 2 节有关规定检验。

4）同一截面受力钢筋接头数量，绑扎接头的搭接长度，必须符合规范规定。检验方法：观察和尺量检查。

5）钢筋保护层应符合设计要求，其偏差不得大于下列数值：mm

·浪溅区＋10 mm，0 mm；

·其他部位＋10 mm、－5 mm。

· 检验方法：观察和尺量检查。

6）钢筋骨架应绑扎或焊接牢固，绑扎铅丝头应向里按倒，不得伸向钢筋保护层。

·检验方法：观察检查。

7）钢筋保护层垫块的间距和支垫方法，应能防止钢筋在混凝土浇筑过程中不发生位移。

用砂浆或混凝土作垫块时，垫块强度和密实性不应低于构件本体混凝土。

·检验方法：检查垫块强度试验报告，观察并用手摇动检查。

8）预制构件吊环的材质、规格和位置应符合设计要求和规范规定。

·检验方法：观察和尺量检查。

9）钢筋骨架绑扎与装设的允许偏差、检验数量与方法应符合表 6-10 的规定。

钢筋骨架绑扎与装设允许偏差、检验数量和方法 表 6-10

<table>
<tr><th>序号</th><th colspan="2">项　目</th><th>允许偏差（mm）</th><th>检验单元和数量</th><th>单元测点</th><th>检 验 方 法</th></tr>
<tr><td rowspan="3">1</td><td rowspan="3">钢筋骨架外轮廓尺寸</td><td>长度</td><td>+5
−15</td><td rowspan="11">每个构件（一次施工）的梁、板、桩等小型构件抽查 10%，且不少于 3 件；
沉箱、扶壁等大型构件逐件检查；
现场绑扎胸墙、帽梁、船台钢筋等逐段检查</td><td>2</td><td>用尺量骨架主筋长度</td></tr>
<tr><td>宽度</td><td>+5
−10</td><td>3</td><td rowspan="2">用钢尺量两端和中部</td></tr>
<tr><td>高度</td><td>+5
−10</td><td>3</td></tr>
<tr><td>2</td><td colspan="2">受力钢筋层（排）距</td><td>±10</td><td>3</td><td rowspan="2">用钢尺量两端和中部三个断面，取大值</td></tr>
<tr><td>3</td><td colspan="2">受力钢筋间距</td><td>±15</td><td>3</td></tr>
<tr><td>4</td><td colspan="2">弯起钢筋弯起点位置</td><td>±20</td><td>2</td><td>用钢尺量</td></tr>
<tr><td rowspan="3">5</td><td rowspan="3">箍筋、构造筋间距</td><td>桩</td><td>±20</td><td>3</td><td rowspan="3">用钢尺量两端和中部连续三档，取大值</td></tr>
<tr><td>梁</td><td>±10</td><td>3</td></tr>
<tr><td>板</td><td>±20</td><td>3</td></tr>
<tr><td rowspan="2">6</td><td rowspan="2">固定胶套箍位置</td><td>垂直向</td><td>+0
−10</td><td>4</td><td rowspan="2">用钢尺量中部，连续三档</td></tr>
<tr><td>水平向</td><td>±10</td><td>4</td></tr>
</table>

注：①预制构件外伸环形钢筋的间距或倾斜允许偏差为±20mm。

②构件接缝钢筋绑扎和焊接的质量应符合本节有关检验项目的规定，其允许偏差可参照本表执行。

五、栅栏防护板混凝土工程

浅海栅栏防护板混凝土所用的水泥、水、骨料、外加剂和掺合料等必须符合国家现行标准的有关规定。

·检验方法：检查材质证明和进场检验报告。

(1) 混凝土的水灰比或水胶比、水泥或胶凝材料用量必须符合现行行业标准《水运工程混凝土质量控制标准》(JTJ 221—98) 的有关规定。

·检验方法：检查混凝土配合比通知单和施工配料单。

(2) 混凝土拌和物中的氯离子的最高含量限值表 6-11。

·检验方法：检查试验报告或评估报告。

混凝土拌和物中的氯离子的最高含量限值 表 6-11

环境条件	预应力混凝土	钢筋混凝土	素混凝土	备注
海水环境	0.06	0.10	1.30	表中限值按胶凝材料质量的百分比计
淡水环境	0.06	0.30	1.30	

(3) 高性能混凝土抗氯离子的渗透性能，应满足设计要求，并符合现行行业标准《海港工程混凝土结构防腐蚀技术规范》(JTJ 275—2000) 的有关规定。

·检验方法：检查配合比试验报告和抽样检验报告。

·检验数量：每一配合比混凝土的取样不应少于 3 次，每次取样应留置抗氯离子渗透性试件 3 组，其中 2 组分别进行养护 28d 和养护 90d 的抗氯离子渗透透性试验，另 1 组备用，必要时进行养护 180d 的试验。

(4) 混凝土的抗压强度、抗折强度必须满足设计要求，并符合现行港口工程质量检验评定标准有关规定。

(5) 混凝土配料称量的偏差，应符合表 6-12 规定。

·检验方法：检查配料称量记录检验数量：每台班不少于 1 次。

混凝土配料称量允许偏差 表 6-12

材料名称	允许偏差
水泥、掺合料	±2%
粗、细集料	±3%
水、外加剂	±2%

(6) 混凝土结构施工缝的留置位置和施工缝处理应满足设计要求，并应符合现行行业标准《水运工程混凝土施工规范》(JTJ 268—96)的有关规定。

·检验方法：检查施工记录并观察检查。检验数量：全数检查。

(7) 混凝土养护应符合现行行业标准《水运工程混凝土施工规范》(JTJ 268—96) 的有关规定。

(8) 混凝土应密实，不得出现影响结构性能和使用功能的裂缝、露筋、严重蜂窝和缝隙夹渣。一般缺陷不应超过表 6-13 所列限值。

·检验方法：观察并尺量检查。

·检验数量：全数检查。

表 6-13 中所列混凝土一般缺陷，其特征如下：

· 露筋：钢筋没有被混凝土所包裹而外露。

· 缝隙夹渣：施工缝未按规定处理，混凝土结构有缝隙和夹渣。

表 6-13

混凝土的一般缺陷限值

序号	工程部位缺陷	水位变动区、浪溅区、大气及陆上结构外露部位	水下区及泥面以下部位
1	蜂窝面积	小于所在面的 2‰，且一处面积不大于 0.02m²	小于所在面的 2‰，且一处面积不大于 0.04m²
2	麻面砂斑面积	小于所在面的 5‰	小于所在面的 10‰
3	砂线长度	每 10m² 累积长度不大于 3000mm	—

注：①小型构件一侧表面积不足 10m² 时按构件全侧表面积进行计算。
②对不易区分区域的构件按较严的限值执行。

· 蜂窝：是指混凝土表面局部不密实，有深度大于 5mm 但不大于保护层厚度或 50mm 的蜂窝状缺陷。一处面积超过表列数值的蜂窝为严重蜂窝。

· 麻面：包括俗称的“露石”和“粘皮”等缺陷。

· 露石：是指表面漏浆造成的表面石子失浆外露。

· 粘皮：是指因模板拆除不当所造成的表面砂浆层剥皮。

· 砂斑、砂线：混凝土表面泌水或轻微漏浆造成的表面砂纸样缺陷，细集料未被水泥浆充分胶结而外露。宽度大于 10mm 的称为砂斑，宽度不大于 10mm 的称为砂线。

(9) 有表面防腐涂层要求的混凝土构件，其涂层应符合下列规定。

① 涂层材料种类和质量应满足设计要求。

· 检验方法：检查材质证明或检验报告。

②涂层的涂装工艺和方法应满足设计要求。

· 检验方法：检查施工记录并观察检查。

③涂层应完整、均匀，干膜厚度应满足设计要求。

· 检验方法：检查涂装检测记录并观察检查。

(10) 预制栅栏板的允许偏差、检验数量和方法应符合表 6-14 的规定。图 6-5 系正在浇筑和检查黄骅港中疏港路栅栏防护板混凝土质量场景。

图 6-5 栅栏板混凝土浇注现场

表 6-14

预制栅栏板允许偏差、检验数量和方法

序号	项 目	允许偏差 (mm)	检验单元和数量	单元测点	检 验 方 法
1	长、宽度	±10	每个构件（逐件检查）	8	用钢尺量各边
2	厚度	±10		4	用钢尺量各边中部
3	顶面对角线差	20		1	用钢尺量
4	顶面平整度	10		2	用 2 m 靠尺和楔形塞尺量对角线方向
5	孔格间距	±10		3	用钢尺量中部连续三格

注：①顶部和隔板两侧应二次压光。
②边棱残缺不大于 50cm²。

(11) 栅栏板预制用泵运输混凝土时应注意：

①混凝土应加外加剂，并应符合泵送的要求，进泵的坍落度一般宜在8～14cm之间。

②最大集料粒径应不大于导管管径的1/3，并不应有超径集料进入混凝土泵。

③安装导管之前，应彻底清除管内的污物及水泥砂浆，并用压力水冲洗干净。导管安装上后，要进行检查，防止漏浆。在泵送混凝土之前，应先在导管内通过水泥砂浆。

④应保持泵送混凝土工作的连续性，如因故中断时，则应经常使混凝土泵转动，以免导管堵塞。在正常温度下，如间歇时间过久（超过45min），应将存留在导管内的混凝土排出，并加以清洗。

⑤当泵送混凝土工作告一段落后，应及时用压力水将导管冲洗干净。

六、预制栅栏防护板运输与安装

当路堤填筑完成后，对边坡进行理坡，按照设计坡度，将边坡填筑石块，人工整理平整，经过对垫层、坡度和表面平整度检查验收符合设计要求后，实地测放出安装基线，标出每块栅栏板的位置。

栅栏板运输，一般采取码放装车，应充分考虑道路平整和混凝土强度，经验算确定码放高度，以免损伤构件。然后，用平板车将预制的栅栏防护板运至安装地点，用履带吊陆上安装就位。

下层栅栏板趁海水低潮时安装。用履带吊机将吊起栅栏板，利用吊臂长度倾角、转角，将其吊至安装位置，待安放位置达到设计要求后，即可进行下一栅栏板安装。图6-6～图6-11系黄骅港疏港公路栅栏板安装现场实况。

图6-6　栅栏板安装前已理坡完毕坡面

图6-7　挂线标出栅栏板安装位置现场

图6-8　栅栏板装车运输

图6-9　吊车安装栅栏板实况

图 6-10 栅栏板就位施工现场

图 6-11 栅栏防护板路堤（兼作围堰堤）

栅栏防护板安放完毕前后，应按下列要求检查安装质量：

安放前应检查垫层，其坡度和表面平整情况，应符合设计要求。

·检验方法：检查检验资料并观察检查。四脚空心块、栅栏板安放允许偏差、检验数量和方法，应符合表 6-15 的规定。

四脚空心块、栅栏板安放允许偏差、检验数量和方法表 表 6-15

序号	项　　目	允许偏差（mm）	检验单元和数量	单元测点	检 验 方 法
1	机邻块体高差	150	每块构件（四脚空心块抽查 10%，栅栏板逐件检查）	2	用钢尺量任意两边，各取大值
2	相邻块最大缝宽	≤100		2	

七、栅栏防护板安装工艺创新

栅栏板安放工艺，习惯做法是在浇筑栅栏板时预埋吊环，不仅浪费钢筋，而且，使用过程中钢筋锈蚀影响雅观。为此，针对上述问题，在黄骅港疏港公路建设中，通过工程实践，对栅栏防护板安装工法进行了改进。

1. 新工法要点

1）传统工艺的缺陷

按照传统工艺预制栅栏板时，需要预埋吊环，供起重机起吊使用。栅栏安装完毕，则吊环基本上结束了使命。对近百公里的疏港公路网来说，小小吊环所用钢材数量，也是可观的，造成许多浪费，且经过数日后，吊环锈迹斑斑，有伤大雅（图 6-12）。

2）新工法的创新点

预制栅栏板时不再预埋吊环，而是在栅栏板次肋上预留吊装孔（图 6-13），安装栅栏板时用 U 形起重吊环配合销钉，以替代预埋吊环。栅栏安装完毕，摘下 U 形起重吊环，供另一块栅栏板使用，如此重复使用，可节省许多钢材。

图 6-12 该防浪堤两侧都用栅栏板防护，吊环虽小，但整条大堤吊环总用钢量也是可观的

2. 栅栏板安装新工法程序及要点

预制栅栏防护板时，先在栅栏板次肋上，准确地确定吊装孔位置，为保证吊装孔位置正确，必要时可调整栅栏防护板的钢筋形状和配筋，以满足结构力学安全需要。预制栅栏板

时，需预埋硬塑料管，以固定预留吊装孔的设置，避免在预制过程中发生偏移。预制栅栏防护吊装和安装性工艺要求：

1）吊装栅栏板时，将U形起重吊环的穿销钉孔与栅栏板预留吊装孔中心对齐，尔后，将销钉由一侧穿向另一侧，并用铅丝穿过销钉锚栓孔，将销钉紧固。

销钉帽直径＞U形吊环穿销钉孔直径＞预留吊装孔直径，所以，用U形起重吊环配合销钉吊装栅栏板方案，安全、稳固、可靠。

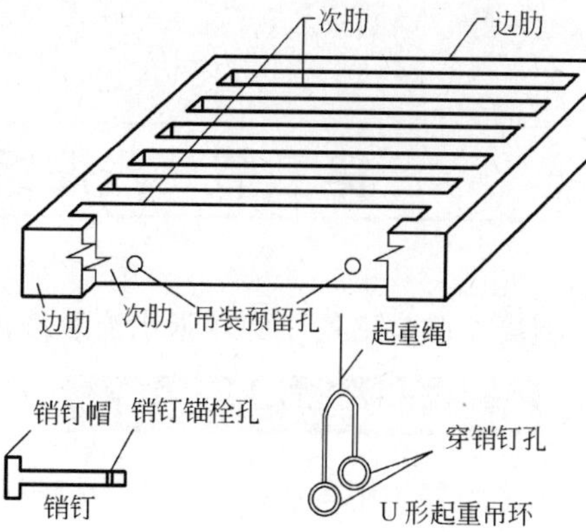

图 6-13 改进后的栅栏板示意图

2）栅栏板起吊、运输、卸车、安装就位后，解开销钉锚栓孔处固定销钉的铅丝，摘下U形起重吊环，存放备用。

3）U形起重吊环与预留吊装孔须配套设置，一般4个一组，当栅栏板较轻时，也可以按3个一组设置，但必须满足吊装安全之需要。

4）栅栏板预留吊装孔，设置在次肋而不是边肋上，其出发点是：

栅栏板就位后，便于摘除U形起重吊环。因为栅栏板就位时，无论预留吊装孔设置于哪一个边肋上，除每排端头栅栏板与已安装就位的栅栏板有一个工作接触面外，其余均为两个相互垂直的工作接触面（图 6-14），若将预留吊装孔设置于边肋上，显然，栅栏板之间的安装缝宽度满足不了摘除U形起重吊环之用。

有人提出，可“先摘吊环，再撬拨、支垫就位”。这样做的缺点是，不仅不能一次就位，而且也不利于栅栏板稳固。

5）销钉直径取决于栅栏板重量，在满足销钉顺利穿过的前提下，栅栏板预留吊装孔、U形起重吊环穿销钉孔尽量小些，设计栅栏板时须将其统筹考虑。

6）实践验证，新工法既有原工法相同的工作效率，也有重复使用吊环、节约钢材之特点，仅1km的栅栏板护坡工程，就可节约钢筋5t以上。

3. 开启式吊钩

U形起重吊环应用的前提是：栅栏板肋板之间的净空宽度≥销钉长度，若设计不能满足要求，可采用“开启式吊钩”（图 6-15），其工作原理如图 6-15a）。采用新工法须注意，不得随意变更设计，需要与设计单位沟通，以确保结构安全。

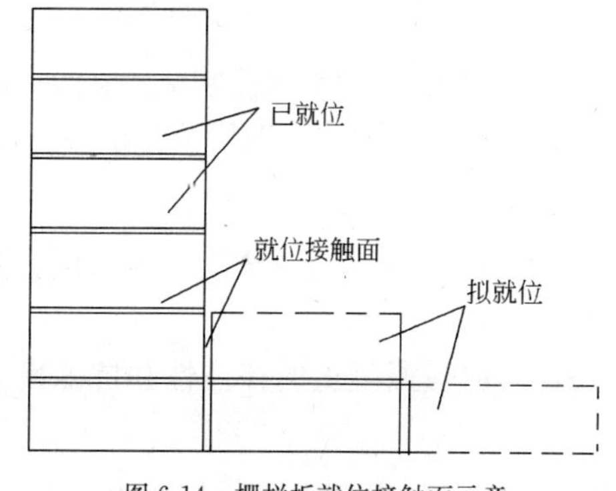

图 6-14 栅栏板就位接触面示意

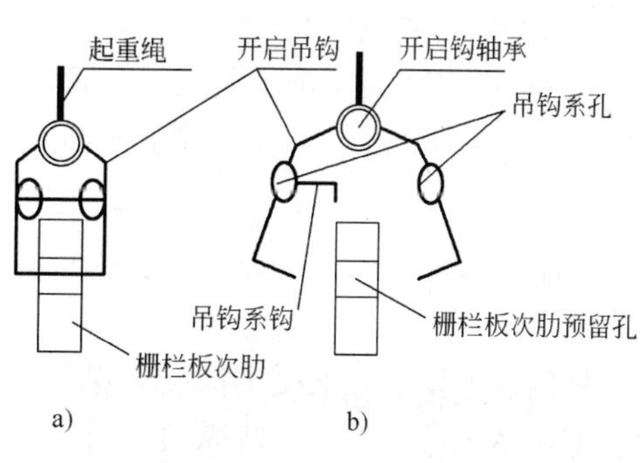

图 6-15 开启式吊钩

a）开启式吊钩工作状态；b）开启式吊钩原理

第二节　浅海区土工膜袋混凝土护坡

混凝土膜袋适用于有较强水流和波浪作用的海堤、公路路基护坡等。

一、土工膜袋混凝土结构概念

土工膜袋是用合成材料加工为机织膜袋和简易膜袋。机织膜袋主要由锦纶、涤纶和丙纶长丝织物制成，强度高、孔径均匀，充填时基本不漏水泥，可以制成带反滤点型膜袋，对侵入的水进行过滤，同时也保护袋内材料不被冲淘出去。

土工膜袋内可以用泵充灌砂浆或细砾混凝土。机织膜袋混凝土护坡，可在最大坡度1∶1甚至更陡的条件下应用，较佳的坡度为1∶1.5，在水中充灌时允许水流流速一般小于1.5m/s。

二、膜袋混凝土配合比设计

机织膜袋混凝土护坡，采用泵送方法将混凝土灌入膜袋，要求所用混凝土或水泥砂浆除具有可泵性外，还要具有适宜的流动性，使之在膜袋内能顺利流淌扩散，充满整个膜袋，不发生分离。因此，对其材料的配合比和外加剂的应用，应根据具体工程情况通过试验确定。

充填料灌入膜袋后，其中多余的水分可以从膜袋的孔隙中渗出，从而水灰比可降至0.4或更低，使混凝土或砂浆的凝固速度加快，强度大大提高。

试验表明：砂浆和混凝土强度，可分别提高50%和30%。

AE添加剂系复合减水剂，具有引气和减水双重作用。我国多采用PC-2型松香热聚物引气剂，掺量4.5%，含气量5%左右，外加减水剂0.6%左右，视减水剂的具体性能而定。对于抗冻要求较低的护坡工程，可以考虑掺粉煤灰以降低水泥用量，但要通过试验，且掺量一般不超过20%。

三、膜袋混凝土护坡结构设计

1. 膜袋形式选择

用于堤岸护坡的混凝土膜袋，应根据工程等级、施工条件、风浪和水流状况、所能提供的资金和施工设备，以及外观要求等确定选用机织膜袋。膜袋的形式宜选用带排水点型。

2. 厚度确定

膜袋混凝土护坡，主要承受风浪荷载，在寒冷地区还应考虑冬季冰推力作用。抗波浪稳定要求按规范规定办理。

从构造上要求，混凝土护坡厚度不宜小于10cm。为加强混凝土的整体性和抗冰推能力，常常在混凝土中配置些纵向钢筋。

3. 抗滑稳定性校核

抗滑稳定性校核计算时取膜袋与坡面土之间的界面为滑动面进行校核。

4. 排渗核算

机织膜袋的排渗能力应满足现行设计规范要求。当排水点的排水能力不足时应加设排水孔。排水孔的间距可取3～4m，孔径可取50mm，孔底应设土工织物滤层。

5. 顶部和底脚结构

膜袋混凝土护坡的顶部，应牢固封顶，以防止水流冲蚀坡土，并增加护坡的稳定。封顶形式可采取平封或锚封。平封延伸长度可取0.5～1.0m，锚封入土深度不宜小于0.5m。底脚必须埋入土中，入土深度不应小于冲刷深度以下0.5m。护坡与软体排之间的连接必须平顺整齐，紧密牢固，可将膜袋混凝土伸入软体排锚固槽内，或贴紧软体排的顶部平台。

护坡范围内上下游两侧，与不护坡段之间的接头，必须进行妥善处理。接头处理可采取顺坡开槽，将膜袋混凝土埋入槽中的方式连接。

接头分界处的坡面，必须连接平顺。开槽埋入深度上游端不小于0.5m，下游端不小于0.7m。

四、膜袋设计制作

1. 编织物的选择

土工膜袋宜用抗老化聚丙烯织造（编织）土工织物制作。渗透系数宜为$K=1\times10^{-2}\sim\times10^{-3}$cm/s。为了防止漏浆，等效孔径要比细集料的$d_{85}$小，即允许有少量水泥渗出而不允许砂粒流失。一般取$O_{90}=0.5\sim0.9$mm。

织造土工织物强度，视护坡平均厚度及一次充填高度大小而定。厚度及一次充填高度越大，膜袋所承受的压力越大，要求织造土工织物的抗拉强度越高，施工时可先估算充填厚度，现场验证后再用于施工。

2. 土工膜袋加工

首先，通过排水点的间距和形状来控制灌填后的平均厚度，其次是考虑织造土工织物的幅宽、纵横向收缩率及边界处理要求，确定每片膜袋的总体尺寸，解决总体布局与材料充分利用问题。灌填后膜袋的纵向收缩率约为1%，横向收缩率约为5%。

排水点尺寸、间距及上下片横向长度，可现场充灌或室内试验确定，表6-16为参考尺寸。

排水点按空心“十”字花缝合，空心宽2cm，每个排水点的排水面积约20～40cm^2。每片膜袋在顶部都要设一组进料口，进料口处缝上ϕ15cm、长50cm的由织造土工织物缝制的软进料管。当膜袋长度大于10m时，应在中间加设进料口。每组进料口不少于3个。

排水点的尺寸要求　　表6-16

平均厚度	排水点间距（cm）		下片长度（cm）	上片长度（cm）	排水点尺寸（cm×cm）	编织物幅宽（m）
	纵距a	横距b				
15	60	57	3×57	3×68	15×15	3.80
11	43	39	4×39	4×51	8×8	3.64

五、膜袋混凝土护坡施工要点

1. 膜袋混凝土护坡施工准备

膜袋混凝土护坡施工准备工作，包括备足所需材料和设备、平整坡面、现场就位、放线定位、开挖底脚基槽、测量水下施工水深和流速等。泵送施工主要设备是混凝土（砂浆）搅拌机和混凝土（砂浆）泵等。

2. 铺设膜袋

机织膜袋应在各片连接的底面，铺上非织造土工织物。各片间连接底面的非织造土工织物，采用缝接或搭接，搭接宽度20～30cm，土工织物在坡顶处可用8号铁丝制成的冂形钉固定。

顺水流方向铺土工织物时，搭接带亦应固定。简易膜袋先铺设非织造土工织物滤层，然后在其上铺膜袋。一次铺设土工织物面积的大小，根据充灌施工进度确定。

按预定位置顺坡准确展开膜袋，扎紧下口，上下两端设桩固定。机织膜袋上沿连接松紧器，挂在固定桩上。若有配筋时，则在膜袋铺开后按要求插入袋内。插筋时应防止刺破膜袋。

3. 膜袋混凝土充灌

充灌搅拌机的内壁和膜袋内，事先宜用水适当润湿，再按要求的配比装料搅拌。拌和好的混凝土应测定坍落度，砂浆应测定流动度，合格后才能灌入膜袋内。

机织膜袋混凝土（砂浆）用特制的灌料泵充填。膜袋内有钢筋时，在充填过程中，应不使钢筋沉底。

在充填过程中，机织膜袋的收缩，可由松紧器控制，简易膜袋则在灌上部2m膜袋时松开上端的固定桩，让膜袋沿坡面充分收缩，然后再灌至坡顶。如果设有排水管，可在充灌完成1h后将排水管按设计要求插入。

膜袋混凝土充灌过程中，主要应注意和解决如下几个问题：

1）为了防止堵塞事故，应随时检查混凝土级配和坍落度，防止过粗骨料进入和堵塞管道，防止泵入空气，造成堵管或气爆。膜袋充灌应连续进行，停机时间一般不得超过20min。

2）泵与充灌操作人员之间应随时联系、紧密配合，充灌到位后及时停机，以防充灌过程产生鼓包或鼓破。出现鼓胀时，应及时停机，查找原因并处理。

3）随时检查坡顶钢桩是否牢固，以防充灌过程中膜袋下滑。灌完一片后，移动设备，按上述步骤进行下一片的充灌施工。应特别注意两片间的联接、靠紧。

4）施工过程中应做好记录和取样、成形，然后进行强度测定。

4. 养护

全部护坡施工完成后，进行坡顶、坡脚和上下游两侧接头的回填处理，同时，进行护面混凝土的养护。一般养护期为7d，要求在此期间护坡表面处于润湿状态。

六、膜袋混凝土护坡施工实例

2001～2002年间，京沪高速公路泊海连接线，在K6＋050～K8＋200处穿过长2150m、平均水深1.5m、淤泥深0.5～0.8m的盐汪子（盐场露天海水蒸发蓄水池）。该路段经常遭到风浪浸袭，地处环境十分恶劣，路基不仅填筑困难，而且边坡土方损失严重。路基填筑完工后，若遇有 5 级风天，浪高达 0.5m，风浪侵袭土方损失速度可高达 1.0m/d。

沧州地区原本砂石贫乏，路基填料以土为主，而盐汪子路段一片汪洋，无土可取，所用土方均须远购，平均单价高达 15～20 元/m^3。经专家论证决定该工程路基防护采用“土工膜袋工法”。

1. 土工膜袋工法流程及操作要点

土工膜袋工法施工流程，如图 6-16 所示。

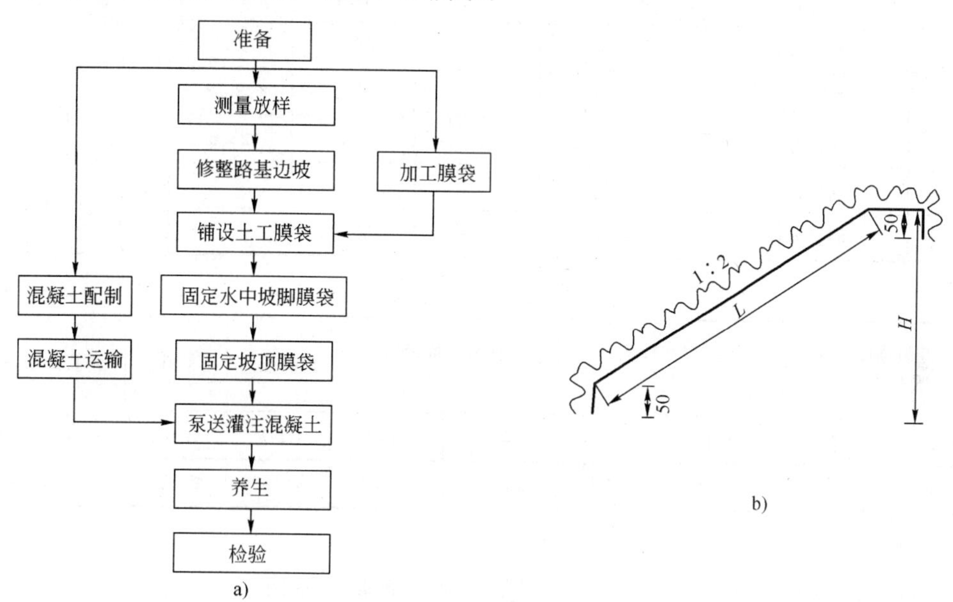

图 6-16　土工膜袋施工

a）工艺流程；b）土工膜袋加固堤坡图示

2. 基础性工作

室内混凝土配比试验结果：

1）结果 I：泵送混凝土每方水泥 355kg、粉煤灰 63kg、砂 673kg、骨料 988kg、水 213kg、木钙 0.84kg（0.2%）。

坍落度为 23±2cm，含气量 4%～5%，外加剂为高效减水剂及引气剂。

2）结果 II：泵送混凝土配比：中砂：碎石：水泥＝1.92：2.00：1.0，水灰比：0.56，坍落度 22～24cm；外加剂：II 级粉煤灰剂量 15%（以水泥重量计），密度为 22kN/m^3。

试验工程混凝土强度测试结果，详见表 6-17。

3）膜袋技术指标

膜袋技术指标应满足设计要求和符合现行质量标准。本工程按表 6-18 技术指标控制。

3. 土工膜袋混凝土护坡施工技术要点

土工膜袋混凝土护坡就是用丙纶机织布，缝制成袋状物称“充填单元”，以此代替模板，平铺在路基边坡上，将混凝土充填于袋内，待混凝土达到设计强度后就形成了土工膜袋混凝土护坡。施工采用新海浪牌无锡生产的“土工膜袋”，每个充填单元宽4m；每4个充填单元做一个铺设单元。充填单元、铺设单元现场缝纫接合，接合缝下骑缝铺设宽0.5m的反滤土工布。

试验工程混凝土强度测试结果　　表6-17

编号	拌制养护条件	测试方法	强度（MPa）			测试条件
			14d	28d	60d	
1	淡拌标养	压力机		37.5		室内试验
2	淡拌海养	压力机	22.2	34.1	34.3	
3	海拌海养	压力机	24.0	32.5	33.8	
4	淡拌海养	压力机		30.1	28.28	现场钻芯
5	海拌海养	压力机		24.9	23.6	
6	淡拌海养	回弹仪		50.5		现场回弹
7	海拌海养	回弹仪		36.6		

膜袋技术指标　　表6-18

撕裂强度（N/5cm）		撕裂伸长率（%）		梯形撕破强力（N）		顶破强力	等效孔径	垂直渗透系数
经向	纬向	经向	纬向	经向	纬向	（N）	（mm）	（cm/s）
≥2200	≥2200	≤35	≤30	≥700	≥700	≥400	≤0.25	≥0.006

1）施工组织

·正常施工时期，劳务需求70～80人，其中工程师、技师3～5人。

·HBT—60型混凝土输送泵1台，输送量60m³/h，输送距离可达500m，实际按≤200m控制（亦可使用IPF-86B-2混凝土泵车，输送速度50m³/h）。

·混凝土拌和机：JF750拌和机2台。

·材料可用中砂、碎石或卵石，具体以混凝土流动性与和易性控制，混凝土用饮用水或海水配制。

·水泥采用石家庄生产的32.5级普通水泥，粉煤灰由中捷农场或黄骅电厂供给；动力用电由发电机组供给。

2）技术参数

路基双面护坡，坡比1∶2.0；土工膜袋混凝土护坡厚度15cm，混凝土强度等级C20，面积约30000m²，体积4500m³；泵送混凝土配合比采用室内试验结果II。

3）土工膜袋混凝土护坡施工程序

（1）配合挖掘机修整路基边坡（人工补土夯实水面以上亏损部分，用塑料纤维袋装土补齐水面以下亏损部分）。

（2）用挖掘机清除路基坡脚处水中淤泥。

（3）铺设土工膜袋，上端用倒链固定，下端绑扎钢管借其重量沉入水中，用挖掘机长臂，将膜袋下端准确固定于预定位置。

（4）配制混凝土、泵送混凝土、由膜袋充填口灌注混凝土、待混凝土自重坠住膜袋后拆除钢管、继续充灌混凝土至设计要求，充灌过程人工可均匀踩踏，以利混凝土厚度均匀、密实，促使多余水分排出。注满一个充填单元约3～5min，用尼龙绳缝合充灌口、清理现场、养生防护，养生可用海水，此时不允许踩踏，以免出现沟痕、卸掉倒链荷载，稳固土工膜袋上端。

4）土工膜袋混凝土护坡施工注意事项

（1）混凝土泵出口用钢管连接，一直延伸至待浇筑膜袋的中间位置，然后接一段足够长的高压软管，高压软管的长度必须能满足不用移动钢管而能与所有的混凝土灌注口连通。

（2）输送管在灌注前，必须用水冲洗、润湿，先灌注一车砂浆。

（3）对实际灌注量与理论方量进行比较，避免灌注不足或超灌。

（4）混凝土灌注将近饱满时，应暂停5～10min，待膜袋中的水分析出后，再灌注至饱满。

（5）土工膜袋上端稳固。路表水排除过程中，土工膜袋上端千万不能渗漏，否则护坡下面会形成管涌，导致土方流失、护坡毁坏。

为避免出现上述现象，我们在施工采取的措施是：

由路肩顶面下挖40cm，宽度≮1.50m，将土工膜袋上端弯折1.50m（其中压于路面基层下0.5m宽，该部分不充填混凝土），平铺于路肩基坑槽底，端头用竹签固定。在其上铺筑2×10cm石灰稳定土，浇筑厚10cm宽20cm的路边石。路边石坡脚应于土工膜袋上端弯折处（或石灰土底）与护坡衔接，以保证路面水不渗不漏排泄顺畅。

4. 土工膜袋混凝土护坡施工质量控制

1）膜袋质量

膜袋生产厂家应按批提供出厂合格证、国家认可的质量检测单位出具的技术性能鉴定书或试验报告。膜袋出厂前，到厂家对膜袋的规格尺寸、缝制质量和外观等进行检查，并在到场后按有关规定抽检，合格后方能用于工程。

2）试件

试件取样与制作，按本节序号七中有关规定执行。

5. 土工膜袋工法施工效果

1）本工程实例的工程效果，如图6-17所示。

图6-17　京沪高速公路沿海连接线土工膜袋护坡

2）混凝土质量

土工膜袋混凝土路基护坡，抗风浪性能良好，厚 20cm 可抗 2.4m 高涌潮、6～8m/s 涌潮流速。

·抗冻性达 30MPa—D200 以上。

·用海水拌和的混凝土强度（28d、60d）比淡水低约 10%。

3）效益分析

土工膜袋混凝土路基护坡，具有良好的整体性、耐久性和地形适应性，对地基承载力要求低，坡脚入土深度小（远小于原设计浆砌片石护坡），公路运营阶段维护费用低。

京沪高速公路泊海连接线盐汪子段，由于采用了该技术，带水作业，无需加大路基断面，无需围堰排水，工艺简单，省工省料操作简便。工期缩短 28d、工程造价降低 16.75%。通车运营近四年来，路基边坡稳定，无裂缝、无沉降、无滑坡现象。

实践证明，在长期受风浪侵袭的特殊环境下应用该工法，其技术经济效益是传统方法无法比拟的。

七、膜袋混凝土护坡质量控制、检验与验收标准

1. 质量控制的一般规定

1）护岸、堤坝和内河航道整治等工程可采用膜袋混凝土护坡。

2）膜袋混凝土护坡应设置在稳定的边坡上。

3）膜袋宜选用机织土工织物。膜袋混凝土厚度，充填混凝土时不宜小于 50mm，混凝土的强度等级不宜低于 C20，砂浆的强度等级不宜低于 M15。

2. 设计质量控制

1）膜袋混凝土护坡的构造应符合下列规定。

（1）坡顶宜采用浆砌块石保护或填土覆盖。有地面径流的坡顶，应设置截水沟或其他防止地表水侵蚀膜袋下部基土的措施。

（2）斜坡式护岸膜袋混凝土的坡底和坡趾应设置压脚棱体或护脚块体，有冲刷的岸坡应采取护底等防冲措施。

（3）膜袋混凝土护坡宜设置埋入侧翼膜袋混凝土的沟槽。

（4）膜袋混凝土接缝处的底部应设置土工织物滤层，膜袋混凝土与土工织物滤层的搭接长度不应小于 500mm。

2）膜袋混凝土护坡设计计算应包括下列内容：

（1）岸坡整体稳定验算；

（2）膜袋类型及充填厚度确定；

（3）抗滑稳定验算。

3）岸坡整体稳定验算，可按现行行业标准《港口工程地基规范》（JTJ 250—98）的有关规定执行，验算时可不考虑膜袋混凝土的抗滑作用。

4）膜袋类型及充填厚度应根据工程要求、土质、地形、水文、波浪和施工条件参照表 6-19 确定。

5）膜袋混凝土护坡应进行沿坡向抗滑稳定验算，膜袋混凝土厚度应进行抗浮和抗水推移稳定验算。

膜袋类型及充填厚度 表 6-19

膜袋类型	充填混凝土		充填砂浆
充填厚度（mm）	150～250	300～700	100～150
适用范围	内河护岸和堤坝护坡	沿海护岸和堤坝护坡	内河航道整治工程护坡

6）膜袋混凝土护坡，应根据坡面渗流量采取排水措施、确定滤层类型和膜袋滤水点分布数量。当选用无滤水点膜袋混凝土时，应设置渗水滤管。

3. 膜袋混凝土护坡施工质量控制

1）膜袋混凝土的膜袋加工尺寸，应根据设计要求和现场地形等确定，并应预留收缩量，收缩量宜通过试验确定。

2）膜袋混凝土护坡应对坡面进行处理。坡面平整度水下不应大于 150mm，陆上不应大于 100mm。

3）膜袋混凝土护坡施工时应考虑内外水头差的影响。

4）膜袋铺设前应设置定桩及拉紧装置。

5）膜袋铺设时应随铺随压。

6）膜袋铺设后应拉紧上缘固定绳索，并应及时充填混凝土或砂浆。

7）膜袋混凝土充填料的制备，除应符合现行行业标准《水运工程混凝土施工规范》（JTJ 268—96）的有关规定外，尚应符合下列规定。

（1）粗集料的最大粒径应以下规定：

膜袋混凝土厚度 150～250mm，集料最大粒径≤20mm

膜袋混凝土厚度≥250mm，集料最大粒径≤40mm

（2）混凝土塌落度不宜小于 200mm。

8）膜袋混凝土的充填应符合下列规定。

（1）陆上部分的膜袋充填前应保持润湿。

（2）膜袋充填应从已充填的相邻的膜袋混凝土块处开始，由下至上依次进行。

（3）膜袋充填时，泵管与充填口应扎牢。当泵管垂直插入充填口内时，应泵管口设置减冲挡板。充填过程中应及时调整膜袋上缘张紧装置。

（4）膜袋充填速度宜为 $10m^3/h$，充填压力宜为 0.2～0.3MPa。

（5）每一充填口的充填应连续，充填应饱满。

9）膜袋铺设和充填宜按先上游后下游、先深水后浅水、先标准断面后异形断面的次序进行。

10）铺设膜袋时，宜预留一定富裕量，充填后的膜袋混凝土应挤严。

11）膜袋混凝土充填完成后，应及时清理膜袋表面和滤点孔内的灰渣，并进行养护。

12）充填后膜袋混凝土坡脚应及时进行沟槽回填覆盖和压脚棱体施工。

13）膜袋混凝土护坡施工的允许偏差应符合表 6-20 的规定。

膜袋混凝土护坡施工允许偏差、检验数量和方法 表 6-20

序号	项目	允许偏差	检验单元	单元测点	检验方法
1	厚度	+8% −5%	每块，逐块检查	3	探针插入检查上、中、下
2	相邻块缝宽	≤30mm	每块，逐块检查	3	用尺量上、中、下三处
3	表面平整度	100mm	每块，逐块检查	2	用 2m 靠尺和钢尺量

4. 检验与验收标准

1）土工织物膜袋的型号、规格和性能，必须符合设计要求和有关标准的规定。

• 检验方法：检查出厂合格证和试验报告。

2）膜袋混凝土的原材料、配合比、养护及抗压强度等，必须符合现行质量标准有关规定。

• 试件制取方法：在充灌管出口处取样，取出的混凝土灌入直径 150×150×1200mm 且材质与膜袋织物相同的织物袋中，吊置 15～20min，取出装入标准试模成型。

• 检验方法：按现行质量标准有关规定检查。

3）坡顶、坡底和侧翼处理应符合设计要求。

• 检验方法：检查施工记录并观察检查。

4）膜袋混凝土表面应冲洗干净并进行养护。

• 检验方法：观察检查。

5）膜袋混凝土护坡施工的允许偏差、检验数量和方法应符合表 6-20 的规定。

第三节　浆砌石防浪墙施工

在风浪不大的浅海或潮差区，浆砌石也是一种常用的路堤防护设施。它主要用浆（或干）砌石及混凝土预制块砌筑而成的，其可砌筑成一定坡度的墙，也可砌筑成很陡或直墙式，视路堤所在地的地质和风浪情况而定。

在浅海路堤顶部，为防风浪冲击到路面，在防浪堤顶部，设置两道（两侧）迎浪为圆弧形防浪墙，高度一般 3m 左右，其中路面以上 2m，也用块石砌筑而成。

一、浆砌石防浪墙材料

1. *石料*

除混凝土砌块外，石料是浆砌石防浪墙不可缺少的材料，其用料应符合设计规定的类别和强度，石质应均匀、不易风化、封锁裂纹。石料有块石、片石和粗料石、镶面石、拱石等规格，各有其适用场合和技术要求。

无论哪种规格的石料，其石料强度、试件规格应符合设计要求，石料强度的测定应按现行《公路工程石料试验规程》(JTJ 054—94）执行。

一月份平均气温低于－10℃的地区，除干旱地区的不受冰冻部位或根据以往实践经验证明材料确有足够抗冻性者外，所用石料及混凝土材料须通过冻融试验证明符合表 6-21 的抗冻性指标时，方可使用。

石料及混凝土材料抗冻性指标　　表 6-21

结构物类别	大、中桥	小桥及涵洞	公路防护堤	备　注
镶面或表层	50	25	≥公路设计使用年限	

注：抗冻性指标系指材料在含水饱和状态下，经－15℃的冻结与融化的循环次数。试验后的材料，应无明显损伤（裂缝、脱层），其强度不低于试验前的 0.75 倍。

1）片石

一般指用爆破或楔劈法开采的石块，厚度不应小于150mm，卵形和薄片者不得采用。用做镶面的片石，应选择表面较平整、尺寸较大者，应稍加修整。

2）块石

形状应大致方正，上下面大致平整，厚度200～300mm，宽度约为厚度的1.0～1.5倍，长度约为厚度的1.5～3.0倍，如有锋棱锐角应敲除。块石用做镶面时，应对外露面的四周向内稍加修凿，后部可不修凿，但是，应略小于修凿部分。

3）粗料石

由岩层或大块石料开劈并经粗略修凿而成，外形应方正，成六面体，厚度200～300mm，宽度为厚度的1.0～1.5倍，长度为厚的2.5～4倍，表面凹陷深度不大于20mm。

加工镶面粗料石时，丁石长度应比相邻顺石宽度至少大150mm，修凿面每100mm长须有錾路约4～5条，侧面修凿面应与外露面垂直，正面凹陷深度不应超过15.0mm。

4）镶面粗料石

镶面粗料石的外露面如带细凿边缘时，细凿边缘的宽度应为30～50mm。

5）拱石

拱石可根据设计采用粗料石、块石或片石；拱石应立纹破料，岩层面应与拱轴垂直，各排拱石沿拱圈内弧的厚度应一致。用粗料石砌筑曲线半径较小的拱圈，辐射缝上下宽度相差超过30%时，宜将粗料石加工成楔形，其具体尺寸可根据设计及施工条件确定，但应符合下列规定。

（1）厚度t_1不应小于200mm，t_2按设计或施工放样确定。

（2）高度h应为最小厚度t_1的1.2～2.1倍。

（3）长度应为最小厚度t_1的2.5～4.0倍。

6）附属工程采用卵石代替片石时，其石质及规格须符合片石的规定。

2. 混凝土预制块

混凝土预制块砌体形状、尺寸应统一，其规格应与粗料石相同，砌体表面应整齐美观。预制块做拱石时，混凝土块可提前预制，使其收缩尽量消失在拱圈封顶以前，避免拱圈开裂；蒸汽养护混凝土预制块可加速收缩，可按试验确定提前时间。

3. 砂浆

砌筑用砂浆的类别和强度等级，应符合设计规定。砂浆强度等级以M××表示，为70.7mm×70.7mm×70.7mm试件标准养护28d的抗压强度（单位为MPa）。

1）砂浆标准养护条件

①水泥石灰等混合砂浆养护温度20±3℃，相对湿度60%～80%。

②水泥砂浆和微沫水泥砂浆养护温度20±3℃，相对湿度为90%以上。

③常用砂浆强度等级分别为M20，M15，M10，M7.5，M5，M2.5六个等级。

2）砂的粒径

砂浆中所用水泥、砂、水等材料的质量标准，宜符合混凝土工程相应材料的质量标准。砂浆中所用砂，宜采用中砂或粗砂，当缺乏中砂及粗砂时，在适当增加水泥用量的基础上，也可采用细砂。

砂的最大粒径：

· 当用于砌筑片石时，不宜超过 5mm。

· 当用于砌筑块石、粗料石时，不宜超过 2.5mm。

如砂的含泥量达不到混凝土用砂的标准，当砂浆强度等级大于或等于 M5 时，可不超过 5%，小于 M5 时，可不超过 7%。

3）砂浆配合比

砂浆的配合比可通过试验确定，可采用质量比或体积比，并应满足该规范中技术条件的要求。当变更砂浆的组成材料时，其配合比应重新试验确定。

砂浆必须具有良好的和易性，其稠度较高时可适当增大。零星工程用砂浆的稠度，也可用直观法进行检查，以用手能将砂浆捏成小团，松手后既不松散，又不由灰铲上流下为度。

为改善水泥砂浆的和易性，可掺入无机塑化剂或以皂化松香为主要成分的微沫剂等有机塑化剂，其掺量可参照生产厂家的规定并通过试验确定，一般为水泥用量的0.5/10000～1.0/10000（微沫剂按 100%纯度计）。采用时应符合下列规定：

· 微沫剂宜用不低于 70℃的水稀释至 5%～10%的浓度，稀释后存放不宜超过 7d。

· 宜用机械拌和，拌和时间宜为 3～5min。

4）砂浆配制

砂浆配制应采用质量比，砂浆应随拌随用，保持适宜的稠度，一般宜在 3～4h 内使用完毕；气温超过 30℃时，宜在 2～3h 内使用完毕。在运输过程或在贮存器中发生离析、泌水的砂浆，砌筑前应重新拌和；已凝结的砂浆，不得使用。

4. 小石子混凝土

小石子混凝土的配合比设计、材料规格和质量检验标准，应符合现行规范有关规定。小石子混凝土的粗骨料可采用细卵石或碎石，最大粒径不宜大于 20mm。其拌和物具有良好的和易性，坍落度宜为 50～70mm（片石砌体）或 70～100mm（块石砌体）。为改善小石子混凝土拌和物的和易性，节约水泥，可通过试验，在拌和物中掺入一定数量的减水剂等添加剂或粉煤灰等混合材料。

二、圬工砌体挡墙

位于天然地基上的基础砌体，施工前应按"现行规范"有关要求，对基坑进行检查和处理。砌体沉降缝、伸缩缝、泄水孔及防水层的设置，应符合设计和有关规定。

1. 浆砌砌体一般技术要求

1）砌块在使用前必须浇水湿润，表面如有泥土、水锈，应清洗干净。

2）砌筑基础的第一层砌块时，如基底为岩层或混凝土基础，应先将基底表面清洗、湿润，再坐浆砌筑；如基底为土质，可直接坐浆砌筑。

3）砌体应分层砌筑，砌体较长时可分段分层砌筑，但两相邻工作段的砌筑差一般不宜超过 1.2m；分段位置宜设在沉降缝或伸缩缝处，各段水平砌缝应一致。

4）各砌层应先砌外圈定位行列，然后砌筑里层，外圈砌块应与里层砌块交错连成一体。砌体外露面镶面种类应符合设计规定，位于流冰或有严重漂流物河中的墩台，宜选用较坚硬的石料或高强度混凝土预制块进行镶砌。

砌体里层应砌筑整齐，分层应与外圈一致，应先铺一层适当厚度的砂浆再安放砌块和填塞砌缝。

砌体外露面应进行勾缝，并应在砌筑时靠外露面预留深约20mm的空缝备作勾缝之用。砌体隐蔽面砌缝可随砌随刮平，不另勾缝。

5）各砌层的砌块应安放稳固，砌块间应砂浆饱满，粘结牢固，不得直接贴靠或脱空。砌筑时，底浆应铺满，竖缝砂浆应先在已砌石块侧面铺放一部分，然后于石块放好后填满捣实。用小石子混凝土塞竖缝时，应以扁铁捣实。

6）砌筑上层块时，应避免振动下层砌块。砌筑工作中断后恢复砌筑时，已砌筑的砌层表面应加以清扫和湿润。

2. 浆砌片石技术要求

片石应分层砌筑，宜以2～3层砌块组成一个工作层，每工作层的水平缝应大致找平。各工作层竖缝应相互错开，不得贯通。

外圈定位行列和转角石，应选择形状较为方正及尺寸较大的片石，并长短相间地与里层砌块咬接。砌缝宽度一般不应大于40mm，用小石子混凝土砌筑时，可为30～70mm。

较大的砌块应使用于下层，安砌时应选取形状及尺寸较为合适的砌块，尖锐突出部分应敲除。竖缝较宽时，应在砂浆中塞以小石块，不得在石块下面用高于砂浆砌缝的小石片支垫。

3. 浆砌块石技术要求

石块应平砌，每层石料高度应大体一致。外圈定位行和镶面石块，应丁顺相间或两顺一丁排列，砌缝宽度不大于30mm，上下层竖缝错开距离不小于80mm。

砌体里层平缝宽度不应大于30mm，竖缝宽度不应大于40mm，用小石子混凝土砌筑时不应大于50mm。

4. 浆砌粗料石及混凝土预制块

浆砌粗料石或混凝土预制块之前，应先计算层数、选好料，砌筑时应严格控制平面位置和高度。镶面石应一顺一丁排列，砌缝应横平竖直。

1）砌缝宽度

当为粗料石时不应大于20mm。

当为混凝土砌块时不应大于10mm。

上下层竖缝错开距离，不应小于100mm，同时在丁石的上层或下层不宜有竖缝。砌体里层为浆砌块石时，其要求同浆砌块石。

2）浆砌构筑物破冰体镶面

（1）破冰棱与垂线的夹角>20°时，破冰体镶面横缝应垂直于破冰棱；夹角≤20°时，镶面横缝可成水平。

破冰体镶面的砌同层次应与墩身一致，砌缝宽度为10～12mm。

（2）不得在破冰棱中线上及破冰棱与墩身相交线上设置砌缝。

5. 砌体勾缝及养护

砌体勾缝，除设计有规定者外，一般可采用凸缝或平缝。浆砌较规则的块材时可采用凹缝。勾缝砂浆强度不应低于砌体砂浆强度，一般主体工程不低于M10，附属工程不低于M7.5。流水和严重冲刷部位应采用高强度水泥砂浆。

石砌体勾缝应嵌入砌缝内约20mm。缝槽深度不足时，就凿够深度后再勾缝。干砌片石勾缝时，应嵌入砌缝20mm以上。

干砌片石护坡、锥坡的勾缝。宜待坡体土方稳定后进行，除设计有规定外，一般可做平缝。

浆砌砌体应在砂浆初凝后洒水覆盖养护，养生时间7～14d。养护期间应避免碰撞、振动或承重。

三、浆砌石防浪墙施工

黄骅港疏港公路浅海区路堤防浪墙，其结构为浆砌块石结构，块石饱和抗压强度不低于50MPa，填充及勾缝砂浆标号为M20，防浪墙每15m设置一道结构缝，中间填充2cm油浸木丝板。防浪墙施工分为基础与墙身上、下两部分施工。

1. 防浪墙施工

浆砌石防浪墙工艺流程如图6-18所示。砌筑所用砂浆，在混凝土拌和站拌和，使用混凝土罐车运至施工现场，块石采用自卸汽车，从块石存放场运至施工现场，人工砌筑。其砌筑方法：

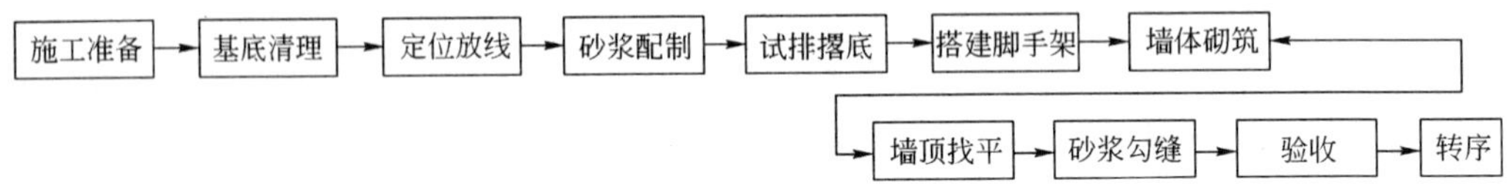

图6-18 浆砌石防浪墙施工工艺流程图

1）砌筑每一层块石时，在垫层上座浆砌筑。所有块石应座于新铺砂浆之上，砂浆凝固前所有缝均应满浆。

砌体应分层砌筑，每层块石近乎水平，上下两层块石应骑缝，内外块石应交错搭接，层之间不能相互搭砌，砌石层厚不小于250mm，各层的块石应安放稳固，块石之间砂浆应饱满，粘结牢固，不得直接贴靠或脱空。

砌筑时，底浆应铺满，竖缝砂浆应先在已砌石块侧面铺放一部分，然后于石块放好后填满捣实。直缝应与下层的临近直缝错开，砌缝宽度不大于40mm。

2）砌筑用砂浆坍落度，应控制在50～70mm，拌和物应具有良好的和易性。随拌随用在3h内应使用完毕；若发生离析、泌水等现象，应进行现场人工二次拌和。

3）块石在使用之前，必须浇水湿润；表面如有泥土、水分，应清除干净。砌筑之前应进行选石及块石修凿，块石的尖锐边角应凿去。临水面块石应大致方正，上、下面大致平整，须经粗打，正面平整度20mm。

4）块石砌筑时，按一顺一丁排列，先砌角隅及面石，然后铺筑帮衬石，最后砌腹石。

5）浆砌块石胸墙在砂浆凝固前，将外露缝勾好；若不能及时勾缝，则应在砂浆终凝前将灰缝隙刮深，深度≮20mm，为以后勾缝做好准备。

挡墙外露面采用1∶2砂浆勾凸缝，砂浆采用中细砂，勾缝砂浆应嵌入砌缝≥20mm，勾缝完成砂浆初凝后，将砌体表面洗刷干净。

6）砌体表面应覆盖上麻袋，进行潮湿养护7～14d，不得干湿交替，养护期间避免砌体受碰撞或震动。

2. 浆砌石防浪墙工程实例

1）浅海水域护坡垫层混凝土组成设计

（1）基本情况

·工程名称：黄骅港中疏港路。

·工程部位：护坡垫层。

·设计等级：混凝土等级 C15。

·坍落度要求：1～3cm。

·试验规程：《公路工程集料试验规程》（JTG E42—2005）。

·设计单位：沧州市公路工程试验检测中心。

·设计时间：2008 年 3 月 10 日。

（2）原材料试验。

·水泥品种：普通硅酸盐水泥（P. O）32.5 级。

·水泥厂牌：德州大坝水泥厂。

·砂子品种：中砂。

·砂子细度模数：2.39。

·石料品种：5～20mm。

·石料级配：连续级配。

·水：饮用水，合格。

·拌和方式：机械拌和。

·养生方式：标准养护。

（3）浅海区混凝土组成设计试配情况

·假定容重：2440kg/m^3。

·水灰比：W/C=0.66。

·S_p=35.0%。

·坍落度：1.8cm。

·容重：2441kg/m^3。

·抗压强度（7d，MPa）：19.2MPa。

（4）浅海区混凝土组成设计结果（表 6-22）。

混凝土材料用量（kg/m^3） 表 6-22

水泥	砂	碎石（mm）		水	混凝土配合比：水泥∶砂子∶石子∶水
		5～10	10～20		
270.0	697.0	518.0	777.0	178.0	=1∶2.59∶(1.92+2.88)∶0.66

2）浅海水域防浪墙砌筑水泥砂浆组成设计

（1）基本情况

·工程名称：黄骅港中疏港路。

·工程部位：浆砌片石防浪墙。

·设计等级：M20。

·试验规程：砌筑砂浆配合比设计规程（JGJ 98—2000）

(2) 设计单位：沧州市公路工程试验检测中心。

(3) 设计时间：2008年3月17日。

(4) 原材料试验。

同浅海水域护坡垫层混凝土组成设计。

(5) 浅海水域防浪墙砌筑水泥砂浆组成设计试配情况

- 实测稠度：6.0cm；
- 堆积密度：1470kg/m^3；
- 抗压强度（7d，MPa）：20.3MPa。

(6) 浅海水域防浪墙砌筑水泥砂浆组成设计结果（表6-23）。

砂浆材料用量（kg/m^3）　　表6-23

水泥	砂	水	砂浆配合比：水泥∶砂子∶水=1∶3.585∶0.805
410.0	1470.0	330.0	

四、浆砌石防浪墙施工环境保护

一项工程，应该把环境保护作为专题设计，并纳入设计文件，成为其重要组成部分。完整的《施工组织设计》中应该有相当的篇幅详细叙述每一道工序所采取的环境保护措施。鉴于本书篇幅所限，仅介绍沧州路桥工程公司在浅海水域浆砌石防浪墙工程施工中所采取的环境保护措施，以供借鉴。

1. 浅海区浆砌石防浪墙施工环境保护一般规定

1）确保施工工期废水排放达到《污水综合排放标准》(GB 8978—1996）的要求。

2）确保施工区环境空气达到《环境空气质量标准》(GB 3095—1996）要求。

3）确保噪声在《建筑施工场界限值》(GB 12523—90）规定以内。

4）确保工完场清。

5）创建“环保先进单位”。

6）制定严格的作业制度，规范施工人员作业行为，做到科学管理、文明施工，避免有害物质或不良行为对环境造成污染或破坏。

7）施工道路安排专人管理、维护，及时清理散落在地面上的土、石碎块。

8）在施工区和生活区配备专职环卫人员。

9）不得在施工区水域清洗受污染的物资及机械设备。

10）施工产生的粉尘，除作业人员配备必要的防尘保护用品外，采取防尘措施，防止灰尘飞扬，使粉尘公害降至最小程度。

11）对易引起粉尘的细料、散料进行遮盖，运输时用帆布、雨布等覆盖材料进行遮盖，并控制车辆行驶速度一般不大于25km/h，防止粉尘飞扬。

12）为确保空气质量，防止废气污染，施工区严禁焚烧垃圾，严禁采用烧煤设施。

13）汽车、设备排放的气体经常检侧，排放的气体必须符合《大气污染物综合排放标准》(GB25297－1996）中二级排放标准时，才能投入使用。否则必须检修或停用。

14）工程完工后，按照业主和监理的要求，清理临时性工程场地和临时道路，拆除临时建筑，清除废渣，将工地四周环境清理整洁。

2. 施工可能影响环境因素分析

在《施工组织设计》中，应该对每一道工序进行环境因素分析，浆砌石防浪墙施工对环境因素分析结果列于表 6-24。工程施工技术人员应针对这些因素是采取相应的对环境进行维护。

浆砌石防浪墙环境因素

表 6-24

序号	环境因素	环境因素产生原因
1	扬尘	水泥、砂子、石材等材料装卸堆放、石材加工、基层及固体废弃物清理、返工剔凿
2	噪声	石材加工、施工机械、架子搭设、大声喧哗、返工剔凿
3	水污染	搅拌站污水、运输车辆、灰槽清洗污水、基层及固体废弃物清理时产生污水
4	固体废弃物污染	废石料、废弃砂浆、剔凿的建筑垃圾
5	油品泄漏	施工机械维修保养及带病作业
6	有害气体	油棉纱焚烧、防腐木砖及仓库失火
7	紧急情况时	突然停水停电造成砂浆废弃、突刮大风产生场尘、大雨冲刷墙面砂浆流淌污染墙面

3. 环境对材料的要求

1）水泥、粉煤灰、外加剂

（1）水泥、粉煤灰、外加剂进场后进行复试，其成分中不得含有影响环境的有害物质。

（2）袋装水泥、粉煤灰、外加剂宜在库内存放。库内地面应为混凝土地面，并在堆放水泥、粉煤灰的位置上，架空 20cm 满铺木跳板，跳板上铺设苫布，同时库存房屋面应不渗漏，以防材料受潮、受雨淋结块不能使用或降级使用。

（3）若袋装水泥、粉煤灰、外加剂在现场露天存放，则地面应砌三层红砖，并抹 5cm 厚1∶3水泥砂浆，且水泥码垛上面应覆盖防雨布。

（4）散装水泥须在密封的罐装容器内存放，以防大风吹起扬尘污染环境。

（5）遇大风天气，露天存放的水泥应加强覆盖工作，避免大风将防雨布刮起产生扬尘。

（6）外加剂配制应由专人用专用容器配制，严格控制外加剂掺用量，且配备人员应穿长袖衫，戴好手套及口罩。

2）砂子要求

（1）砌筑用砂宜采用中砂，砂子中不得含有有害物质及草根等杂物。砂子进场后，应堆放在三面砌 240mm 厚、500mm 高，外抹 1∶3 水泥砂浆的围护池中，并用双层密目安全网覆盖。密目网上下层接缝处相互错开 500mm，密目网搭接时，搭接长度不小于 20cm，确保覆盖严密以防风吹扬尘。

（2）四级风以上天气，禁止进行筛砂作业，以免扬尘。

（3）遇大风天及干燥天气，应经常用喷雾器向砂子表面喷水湿润，增大表面砂子的含水率，以控制扬尘。

3）毛石、料石

毛石、料石应根据预算工程量及设计要求的规格尺寸进行采购。进场后，应进行取样检测，以确保石料成分中无有毒有害物质存在。

4）水

(1) 拌制砂浆用水，必须符合现行行业标准《混凝土拌和用水标准》(JGJ 63—89)的规定。

(2) 现场临时道路洒水、浸泡砖用水、基层清理用水可用沉淀池淀后无有害物质污染的水，以节约水资源。

5）材料堆放

现场材料堆放时，应严格按照施工平面布置图来布置，应做到堆放整齐有序，并应符合当地文明施工的要求。

4. 人员安全保护要求

1）搅拌机械操作人员应经过培训，掌握搅拌机的操作及维修保养要求后，方可进行机械操作。避免由于人的因素造成搅拌机故障产生漏油、设备部件损坏等污染环境和浪费资源的现象。

2）材料员、计量员均持证上岗。材料员应掌握材料堆放、装卸时环境因素的控制方法；计量员应掌握砂浆拌制时各种材料的允许偏差，以保证施工中计量准确，避免配合比不准确造成返工，浪费水电和其他资源。

3）砌筑工人中，中、高级工人不少于70%，并应具有同类工程的施工经验。砌筑作业前，应由项目技术员对砌筑工人进行环境交底，使工人掌握砌筑过程中环境控制的要求及方法，避免因人的原因造成环境污染。

4）现场所有人员均应掌握操作要领和环境控制要求，避免因人的不掌握环境控制措施造成噪声排放、扬尘、废弃物、废水而污染环境。

5. 环境保护对设备的要求

1）砌筑作业使用的机械设备，应选用噪声低、能耗低的设备，避免使用时噪声超标，耗费能源。

施工中，机械设备应加强检修和维护，防止油品泄漏造成污染。维修机械和更换油品时，必须配置油盒、油桶和塑料布，防止油品洒漏在地面或渗入土壤。油棉纱应集中处理，严禁现场焚烧污染空气。

每一作业班结束后，应随即清理搅拌机。清理的杂物以袋装至指定地点集中清运。

2）搅拌站四周应封闭，以减少噪声排放，且地面要进行硬化处理，硬化采用5cm厚C15混凝土随打随抹光，以防污水污染地面。

搅拌站处沉淀池每3～5d要清掏一次，以免时间过长，杂物沉积过多，影响污水的沉淀效果。清掏后的杂物应由不渗漏的袋子装运至指定地点交由环保部门集中清运。

3）砂浆运输车辆、灰槽应完好不渗漏，以免运输时污染地面。灰车、灰槽用完后，及时清洗。清洗应在搅拌站处集中进行，且应边清洗边将污水清扫到沉淀池，避免污水四溢污染周边环境。

4）向现场运送材料的车辆，应密封严禁，以防运输途中，材料遗洒污染城市道路。由施工现场上路前，必须在施工出入口处的车辆冲洗处将车辆轮胎冲洗干净后，方可出门上路。车辆冲洗污水必须流入沉淀池沉淀后方可排出，以防污水四溢污染地面。

5）水准仪、经纬仪、GPS测量设备、钢卷尺、线坠、水平尺、两米直尺、磅秤、砂浆试模等工具配备齐全，且各仪器、设备、器具均经鉴定合格，以确保施工精度，避免质量不合格造成返工浪费材料。

6. 施工过程对环境影响因素的控制

1）基层清理时，应先用喷雾器水湿润，以节约用水，减少扬尘，同时避免地面因洒水不当产生泥泞污染地面。清理的杂物以袋装至集中地点统一处理。

2）砂浆拌制

（1）砂浆拌制时，四级风以上天气禁止作业，预防扬尘污染环境。

（2）向料斗内倒水泥等粉状料时，应将粉状料袋子放在料斗内后，再开袋，并轻抖袋子，将粉状料抖落干净后再移开，袋子严禁随意抛撒，应集中收回，以防扬尘和水泥遗洒污染地面。

（3）砂浆拌制，应随拌随用，避免拌制过多，砂浆初凝未使用而造成砂浆废弃。

（4）砂浆运输时，可通过吊斗、灰车运输。

装砂浆时，应低于车帮或吊斗口10～15cm避免砂浆运输时遗洒污染地面。

砂浆运到指定地点后，应倒入灰槽内（灰槽不渗漏），以避免直接倒在地面污染环境，并影响砂浆质量导致返工，造成资源浪费。

（5）搅拌砂浆时产生的污水，应经沉淀池沉淀后方可排到指定地点，或进行二次利用。

（6）清掏沉淀池的废弃物及水泥袋等应集中回收，储存在废弃物堆场，集中成一个运输单位后，交当地环卫部门集中清运处理。清运时，应使用密封车，防止垃圾遗洒污染土地。

3）试排撂底。料石试排时，必须按照组砌图进行，毛石试排时，应大小石块搭配砌筑，大平面朝下，外露表面要平齐，斜口朝内，以保证砌体组砌合理，避免盲目组砌质量不符合要求返工产生扬尘、噪声及固体废弃物污染环境浪费材料。

4）环境对墙体砌筑要求

（1）石材加工时，应组组织人员集中加工，加工场地应四周封挡，以降低噪声及扬尘。操作工人应戴上手套、口罩及防护镜，防止石屑、粉尘飞入眼中和口中，必要时还应戴耳塞，防止噪声侵害。

（2）砌筑时，石材应提前1～2d浇水湿润。以防止粉尘飞扬，污染环境。

（3）砌筑可采用铺浆法。铺浆时，应轻轻均匀摊铺，避免用力过猛而使砂浆落地污染地面。砌筑时先砌转角处、交接洞口处，再向中间砌筑。毛石间应搭砌紧密，逐块卧砌坐浆，使浆饱满，砌体整体强度满足要求且外形美观。以免因强度及外观不合格造成返工。

（4）在潮湿或有水的环境中施工时，操作人员应穿雨靴。工作中应戴帆布手套，以免石材磨损伤手。施工现场禁止大声喧哗以控制人为噪声。

（5）墙体预埋拉结筋、预埋件等应做防腐处理。防腐剂应在库房内存放，并远离火源。预埋件、拉结筋做防腐处理时，应在专用场地进行，并远离火源派专人看管，同时配备消火栓，以最大限度的降低火灾损失，减少环境污染。

（6）墙体砌完后，要用喷雾器向墙面喷水雾后及时清理墙体表面污物，以防扬尘及墙面污染。清理的废弃物由袋装存放指定地点，集中外运。

(7) 砌筑时搭设脚手架应轻拿轻放，以减少噪声。脚手架铺设的木跳板上堆载不得超过 3kN/m^2，以防脚手板承载力不足使片石、料石、块石坠落，造成损失，产生扬尘、固体废弃物。

5) 环境对勾缝作业要求

墙面勾缝时，先用水喷洒墙面或柱面，使其湿润后进行勾缝，以控制扬尘。勾缝线条应顺石缝进行，且均匀一致，深浅及厚度相同，压实抹光，搭接平整。阳角勾缝要两面方正。阳角勾缝不能上下直通，勾缝不得有丢缝、开裂或粘接不牢等现象，以免影响美观。

6) 及时清理杂物

砌筑中应做到工完场清，每日完工后，应立即清理施工现场，清理时，应先用喷雾器洒水湿润，避免扬尘。清理的杂物由袋装于指定地点后集中，清运至环卫部门指定地点。

7) 季节性施工及应急措施

(1) 室外施工的石砌体，应禁止在雨天施工，以防雨水冲刷，砂浆流淌污染墙面。对正在施工的墙体，遇下雨，应立即用塑料袋等防雨材料进行覆盖。

(2) 下雨前，砂子、石材应用苫布覆盖严密后，再用塑料布覆盖，以保证砂子、石材不受雨淋。

(3) 若材料被雨淋，雨后施工时，应及时检验砂子及石材的含水率，及时调整配合比，避免因配合比不正确返工产生扬尘、噪声、固体废弃物并浪费材料。

对于含水率较高的石材，禁止使用，以防砌筑时增大砂浆流动性而污染墙面、地面。

(4) 冬期施工时石材不宜浇水，以免因水在石材表面形成冰薄膜降低和砂浆的黏结力而影响工程质量造成返工产生扬尘、噪声、固体废弃物浪费材料，污染环境。

(5) 当砂子中含有直径大于 1cm 的冻结块或冰块时，应采用锤子破碎、或加热的方法去除砂中的冰块及冻结块，不宜采用过筛的方法，以避免扬尘。

(6) 水加热宜采用电加热法，以免生炉火而产生有害气体污染环境。

(7) 冬期不宜采用冻结法施工，以免因砂浆强度降低影响砌体质量造成返工产生扬尘、噪声、固体废弃物污染环境浪费资源。

(8) 对于装饰工程有特殊要求的工程不宜采用氯盐砂浆砌筑，以免因砌体析盐而影响装饰效果。

(9) 冬期施工时，室外堆放的材料上面应覆盖苫布遮挡，以免雪花飘落在材料上。

(10) 施工现场应配备能满足砌体施工时用的发电机，以防突然停电时，影响施工进度并产生砂浆废弃的现象；

施工现场应按消防要求配备消防器材及消防用水。消防用水的设备要综合考虑，既要满足消防要求，同时还应尽最大可能地靠近搅拌站设备，以防停水时，满足砌筑砂浆拌制的需要；

施工中应做好机械设备零部件的储备工作，以防机械损坏不能及时维修而影响工期及砂浆初凝废弃。

7. 施工环境监测要求

1) 砌筑作业前监测

(1) 砌筑作业前，由项目工长及环保员检查现场施工道路是否硬化，是否洒水湿润，要求硬化率达100%，道路潮湿为合格。

(2) 由机械员检查各机械设备的准备情况，要求设备完好，其规格型号、功率、运作时产生的噪声等各项指标符合环保施工方案的规定为合格。

(3) 由工长及环保员检查搅拌站准备情况，要求搅拌站四周封闭，道路做混凝土硬化地面，并设有二级沉淀池，沉淀池处设溢流水管。

(4) 由项目工程师检查项目部是否对操作人员进行了环保方面的交底，并抽查操作人员掌握程度，要求计量员掌握各材料称量时的允许偏差值，材料员掌握材料装运、堆放时的环境因素控制方法，砌筑工人掌握砌筑过程中每一工序有哪些环境因素并控制环境因素的产生方法。

(5) 每天施工前，由项目工程师检查所有进场材料合格证及复试报告，确认材料合格，其成分中不含毒物质后，方可施工。

(6) 若夜间施工，每天应由工长检查照明灯罩的配备率，应达100%为合格。

(7) 每天施工前检查钢筋棚、木工棚、仓库、材料堆场、搅拌站等处是否按规定设置了消防灭火器材，消防器材是否完好可用。

(8) 检查冬雨期施工是否制定了防冻、防雨措施，是否准备了防冻防雨材料。

2) 砌筑过程中环境监测

(1) 基层清理时，由工长监测是否用喷雾器喷水，地面是否潮湿无泥泞。

(2) 由项目技术员每天随时巡视检查砌筑时材料、砂浆运输是否无遗洒。抽查搅拌机运转是否正常无渗漏油现象发生，其噪声是否符合限值要求。砂浆拌制时，材料称量偏差是否控制在要求范围内。

(3) 施工中，由工长、质检员随时检查砌筑过程中，是否控制或减少了落地灰、落地灰是否进行了二次利用。

(4) 施工中每天至少1次由项目环保员对施工现场的噪声、污水、扬尘控制进行巡视检查。噪声监控按《建筑施工场界噪声测量方法》(GB 12524—90) 要求进行。

污水必须经二级沉淀池沉淀，且应清水排放，严禁排放污浊水。对于饮用水源处、风景区应由环保部门对污水排放进行检测，检测合格后，发放守法证明方可排出。

现场扬尘高度控制在0.5m以内，每班不少于目视检测1次。

(5) 由项目工长、材料员每天检查1次材料堆放是否按文明施工要求进行分类堆放、覆盖，是否避免或减少了扬尘的发生。夜间施工照明灯罩的使用率达100%。

(6) 每天抽查1次进出现场车辆是否清洗车轮，是否无泥上路。

3) 砌筑完工后环境监测

(1) 每天砌筑作业结束后至少检查1次，固体废弃物是否由袋装集中清运到指定地点交当地环保部门清运处理。

(2) 每天完工后，检查1次机械设备是否进行清理，按期保养，清理的废机油、棉纱是否集中回收到指定地点交环保部门清运处理。

(3) 在饮水源区、风景区、旅游区施工时，二级沉淀池沉淀后的污水，其有害物质含量经当地环保部门检测，符合排污标准中规定值后 (COD应≤100mg/l；BOD应≤30mg/l；SS应≤70mg/l)，方可排出。

若施工材料没有发生变化，则由工长、环保员对二级沉淀后的污水排放情况每天至少目测一次，确定水质清亮后即可排出。若发生变化，则还需环保部门再检测合格后方可排出。

(4) 每5天检查一次沉淀池是否按规定清掏，清掏的杂物是否分类堆放，并交由环保部门统一清运。

(5) 每天至少巡视二次施工现场是否做到工完场清。

8. 未尽事宜，参照行业《现场施工环境控制规程》制定、执行

五、圬工砌体检验与验收标准

1. 块石、料石砌筑工程质量

1) 料石、块石的质量与规格，必须符合设计要求和规范规定。

• 检验方法：检查检验资料并到现场观察检查。

2) 砌筑砂浆的品种，必须符合设计要求，强度必须符合下列规定。

(1) 同等级砂浆各组试块的平均强度不低于设计等级；

(2) 任一组试块的强度不低于设计等级的75%。

(3) 每 $50m^3$ 砌块应留置一组砂浆试块，不足 $50m^3$ 的也应留置一组。

• 检验方法：检查砂浆试块报告。

3) 浆砌料石、块石的组砌形式，错缝和灰缝应符合设计要求和规范规定。砌筑砂浆应饱满，勾缝密实牢固，表面清晰洁净。

• 检验方法：抽拆检查，现场观察检查。

4) 干砌块石应相应错缝、坐实挤紧，不得有松动、叠砌和浮砌。

• 检验方法：拔试并观察检查。

5) 护坡砌石的厚度不应小于设计要求，坡度应符合设计要求。

• 检验方法：观察和尺量检查。

6) 挡土、防浪（汛）墙砌石的允许偏差、检验数量和方法，应符合表6-25的规定。

挡土、防浪（汛）墙砌石的允许偏差、检验数量和方法 表6-25

<table>
<tr><th rowspan="2">序号</th><th rowspan="2" colspan="2">项　目</th><th colspan="2">允许偏差（mm）</th><th rowspan="2">检验单元和数量</th><th rowspan="2">单元测点</th><th rowspan="2">检 验 方 法</th></tr>
<tr><th>浆砌块石</th><th>浆砌料石</th></tr>
<tr><td>1</td><td colspan="2">前沿线对施工准线偏移</td><td>30</td><td>30</td><td rowspan="7">每段（逐件检查）</td><td>2</td><td>用经纬仪和钢尺量两端</td></tr>
<tr><td>2</td><td colspan="2">外形尺寸</td><td>±50</td><td>±40</td><td>8</td><td>用钢尺量两端</td></tr>
<tr><td>3</td><td colspan="2">顶面高程</td><td>±40</td><td>±20</td><td>3</td><td>用水准仪检查两端和中部</td></tr>
<tr><td rowspan="2">4</td><td rowspan="2">正面竖向倾斜</td><td>前倾</td><td>0</td><td>0</td><td rowspan="2">1</td><td rowspan="2">吊线用钢尺量</td></tr>
<tr><td>后倾</td><td>$H/100$</td><td>$H/100$</td></tr>
<tr><td>5</td><td colspan="2">正面平整度</td><td>40</td><td>20</td><td>2</td><td>用2m靠尺和楔形塞尺量竖向和水平向</td></tr>
<tr><td>6</td><td colspan="2">正面相邻块石错牙</td><td>—</td><td>10</td><td>1</td><td>用钢尺量，取大值</td></tr>
</table>

注：H 为墙全高，单位mm。

7) 护坡砌石允许偏差、检验数量和方法应符合表6-26的规定。

护坡砌石允许偏差、检验数量和方法　　表 6-26

序号	项　　目	允许偏差（mm）		检验单元和数量	单元测点	检 验 方 法
		干砌	浆砌			
1	砌缝最大宽度	≤30	40	每处（每10延米长1处）	1	用钢尺量，取大值
2	三角缝最大宽度	≤70	≤80		1	
3	通缝长度	≤1000	≤1000		1	
4	表面平整度	40			2	用 2m 靠尺和楔形塞尺量垂直两方向
5	相邻块顶面高差	30			1	用钢尺量

注：①三角缝最大宽度是指以三角缝长边底的三角缝高。
②通缝是指块石错缝小于 80mm 的连续砌缝。
③当设计有特殊要求时，砌缝的最大宽度按设计要求检查。

2. 帽石砌筑工程质量

1）帽石的规格和质量，应符合设计要求，其加工质量应符合表 6-27 的规定。

帽石的规格和质量　　表 6-27

序号	项目	允许偏差（mm）	序号	项目	允许偏差（mm）
1	尺寸及对角线差	5	2	表面平整度	3

2）砌筑砂浆应饱满，剔缝深度不小于 15mm，勾缝应密实、牢固、平整。

·检验方法：观察检查。

3）帽石砌筑的允许偏差、检验数量和方法应符合表 6-28 的规定。

帽石砌筑的允许偏差、检验数量和方法　　表 6-28

序号	项　　目	允许偏差（mm）	检验单元和数量	单元测点	检 验 方 法
1	前沿线对施工准线偏移	15	每处（每5m 检查 1 处）	1	用经纬仪和钢尺量
2	顶面高程	±20		1	用水准仪检查
3	相邻块正面和顶面错牙	3		2	用钢板尺和楔形塞尺量
4	正面和顶面平整度	6		2	用 2m 靠尺和楔形塞尺量
5	砌缝宽度	±3	每缝（每5m 检查 1 处）	2	用钢尺量顶面和前沿面

3. 镶面石砌筑工程质量

镶面石规格和质量，必须符合设计和规范，加工质量应符合表 6-29 规定。

镶面石的规格和质量标准　　表 6-29

序号	项目	允许偏差（mm）	序号	项目	允许偏差（mm）
1	前端面边长	±2	3	修凿面平整度	2
2	前端面对角线差	3			

1）砌筑砂浆必须符合现行质量标准规定要求。

·检验方法：按现行质量标准规定检查。

2）镶面石的砌筑应丁顺交错、上下错缝，搭接长度应大于100mm，砌缝宽度应为10～13mm。

·检验方法：观察和尺量检查。

3）镶面石砌缝应进行剔缝和勾缝，剔缝深度不应小于15mm。勾缝应密实牢固、平整清晰。砌体表面应洁净。

·检验方法：观察检查，必要时剔开检查。

4）镶面石砌筑的允许偏差、检验数量和方法，应符合表6-30的规定。

镶面石砌筑的允许偏差、检验数量和方法 表6-30

序号	项目		允许偏差（mm）		检验单元和数量	单元测点	检验方法
			现场砌筑	预制镶面板			
1	前沿线对施工准线偏移		30	—	每段、块（逐段、块检查）	2	用经纬仪和钢尺量两端
2	顶面高程		±20	—		2	用水准仪检查两端
3	竖向倾斜	前倾	0			1	吊线用钢尺量，取大值
		后倾	$5H/1000$	—			
4	临水面平整度		15	10		2	用2m靠尺和楔形塞尺量中部垂直两方向
5	表面错牙	相邻块	5	3		1	用钢尺量，取大值
		相邻段	10	—		1	用钢尺量上部
6	水平缝平直		10	7		2	拉10m线用钢尺量每5帽石上下两缝
7	竖缝平直		—	20		2	吊线用钢尺量每段墙面三分点处，取大值

注：①H为镶面板高度，单位mm。

②预制镶面板的外形尺寸，按预制混凝土面板标准检查，其安装标准按现场砌筑序号①～③的要求检查。

4. 干砌条石工程质量

条石的质量必须符合设计要求和规范规定。

·检验方法：检查检验资料并观察检查。

1）条石的长度，必须符合设计要求和规范规定。

·检验方法：用尺量检查。检验数量：每批不少于5%，且每车（船）不少于5块。

2）条石各面应互相垂直，长度方向应顺直，断面尺寸与设计尺寸允许偏差≤20mm。检验方法和数量：参照表6-25标准进行控制。

3）坡脚处条石与蹬脚棱体接触面应平整，不得用二片石填塞。

·检验方法：观察检查。

4）砌筑形式和坡度应符合设计要求。干砌条石应互相错缝，坐紧挤实，不得松动、叠砌、浮塞。检验方法：撬拔，观察检查。

5）干砌条石护面允许偏差、检验数量和方法应符合表6-31的规定。

干砌条石护面允许偏差、检验数量和方法　　表 6-31

序号	项　目	允许偏差（mm）	检验单元和数量	单元测点	检 验 方 法
1	砌缝最大宽度	≤35	每处（每 10 延 m 一处，但每设计段不少于 2 处）	1	用钢尺量，取大值
2	通缝长度	≤1000		1	同上
3	表面平整度	30		2	拉 2 线垂直两方向，量缝处
4	相邻块顶面高差	30		1	用钢尺量

注：①通缝是指块石错缝小于 80mm 的连续砌缝。
②当设计有特殊要求时，砌缝最大宽度按设计要求检查。

5. 沉降缝、伸缩缝工程质量

1）沉降缝、伸缩缝的位置及构造，必须符合设计要求。

·检验方法：检查施工记录并观察检查。

2）填缝材料的品种、规格和质量必须符合设计要求。

·检验方法：检查出厂合格证或试验报告。

3）沉降、伸缩缝分层施工时，其上下层的位置应一致，缝内不得夹有杂物。

·检验方法：观察检查。

4）填缝应饱满、整齐、不污染工程。

·检验方法：观察检查。

5）沉降、伸缩缝的允许偏差、检验数量和方法，应符合表 6-32 规定。

沉降、伸缩缝的允许偏差、检验数量和方法　　表 6-32

序号	项　目	允许偏差（mm）	检验单元和数量	单元测点	检 验 方 法
1	缝宽	+10 −5	每条缝（抽查 50%）	2	用钢尺量上下端
2	缝顺直	10		1	拉 5m 线用钢尺量
3	立缝竖向倾斜	$L/2000$ 且≯15		1	吊线有钢尺量

注：L 为立缝长度，单位 mm。

6. 沉降缝、伸缩缝止施工质量

用于止沉降缝、伸缩缝止水材料，其品种、规格、质量和焊接质量，必须符合设计要求。

·检验方法：检查出厂合格证或试验报告。

1）严禁在止水带（片）上打眼、割口或用钉子固定止水带。

·检验方法：观察检查。

2）止水带（片）与混凝土的结合应严密，不得发生卷曲，混凝土不得出现蜂窝。

·检验方法：在下段（块）混凝土施工前观察检查。

3）缝的构造、填缝和检验方法：按现行质量标准执行。

4）沉降、伸缩缝止水允许偏差、检验数量和方法应符合表 6-33 的规定。

沉降、伸缩缝止水的允许偏差、检验数量和方法 表 6-33

序号	项　目	允许偏差（mm）	检验单元和数量	单元测点	检验方法
1	止水带（片）中心与缝中心的偏位	10	每条缝（逐件检查）	3	在浇筑下一段（块）前用钢尺量两端和中部
2	止水带（片）中心距混凝土表面距离	±10		3	
3	缝宽	±5		2	用钢尺量两端
4	缝顺直	10		1	拉 5m 线用钢尺量，取大值
5	立缝竖向倾斜	$L/2000$ 且不大于 15		1	吊线用钢尺量

注：L 为立缝长度，单位 mm。

六、浆砌片石防浪墙施工实例

图 6-19～图 6-21 是黄骅港疏港公路网南疏港公路、中疏港公路浆砌片石防浪墙施工现场。

图 6-19　完工的浆砌片石防浪墙背浪面

图 6-20　浆砌片石防浪墙迎浪面

图 6-21　浆砌片石胸墙伸缩缝设置情景

第四节　浅海水域桥梁结构耐久性

浅海水域桥梁工程及其混凝土、钢筋混凝土构造物，不可避免地受海水侵蚀，因此，研究海洋腐蚀规律，采取适宜的防护措施，才能确保其应有的功能得以正常发挥。

一、海洋腐蚀规律

所谓海洋腐蚀规律，主要是指海洋环境对材料的腐蚀力。海水不仅是盐度在3.2%～3.7%，pH值在8～8.2之间的天然强电解质溶液，更是一个含有悬浮泥沙、溶解的气体、生物以及腐朽的有机物的复杂体系。影响海水腐蚀的有化学因素、物理因素和生物因素，其影响常常是相互关联的。

1. 海洋腐蚀峰值

海洋环境一般有三个腐蚀峰值：

第一个峰值：发生在平均高潮线以上的浪花飞溅区，是钢铁设施腐蚀最严重的区域，也是最严峻的海洋腐蚀环境。这是因为该区域海水飞溅、干湿交替，氧供应最充分，同时光照和浪花冲击破坏金属的保护膜，造成腐蚀最为强烈，平均腐蚀率0.2～0.5mm/a（年）。

第二个峰值：通常发生在平均低潮线以下0.5～1.0m处，因其溶解氧充分、流速较大、水温较高、海生物繁殖快等，平均腐蚀率0.1～0.3mm/a（年）。

第三个峰值：是发生在与海水海泥交界处下方，由于此处容易产生海泥或海水腐蚀电池，平均腐蚀率0.03～0.07mm/a（年）。

2. 海水腐蚀因素

1）溶解氧的含量

影响金属在海水环境中腐蚀的化学因素中，最重要的是海水中溶解氧的含量。氧是在金属电化学腐蚀过程中阴极反应的去极化剂，对碳钢、低合金钢等在海水中不发生钝化的金属，然而，随着海水中含氧量增加，会加速阴极去极化过程，使金属腐蚀速度增加。

2）海水含盐量

海水含盐量直接影响到水的电导率和含氧量，随着水中含盐量增加，水的电导率增加而含氧量降低，所以在某一含盐量时将存在一个腐蚀速度的最大值。

3）海水pH值

海水的pH值主要影响钙质水垢沉积，从而影响到海水的腐蚀性。pH值升高，容易形成钙沉积层，海水腐蚀性减弱。

4）海水流速及波浪

海水的流速以及波浪都会对腐蚀产生影响。随流速增加，氧扩散加速，阴极过程受氧的扩散控制，腐蚀速度增大。流速的进一步增加，供氧充分，阴极过程受氧的还原控制，腐蚀速度相对稳定；当流速超过某一临界值时，金属表面的腐蚀产物膜被冲刷，腐蚀速度急剧增加。

5）海中生物

海中生物附着并非完整均匀，内外形成氧浓差电池；局部改变了海水介质的成分，造成富氧或酸性环境等；附着生物穿透或剥落破坏金属表面的保护层和涂层。在海底缺氧的条件下，厌氧细菌，主要是硫酸盐还原菌（SRB）是导致金属腐蚀的主要原因。

海底沉积物为固液两相组成的非均匀体系，其腐蚀是海水封闭下被海水浸渍的土壤腐蚀，是土壤腐蚀的特殊形式。

二、海洋腐蚀区划分

对于处于海水环境中的桥梁结构来说，如同海洋工程一样分为飞溅区、潮差区、永浸区、海泥区和海洋大气区。

1. 飞溅区

平均高潮线以上海洋飞溅所能湿润的位置为飞溅区。此部位金属材料表面连续不断地被海水湿润，海水又与空气充分接触，含氧量充分，含盐量很高，加之海水的冲击作用，此部位腐蚀最严重。当很高的风速和海流速造成强烈的海水运动时，钢材会在飞溅区遭到磨耗—腐蚀联合作用而破坏。同时海水冲击不断地破坏腐蚀产物和保护涂层，加剧飞溅区的腐蚀。飞溅区金属表面温度更接近于气温，风浪大的热带海域钢铁在飞溅区的腐蚀最为严重。

2. 潮差区

平均高潮位与平均低潮位之间的区段为潮差区。金属表面与含氧充分的海水周期性地接触，引起腐蚀。潮差区的氧扩散没有飞溅区快，也无强烈的海水冲击。潮差区金属表面温度受气温和海水温度的影响，通常接近于表层海水温度。潮差区有海生物栖居。潮差区的腐蚀通常是平均高潮位和平均低潮位最为严重，此乃氧浓差电池的作用。

3. 永浸区

平均低潮线以下的位置为海水永浸区。又分为浅海区和深海区，一般浅海区多指深100～200m的海水。海洋环境因素如温度、含氧量、盐度、pH值等随海洋的深度而变化，影响永浸区金属腐蚀的主要因素是前两项。永浸区钢铁腐蚀速度为0.07～0.18mm/a（年）。浅海区海洋生物会粘附在金属材料上。一般水深20m以内的海水较深层海水具有更强的腐蚀性。深海区的含氧量较小，温度接近0℃，海洋生物的活性减小。

4. 海泥区

海泥区主要由海底沉积物构成，含盐度高，电阻率低，是良好的电解质，对金属的腐蚀要比陆地土壤要高。由于氧浓度十分低，故海泥区的腐蚀比永浸区低。

海生物的附着会引起附着层内外的氧浓差电池腐蚀。某些海生物的生长会破坏金属表面的涂料等保护层。在波浪和水流的作用下，可能引起涂层的剥落。在附着生物死后粘附的金属表面上，锈层以下以及海泥里，都是缺氧环境，会促进厌氧的硫酸盐还原菌的繁殖，加剧钢铁腐蚀。研究结果表明，在硫酸盐还原菌（SRB）大量繁殖的海泥中，钢铁的腐蚀速度要比无菌海泥中高出数倍至10多倍，甚至还要高出海水中2～3倍。在永浸区和海泥区之间也会因为氧的浓度不一样而造成浓差电池。泥线以下因为相对缺氧而成为阳极，加重腐蚀。

5. 海洋大气区

海洋大气区的特点是空气湿度大，含盐分多。暴露在海洋大气中的金属表面有细小盐粒子。海盐粒子吸收空气中的水分后很容易在金属表面形成液膜，引起腐蚀。同时尘埃、微生物在金属表面的沉积，会增强环境的腐蚀性。风浪大时，大气中多数含盐量高，腐蚀性增加。离海平面 7～8m 处的腐蚀性最强，在此之上越高腐蚀性越弱。频繁降雨会冲刷掉金属表面的沉积物，腐蚀会减轻。相对湿度升高使海洋大气腐蚀加剧。一般热带腐蚀性最强，温带次之，两极区最弱。

三、混凝土结构防护涂层

用长效防腐涂层来保护桥梁的钢筋混凝土结构，可以有效地阻止氯化物、氧气、二氧化碳和海水等腐蚀介质进入。

1. 防护涂层

1）氯化橡胶涂料

氯化橡胶涂料的耐水性和耐化学性能很好，耐碱性强，与混凝土表面附着力强，干燥快，单组分施工简便，重涂性能好。该涂料曾用于宁波招宝山大桥。

2）环氧涂料

环氧涂料对混凝土表面有很好的附着力，并且耐化学品性能优良。液态树脂和液态固化剂配制的环氧涂料，可深深地渗入混凝土表面，增强混凝土表面强度和密度。环氧清漆、环氧厚浆涂料和环氧云铁中间漆与丙烯酸聚氨酯面漆可以配套成为高性能的耐腐蚀长效保护系统，被武汉军山大桥及其他多座桥梁采用。

3）聚氨酯涂料

聚氨酯涂料弹性好，能弥补混凝土表面细小裂缝。由于耐化学品性能突出，广泛用于混凝土贮槽内壁衬层。对于大气腐蚀环境中的混凝土桥梁来说，脂肪族聚氨酯涂料耐候性优异，是与环氧封闭漆、环氧中间漆配套的首选高装饰性面漆。

4）丙烯酸乳胶涂料

溶剂型丙烯酸涂料有着很好的耐碱性能，面漆耐候性很好，单组分包装，干燥迅速，施工方便。汕头海湾大桥就是采用的丙烯酸厚浆型面漆与环氧涂料相配套。丙烯酸乳胶涂料的呼吸功能强，允许水蒸气透过，但同时又对水有着阻隔作用。优良的弹性和弹性恢复，使丙烯酸乳胶涂料可以容忍混凝土表面的变化而不破损。水性丙烯酸涂料不含溶剂，环保性能好。

5）喷涂聚脲

喷涂聚脲（SPUA）是为适应环保要求而研制开发的一种新型材料技术。SPUA 对环境温度、湿度有很强的容忍度，其密度几乎不随体系 NCO 指数的变化而变化，不会因发泡而影响材料的使用，低温韧性好、防腐、耐磨、抗湿滑、耐老化、抗热冲击，并具有良好的耐介质性能，是一种优良的混凝土耐久性防护表面涂层。

6）环氧封闭漆

881 混凝土防护涂装体系：

环氧封闭漆＋环氧云铁中间漆＋丙烯酸聚氨酯面漆组成的 881 混凝土防护涂装体系。该防护体系曾在军山长江大桥、宜昌夷陵长江大桥、宁波招宝山大桥、巴东长江大桥等工程中应用成功。此外，用 881-S01 湿固化环氧封闭漆、881-S02 湿固化厚浆型环氧涂料、881-Y01 丙烯酸聚氨酯面漆组成的表湿区的涂层配套体系，成功解决了潮差区桥梁承台表面的防护问题。

7）环氧煤沥青涂料

环氧煤沥青涂料，国外称焦油环氧涂料（Coal Tar Epoxy），曾是非常重要的防腐蚀涂料，广泛用于海洋、水下和埋地等腐蚀环境。在公路桥方面主要用于桥台挡墙、耳背墙埋置侧。上海杨浦大桥箱梁内用的是厚浆型环氧煤沥青涂料。

8）氟碳涂料

氟碳涂料因其F-C键的键能大于紫外线的能量，具有超强的耐候性，广泛应用于防腐领域；日本已将其列入桥梁设计施工规范；我国已用于江阴大桥、南通大桥、青藏线大型钢桥腐蚀防护，“鸟巢”、杭州湾跨海大桥等也将其作为面漆。

2. 抗侵蚀剂

1）CX-SUN海工抗侵蚀剂

CX-SUN海工抗侵蚀剂的常用掺量为胶凝材料总量的6％～10％（内掺法，即可以等量替代部分水泥）。掺加该抗侵蚀剂可以极大地提高海工混凝土的抗侵蚀能力，且有助于节约海工混凝土中水泥用量。该产品曾在福州港狮歧3万吨货运码头工程（造价1.9亿元）应用，混凝土各项性能均满足设计要求，其电通量小于1000C。

2）有机硅防水剂

有机硅防水剂是一种理想的混凝土、砂浆、砖石等建材的新型防水材料，可以水溶液、乳液或溶液形式喷涂在建筑物表面和砖石结构上，提高其防水、防污、防腐蚀、抗风化和耐久性能，硅烷一般是无色液体，其产品是第四代有机硅防水材料，是一种具有良好渗透性、防水、耐久、环保型的有机硅防水、防腐剂，也是一种性能优良的混凝土表面密封剂，已广泛应用于道路、桥梁、隧道、水工、海工等领域。

四、海水环境下增强桥梁混凝土耐久性的措施

就桥梁而言，高性能混凝土侧重于高性能、抗渗性、体积稳定性、强度与优良的抗冲击疲劳性。下面简要介绍几种海水环境下增强桥梁混凝土耐久性的措施：

1. 优质添加剂配制高性能混凝土

荷兰对已使用3～63年的64座基本完好的海工结构（90％采用磨细矿渣混凝土）调查发现，氯离子扩散系数仅为普通混凝土的1/10～1/15。其基本防腐措施就是采用水胶比为0.4的大掺量（65％）磨细矿渣混凝土。

1987年，我国将高效减水剂与粉煤灰双掺技术，应用于厦门高集跨海公路大桥，1997年应用于厦门海沧大桥，在上海南浦大桥、杨浦大桥和黄浦江越江隧道等工程中也被应用。

再如：杭州湾跨海大桥桩基、墩身混凝土，采用水胶比低，强度高，Cl^-扩散系数小，耐久性好的高性能混凝土。其中选用与水泥匹配的优质混凝土高效减水剂、阻锈剂。大桥基桩、墩身，预应力混凝土连续箱梁工程选用ADVA152、ADVA180，以及阻锈剂DCI-S。ADVA高效减水剂以聚羧酸系为基料，其合成工艺新颖、配方独特。减水剂具有掺量小（0.4％～1.2％），减水率高（25％～40％），坍落度损失小，收缩、徐变值低，耐久性高等优点。

研究表明：在混凝土中掺入磨细矿粉（简称GGBS或GGBFS），可改善混凝土结构的耐久性和提高混凝土的工作性。可体现于减少坍落度损失，提高混凝土耐久性，抑制碱

集料反应，对混凝土具有增强功效，具有显著的技术经济效益。

2. 真空压浆工艺

1）降低水泥浆体气泡和空隙形成机率

预应力管道在压浆前处于一定的真空状态，原来残留的水滴和大部分空气被抽出，使浆体内气泡、水泡形成的机率明显降低；而在注浆过程中的负压保持，使水泥浆拌和过程中产生的泡沫在压入管道后能被抽出，浆体的气泡、空隙形成机率明显降低，密实度和强度必然增加。

2）改善水泥浆性能

普通压浆工艺的水灰比一般在 0.4～0.45 左右，稠度在 22s 以下，试件强度在 30～40MPa 之间，普通浆体容易产生离析、泌水，硬化后收缩大，因而产生较多的空隙、水泡气泡甚至孔洞；要达到 50MPa 以上强度时必须用 52.5 以上高等级水泥或降低水灰比。但一味地降低水灰比，其稠度过大，压浆难以实施，易造成压浆管道堵塞或抽浆困难。如孔道局部不畅，极易导致预应力管道压浆失败。

3）水泥浆充满预应力管道

“真空压浆”之水泥浆稠度大，泌水少，少量的游离水可以在水泥浆水化期间全部吸收，浆体收缩小、强度高，不会在浆体内形成水泡和孔隙。

因真空负压以及压浆的正压力所产生的压差，使浆体在低水灰比低流动性的条件下能够快速顺畅地通过管道；由于管内真空条件，可以使水泥浆充满每个空隙，在压浆后期停抽真空后保持压浆压力的阶段，使得浆体挤入每个细小空隙且更致密。真空压浆工艺辅助聚乙烯塑料波纹管效果会更明显。

3. 塑料波纹管

聚乙烯塑料波纹管 80℃时可保持原有强度且不变形、软化，其特性完全能满足桥梁对波纹管的要求：

(1) 聚乙烯化学性能稳定，与水分和硅酸盐水泥相互惰性，互不反应，永不生锈。明显优于镀锌和铁皮波纹管。

(2) 塑料波纹管在混凝土密封情况下老化时间达 50 年，是镀锌和铁皮波纹管的 10～16 倍。

(3) 塑料波纹管最小弯曲半径 0.9～1.5m（约 10～15 倍内径或长短轴），而金属波纹管需要圆管大于 30 倍内径视弯曲方向扁管大于 30 倍长轴或短轴。

(4) 塑料波纹管荷载作用后不渗漏，无弯曲渗透漏之忧；而金属波纹管变形后不可恢复，荷载作用后会漏水。

(5) 塑料波纹管壁厚为 1.5～2mm，成单环形布置，刚度大不怕踩压，不易被振捣棒戳破；没有“堵管”现象。而金属波纹管壁厚为 0.2～0.4mm，成螺旋布置，刚度较小，踩压易变形，振捣棒不能触碰；易“堵管”。

(6) 塑料波纹管管材连续挤压无断口，湿度 20 度，压力 50kPa 条件下，保持 24h 不漏水；而金属波纹管为 0.2～0.4 的钢带折叠咬合，无压力作用也漏水，有压力作用渗水泥浆。

(7) 塑料波纹管与预应力筋的摩擦系数为 0.14；而金属波纹管为 0.25。

(8) 塑料波纹管不导电，利于安全；金属波纹管导电。

(9) 塑料波纹管波纹高，与混凝土的机械咬合好；而镀锌波纹管因锌层的影响与混凝土粘结不好，且因锈蚀而显著降低。

4. 涂（镀）层钢筋

海水腐蚀对结构物的破坏，是通过氯盐对结构中钢筋的腐蚀锈胀实现的。因此，若将钢筋表面预先实施一层不腐蚀或耐腐蚀的涂（镀）层来阻挡或隔离氯离子的侵蚀，就成了最为直接的技术措施。我国在马迹山矿石中转码头上曾大规模使用。不过，仍应指出：若混凝土质量较差，则镀锌层延长钢筋使用寿命的作用甚微。

5. 电化学脱盐法和电化学再碱化法

电化学脱盐法可限制进入或排除已进入混凝土中的氯盐，但可能会使钢筋周围出现析氢现象，影响钢筋与混凝土的黏结性能，产生氢脆和应力腐蚀等缺陷。降低碳化的电化学再碱化法可以使钢筋周围的混凝土恢复碱性，在钢筋与混凝土之间施加一个电场，通过电渗碱性化合物恢复混凝土高 pH 值使其再碱化，以达到防止钢筋继续锈蚀的目的。该方法设置较为复杂，其应用受一定限制。

6. 阴极保护法

国际普遍认为阴极保护法是抑制钢筋锈蚀的最佳方法。但由于通常用于钢筋混凝土阴极保护系统的阳极不是价格昂贵的金属（如镀铂钛），就是难以加工或难以施工（如硅铸铁），所以，在混凝土耐久性防护方面国内很少应用。

7. 内掺钢筋阻锈剂

海工混凝土中钢筋的腐蚀，是电化学腐蚀，其阴、阳极反应都在钢筋电解质界面上发生，若能阻止其中任何一种界面反应，就能抑制腐蚀。在混凝土拌制过程中掺加少量化学物质，来阻止钢筋腐蚀的方法即阻锈剂法。2000 年琼州海峡铁路轮渡工程钢筋混凝土结构，成功使用 GF—01 型钢筋阻锈剂重达近百吨。

8. 结构防腐耐久性优化设计

1）适当增大钢筋保护层厚度

试验表明：海洋环境混凝土结构表面氯离子含量，12mm 深度远远高于 25～50mm 深度。我国《海港混凝土结构防腐技术规范》规定其保护层厚，见表 6-34。

混凝土保护层厚度（单位：mm）　　表 6-34

结构类型		所在区域			
		大气区	浪溅区	水位变动区	水下区
钢筋混凝土结构	北方	50	50	50	30
	南方	50	65	50	30
预应力混凝土结构		50	90	75	75

2）提高混凝土强度设计等级

钢筋锈蚀后膨胀 2～4 倍，当破坏力超过混凝土抗拉强度时，混凝土开裂而引发更严重的破坏。高强度混凝土有利于提高结构对破涨力的抵御，还有利于桥梁结构轻型化。交通部港口工程规范规定：浪溅区下部混凝土强度等级应不小于 C40。

3）构件细部耐久性设计

钢筋间距应不过大、能保证钢筋周围及各部位混凝土振捣均匀、密实。构件中受力筋和构造筋构成闭口钢筋笼，以增加结构的坚固耐久性。应力集中的暴露部位，应使劈裂拉应力值较抗拉强度标准值有相当的储备。桥跨构件，各部位尺寸、钢筋位置不能因施工工艺复杂而难于保证。结构形式应便于进行检测和维修。

4）排水优化设计

减少水在混凝土表面的驻留是防腐耐久性设计在结构方面的关键。贴近海平面的下部工程，为了减少浪花冲击飞溅，并防止海水留存，应尽量减少棱角、突变和大水平面，如建议承台采用球形顶或大坡度锥形顶面；美国的 AAHSTO 规定：桥台台帽、桥墩盖梁顶面等容易积水部位在支座以外范围，均设计成大于 15%的坡面。桥面板上设置富于耐久性的防水层。混凝土闭合箱梁应利于排水、通风，避免过高的局部潮湿和水气积聚。桥面泄水管应将其下端伸出翼板底面以下至少 20～30cm。箱梁翼板端部设截水槽、挡水板，以防成股积水长时间浸润箱梁外表。

5）材料防腐耐久性设计

（1）原材料

①采用硅酸盐水泥，尤其是掺加火山灰质材料微硅粉、磨细矿渣或粉煤灰的矿渣硅酸盐水泥、火山灰质硅酸盐水泥及粉煤灰硅酸盐水泥。这些水泥可以使氯离子在混凝土中的渗透速率降低，从而延迟锈蚀的开始和降低钢筋腐蚀速率。

②集料应选择质地坚固，具有良好级配的天然河砂、卵石或碎石，禁用海砂。检测中发现，混凝土表面的锈涨裂缝都是发生在蜂窝、麻面处等粗集料外露处，由此认为砂浆与集料的接触面是混凝土的薄弱环节，氯离子易由此渗入钢筋周围。故在浪溅区严格规定粗集料的最大粒径，应不大于保护层厚度的 2/3。

③混凝土拌和用水的氯离子含量应小于 200mg/L。

④浪溅区混凝土应适当掺加阻锈剂。一方面可推迟钢筋开始锈蚀的时间，另一方面可减缓钢筋锈蚀发展速度。近海腐蚀性环境，未用阻锈剂，一般 5 年即出现钢筋锈涨、开裂，若不及时修复，将很快达到破坏极限。

（2）混凝土设计质量

①混凝土拌和时采用较低的水灰比可以有效的减少毛细孔的数量，这样氯离子浸入和混凝土碳化就难于发生、发展，钢筋也就不易腐蚀。

②适当提高水泥用量可以使钢筋周边碱性环境增大，碳化使碱性消失就更困难，从而延长钢筋保护时间。同时也应看到，增加水泥用量会增大碱-硅反应的可能性，并使混凝土硬化时收缩量增大，易产生收缩裂缝。

9. 高素质施工队伍

大量研究表明，常温下养护不够，对高性能混凝土的质量与耐久性的影响程度高于普通混凝土，故及时、充分地湿养护是其获得高强度、低孔隙率和高抗氯离子扩散能力所必不可少的。据此，高性能混凝土构件十分适合养护条件优良与专业预制场制作。尚需配备专门的养护设施，确保不间断湿养护 14d～21d。另外高性能混凝土在搅拌、振捣、拆模时间上都有别于普通混凝土，因此在高性能混凝土实施前需据其特点制定专门的“操作规程”和“质量控制措施”。如此以来，选择高素质的施工队伍并科学管理就成了高性能混凝土赖以生存的保障。

第七章 疏港公路路面工程

疏港公路身处盐渍环境中，无论土壤、海水、气候都与盐难脱干系。疏港公路的路面，一方面承受车辆荷载作用，同时，还要抵抗住盐渍浸蚀，才能确保车辆安全行驶。

在疏港公路建设中，关于盐害问题的预防，笔者认为应从合理的施工工艺入手，采取适宜的施工技术，强调施工过程质量控制，积极研究和运用新工法，这是最基本的，最直接的，才是最有效的防盐渍措施。

第一节 路面工程盐害预防

在盐渍土地区修建公路，首先应进行科学试验，探讨对盐渍土病害进行有效的预防措施。如以往的研究项目一样，应针对客观环境中存在的问题，采取对症下药措施。要做到这一点，必须掌握以下资料，熟悉疏港公路路面所处的自然环境。

首先，应熟悉设计文件，实地考察，明了疏港公路路面所处的自然环境特点，根据料源按现行“材料试验规程”进行检验，根据检验结果合理地进行材料组成设计，以发挥各类材料的特长，选择出适宜的料源。

在黄骅港沿海地带，除去盐渍土外，适宜的就地取材的材料是石灰和水泥。为此，在进行路基施工过程中，我们已注意到：应充分利用石灰和水泥材料，探讨预防路面盐渍病害措施。我们的措施是：结合工程实际，现场进行试验研究，按照现行的石灰稳定土施工技术规范，进行石灰稳定土组成设计试验。

一、石灰稳定盐渍土试验

在 1998 年，我们在沿海公路改建施工中，结合工程环境特点，进行了一系列“石灰稳定盐渍土研究”，现将研究的部分数据列于表 7-1 中，然后根据研究结果，探讨预防盐渍病害措施。

通过以上研究的结果，可以得出一个结论：盐分对石灰稳定土有破坏作用，其中消石灰明显，生石灰次之；磨细生石灰不明显。

二、石灰预防路面盐渍病害措施

根据上述试验研究结论，针对疏港公路路面实际情况，为预防和减轻盐渍土对路面引起的病害问题，有的放矢的采取以下预防措施：

石灰稳定盐渍土试件情况

表 7-1

试件组分	石　　灰		水质	饱水试件情况		土质
	剂量（%）	类别		表观描述	强度（MPa）	
1	8，10，12，14	消石灰	边沟水	试件劈裂，盐粒结晶，重量增加		盐渍土
2	8，10，12，14	消石灰	“一扬”盐业用水	试件劈裂，盐粒结晶，重量增加		盐渍土
3	8，10，12，14	消石灰	淡水	试件全部松散		盐渍土
4	10，12，14，16	消石灰	淡水	试件全部松散		盐渍土
5	10，12，14，16	消石灰	淡水	试件全部松散		盐渍土
6	在（8，10，12）基础上分别增加3%剂量水泥	消石灰	淡水	试件完整	0.84，0.90，0.97满足设计	盐渍土
7	在（8，10，12）基础上分别增加3%剂量的水泥	消石灰	海水	试件完整	0.87，0.93，0.98满足设计	盐渍土
8	8%消石灰+5%袋装磨细生石灰		海水	试件完整	0.74；满足设计	盐渍土

1. 石灰、水泥稳定盐渍土

试验证明，在石灰稳定土中掺加一定量的水泥，对预防盐害有明显效果，譬如：石灰剂量 9%+水泥剂量 3%，其效果明显优于石灰剂量 12%石灰稳定盐渍土。但是，由于水泥稳定剂的快凝性质，延迟时间短，造成施工不便，故此影响了推广使用。

2. 石灰、粉煤灰稳定盐渍土

1）石灰、粉煤灰稳定盐渍土，具有良好的击实性，并随龄期的增长，其抗渗性能增强，压缩性降低，抗剪强度快速增加；而且还大大改良了盐渍土的湿陷性。

2）石灰、粉煤灰稳定盐渍土配比，以石灰：粉煤灰：盐渍土＝9：24：67 表现出更好的综合性能，具有最低的压缩性，较低渗透性，后期具有最好的抗剪强度，并随龄期增长，强度增加的趋势更加明显。它还表现出有较好塑性变形能力。

室内试验配合比为 10：30：60，效果也很理想，但是，由于粉煤灰含量高，碾压成型难度较大。

石灰、粉煤灰稳定盐渍土，相对于传统的灰土地基，节省了大量的石灰，承载力满足设计要求。技术可行，经济效益和社会效益明显。

3. 土质固化剂

根据有关资料介绍，TG 等系列土质固化剂具有稳定各类土壤的良好的技术性能和经济价值。建议遵循“先室内试验、再同等条件养生试验、然后现场修筑试验段、最后大规模施工”的原则研究运用。

第二节　石灰、粉煤灰路面底基层

一、浅海水域路面底基层—石灰、粉煤灰稳定土组成设计

1. 基本情况

1）工程名称：黄骅港中疏港路。

2）试验项目：石灰、粉煤灰稳定土组成设计。

3）工程部位：路面底基层。

4）路面等级：一级公路，高级路面。

5）试验时间：2007 年 10 月 20 日。

2. 试验规程

《公路工程无机结合料稳定材料试验规程》（JTJ 057—94）（T0804）。

3. 施工规范

《公路路面基层施工技术规范》（JTJ034—2000）。

4. 原材料试验结果

1）石灰有效钙镁含量：62.9%。

2）石灰种类：消石灰。

3）石灰产地：石家庄。

4）土壤种类：低液限黏土 CL，即塑性指数 10 左右。

5）土 Ip：21.5。

6）土有机质含量：0.888%。

7）盐渍土类型：氯盐盐渍土。

8）土含盐量：5.6%。

9）土 CBR 值：3.2%。

10）土颗粒分析：0.074～0.002，82.1%；<0.002，19%。

11）粉煤灰试验结果《公路土工试验规程》（JTJ 051—93）：

烧失量：4.2%≤20%，合格；

比重：2.06g/cm^3；

比表面积：4260cm^2/g≥2500cm^2/g，合格；

$SiO_2+Fe_2O_3+Al_2O_3=91.8\%$。粉煤灰符合《公路路面基层施工技术规范》（JTJ 034—2000）要求。

5. 组成设计试验结果

1）沿线盐渍土适宜用石灰、粉煤灰稳定；

2）石灰、粉煤灰稳定盐渍土强度见表 7-2。

石灰：粉煤灰稳定盐渍土无侧限抗压强度试验 表 7-2

配合比	无侧限抗压强度（MPa）	Cv（%）	配合比	无侧限抗压强度（MPa）	Cv（%）
6∶20∶74	0.68	11.76	10∶20∶70	0.89	2.25
8∶20∶72	0.85	1.18	12∶20∶68	0.91	2.20

3）准用配比：

石灰∶粉煤灰∶土＝8∶20∶72；

最佳含水率：20.0％；

最大干密度：1.55g/cm^3。

二、石灰、粉煤灰稳定盐渍土路面底基层施工

为了便于阐述，以沧州路桥工程公司承建的黄骅港中疏港公路为例，说明石灰、粉煤灰稳定盐渍土路拌法施工要领。

石灰、粉煤灰稳定盐渍土，采用路拌法施工，其工艺流程见图 7-1，其施工要领，按图所示的程序分述如下：

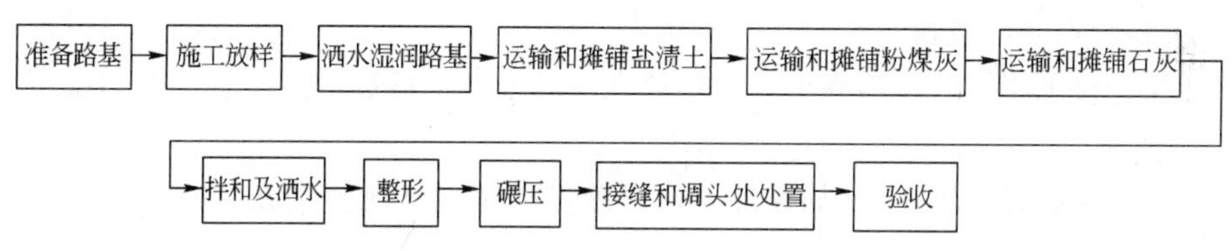

图 7-1 石灰、粉煤灰稳定盐渍土路拌法施工工艺流程图

1. 准备下承层

石灰、粉煤灰下承层为土基，系石灰改良土。

1）须用 12～15t 三轮压路机，或等效的压路机碾压 3～4 遍后，对压实度进行检验。

在碾压过程中，如发现土过干、表层松散，应适当洒水。如土过湿，发生“弹簧”现象，应采用挖开晾晒、换土、掺石灰或水泥等措施进行处理。

2）对压实度检查结果，若不符合要求的路段，必须根据具体情况，采取措施，使之达到规范规定的标准。

3）新完成的路基，必须按照《公路工程质量检验评定标准》（JTG F80/1—2004）规定的要求进行验收。凡验收不合格者，必须采取措施，使之达到标准后方可铺筑石灰、粉煤灰底基层。

4）按《公路工程质量检验评定标准》（JTG F80/1—2004）规定频率，逐个断面检查路基高程。

5）在槽式断面的路段，两侧路肩上每隔一定距离（5～10m）交错开挖泄水沟（或做盲沟）。

2. 施工放样

土基上恢复中线，直线段每 15～20m 设一桩，平曲线段每 10～15m 设一桩，并在两侧路肩边缘外设指示桩。有时设土堆（堆顶加白灰）作标志来指挥、控制铺土厚度（图 7-2）。同时，还在两侧明显标记出稳定土层设计高程。

3. 备料

1）粉煤灰备料、储存

运到现场的粉煤灰，应含有足够的水分，防止扬尘。在干燥和多风季节，应使料堆表面保持湿润，或者用覆盖物覆盖住，同时也避免雨淋过分潮湿。如在堆放过程中，部分粉煤灰凝结成块，使用时应将灰块打碎。

图 7-2　正在摊铺运来的土料，路边做出标志，控制摊铺厚度

2）集料和石灰的备料

（1）当分层采集土时，应将土分层堆放在一场地上，然后从前到后将上下层土一起装车运送到现场。

（2）对于塑性指数小于 15 的黏性土，机械拌和时，可视土质和机械性能确定是否需要过筛。

（3）石灰应选择公路两侧、邻近水源且地势较高的场地集中堆放。当堆放时间较长，应苫盖封存。石灰堆放在集中拌和场地时间较长时，也应覆盖封存。

（4）生石灰块应在使用前 7～10d 充分消解。消解后的石灰应保持一定的湿度，不得产生扬尘，也不可过湿成团。

（5）消石灰宜过孔径 10mm 的筛，并尽快使用。

3）计算材料用量

根据各路段稳定土层的宽度、厚度及预定的干密度，计算各路段需要的干混合料数量。根据混合料的配合比、材料的含水率，以及所用运料车辆的吨位，计算各种材料每车料的堆放距离。也可在下承层上将材料堆成条状梯形断面，俗称“打土带”、“打灰带”，以控制材料用量。

4）路肩用料与石灰、粉煤灰渣稳定土层用料量若不相同，应采取培肩措施，先将两侧路肩培好，行车道和路肩材料用量分别堆放，以便于分别控制各自的拌和料数量。

路肩料层的压实厚度应与稳定土层的压实厚度相同时，在路肩上，每隔 5～10m 应交错开挖出临时泄水沟。

5）在预定堆料的下承层上，在堆料前应先洒水，使其表面湿润。

4. 运输和摊铺

粉煤灰和石灰材料及土料装车运输时，应控制每车的装运数量，使其基本做到车车相等。

1）采用二灰稳定土时，应先将土运到现场。在同一料场供料的路段内，应按计算的距离、由远到近分段在下承层上标出每种材料的用量，以保证均匀卸料。

2）料堆（土带、灰带）每隔一定距离应留一缺口，以利交通通行。在下承层上材料堆置时间不应过长，以试验确定“延迟时间”。

3）通过试验确定各种材料及混合料的松铺系数。

4）采用机械路拌时，应采用层铺法，即每种材料摊铺均匀后，宜先用两轮压路机碾压1～2遍，然后再运送并摊铺下一种材料。

摊铺每层材料时，应力求平整，并具有规定的路拱。集料应较湿润，必要时先洒少量水。图7-3是刮平机正在摊铺粉煤灰的场景。

图7-3　平地机正在摊铺粉煤灰施工现场

5. 拌和及洒水

1）拌和

（1）二级和二级以上公路拌和要求

对于二级和二级以上公路，应采用专用稳定土拌和机进行拌和，并应先干拌两遍。

使用拌和机拌和稳定土时，其拌和深度应直到稳定层底部，并宜深入下承层5～10mm，但不宜应过多，以加强上下层粘结。

应设专人跟随拌和机，随时检查拌和深度，并配合拌和机操作员调整拌和深度（图7-4）。直接铺在土基上的拌和层，宜避免素土夹层，其余各层严禁在拌和层底部留有素土夹层。通常先拌和两遍以上，在进行最后一遍拌和之前，必要时先用多铧犁紧贴底面翻拌一遍（图7-5）。

图7-4　拌和机正在路上拌和二灰稳定盐渍土层，专职人员紧跟拌和机检查拌和深度

(2) 三、四级公路拌和要求

对于三、四级公路，在没有专用拌和机械情况下，如用石灰、粉煤灰稳定细粒土和中粒土，可用旋转耕作机与多铧犁或平地机相配合，先干拌 4 遍。

图 7-5 用旋转耕作机与多铧犁或平地机相配合，拌和石灰、粉煤灰稳定土现场

前两遍：先用旋转耕作机拌和两遍；后用多铧犁或平地机将底部素土翻起，再用旋转耕作机拌和两遍，用多铧犁或平地机将底部料再翻起，随时检查调整翻犁的深度，使稳定土层全部翻透。

拌和时，应特别注意，严禁在稳定土层与下承层之间残留一层素土，但也应防止翻犁过深，过多破坏下承层的表面。

对于三、四级公路，在没有专用拌和机械情况下，也可以用缺口圆盘耙与多铧犁或平地机相配合干拌。用平地机或多铧犁在前面翻拌，用圆盘耙跟在后面拌和，即采用边翻边耙的方法。

圆盘耙的速度应尽量快，使石灰、粉煤灰和集料拌和均匀，先后共翻拌 4 遍，开始的两遍不应翻犁到底，以防二灰落到底部，后面的两遍应翻犁到底，随时检查调整翻犁的深度，要求同上款。

2) 洒水

用喷管式洒水车将水均匀地喷洒在干拌后的混合料上，洒水距离应长些，水车起洒处和另一端调头处都应超出拌和段 2m 以上。洒水车不应在正进行拌和的以及当天计划拌和的路段上调头和停留，应防止局部水量过大。

拌和机械应紧跟在洒水车后面进行拌和，尤其在纵坡大的路段上应配合紧密，以减少水分流失。

在洒水拌和过程中，应及时检查混合料的含水率。水分宜大于最佳含水率 1%左右。

在拌和过程中，要及时检查拌和深度，石灰在全深度上拌和均匀。拌和完成的标志是：混合料色泽一致，没有灰条、灰团和花面，没有粗细颗粒“窝”或“带”，且水分合适和均匀。

对于石灰、粉煤灰与级配集料拌和时，应先将石灰和粉煤灰拌和均匀，然后均匀地摊铺在集料层上，再一起进行拌和。

6. 整形

1) 平地机整形

(1) 石灰、粉煤灰混合料拌和均匀后，先用平地机初步整平和整形（图 7-6）。在直线段及不设超高的平曲线段，平地机由两侧向路中心进行刮平；在设超高的平曲线段，平地机由内侧向外侧进行刮平。必要时，再返回刮一遍。

(2) 混合料整平后，及时用拖拉机、平地机或轮胎压路机快速碾压 1～2 遍，以暴露潜在的不平整部位。

图 7-6　刮平机正在整平混合料

(3) 然后再用平地机按 (1) 所述进行整形，并用 (2) 所述机械再碾压一遍。整形过程中，应及时消除粗细集料离析现象。

(4) 对于局部低洼处，应用齿耙将其表层 5cm 以上耙松，并用新拌的二灰级配集料找补平整。

(5) 再用平地机整形一次。

(6) 每次整形都要按照规定的坡度和路拱进行整理，在整平过程中应特别注意接缝顺适、平整。

2) 在整形过程中，必须禁止任何车辆通行。

3) 初步整形后，检查混合料的松铺厚度，必要时应进行补料或减料。

·石灰、粉煤灰（简称二灰）的松铺系数约为 1.5～1.7。

·二灰集料的松铺系数约为 1.3～1.5。

·人工铺筑石灰煤渣土的松铺系数约为 1.6～1.8。

·石灰煤渣集料的松铺系数约为 1.4。

·用机械拌和及机械整形时，集料松铺系数约为 1.2～1.3。

7. 碾压

根据路宽、压路机的轮宽和轮距的不同，制订碾压方案，应使各部分碾压到的次数尽量相同，路面的两侧应多压 2～3 遍。

1) 碾压技术要求

·当混合料整形后，趁其含水率处于最佳含水率（允许差别为+1%～+2%）时，应立即用轻型压路机并配合 12t 以上压路机在结构层全宽内进行碾压。

·直线段和不设超高的平曲线段，由两侧路肩向路中心碾压。

·碾压时，应重叠 1/2 轮宽，后轮必须超过两段的接缝处，后轮压完路面全宽时，即为一遍。一般需碾压 6～8 遍。

·压路机的碾压速度，头两遍以采用 1.5～1.7km/h，以后宜用 2.0～2.5km/h（图 7-7）。

2）碾压过程中注意事项

（1）严禁压路机在已完成的或正在碾压的路段上调头或急刹车，应保证稳定土层表面不受破坏。

图 7-7　压路机碾压混合料现场

（2）在碾压过程中，稳定土的表面应始终保持湿润，如水分蒸发过快，应及时补洒少量的水，但严禁洒大水碾压。如出现“弹簧”、松散、起皮等现象，应及时翻开重新拌和（加适量的石灰）或用其他方法处理，使其达到质量要求。

（3）经过拌和、整形的稳定土，宜在试验划定的延迟时间内完成碾压，并达到要求的密实度，同时没有明显的轮迹。

（4）在碾压结束之前，再用平地机终平一次，使其纵向顺适，路拱和超高符合设计要求。

终平碾压应仔细进行检查，必须将局部高出部分刮除并扫出路外。对于局部低洼之处，不再进行找补，可留待铺筑下层时处理。

（5）按质量标准检验和规程验收，图 7-8 是质检人员检测压实度的情景。

图 7-8　质检人员正在混合料压实度

8. 接缝和调头处的处理

同日施工的两工作段的衔接处，应采用搭接。前一段拌和整形后，留 5～8m 不进行碾压，后一段施工时，前段留下未压部分，应再加部分石灰重新拌和，并与后一段一起碾压。

经过拌和、整形的稳定土，应在试验确定的延迟时间内完成碾压。应注意每天最后一段末端缝（即工作缝）的处理。

1）工作缝和调头路段处理

(1) 在已碾压完成的稳定土末端，沿稳定土挖一条横贯铺筑层全宽的宽约 30cm 的槽，直挖到下承层顶面。此槽应与路的中心线垂直，靠稳定土的一面应切成垂直面，并放两根与压实厚度等厚、长为全宽一半的方木紧贴其垂直面。用挖出的素土回填槽内其余部分。

(2) 拌和机械或其他机械，如果必须在已压成的水泥稳定土层上调头，应采取措施保护调头作业段。一般可在准备用于调头的 8～10m 长的稳定土层上，先覆盖一张厚塑料布或油毡纸，然后上铺约 10cm 厚的土、砂或砂砾。

(3) 第二天，邻接作业段拌和后，除去方木，用混合料回填。靠近方木未能拌和的一小段，应人工进行补充拌和。整平时，接缝处的稳定土应较已完成断面高出约 5cm，以利形成一个平顺的接缝。

(4) 整平后，用平地机将塑料布上大部分土除去，并注意勿刮破塑料布，然后人工除去余下的土，并收起塑料布。

在新混合料碾压过程中，应将接缝修整平顺。

2）纵缝的处理

稳定土层的施工，应该避免纵向接缝，在必须分两幅施工时，纵缝必须垂直相接，不应斜接。

纵缝应按下述方法处理：

(1) 在前一幅施工时，在靠中央一侧用方木或钢模板支撑，其高度与稳定土层的压实厚度相同；

(2) 混合料拌和结束后，靠近支撑木（或板）的一部分，应人工进行补充拌和，然后整形和碾压。

(3) 养生结束后，在铺筑另一幅之前，拆除支撑木（或板）；

(4) 第二幅混合料拌和结束后，靠近第一幅的部分，应人工进行补充拌和，然后整形和碾压。

9. 养生

石灰、粉煤灰稳定盐渍土碾压完成后的第二天，或第三天应开始进行养生，每天洒水的次数视气候条件而定，应始终保持表面潮湿，养生期一般为 7d。

石灰、粉煤灰稳定盐渍土层，可用素土覆盖法养生，养生期一般为 7～10d；泡水养生法，养生期应为 14d。

第三节　路面基层和面层预防盐害措施

黄骅港疏港公路路面，基层采用水泥稳定碎石，在一些地段采用沥青混凝土面层，为防止路面发生盐害，分别在施工中采用预防措施，收到了较好的效果。

一、水泥稳定碎石基层预防盐害措施

水泥稳定碎石作为路面基层，经过试验和工程实践证明，它也是预防路面盐害的有效结构措施。为使预防措施充分发挥作用，在施工中应严格采取以下措施：

·严格控制各类原材料的含盐量，降低混合料含盐总量。

·其次，在施工过程中，还要控制压实效果，选择适宜的压实机械和压实遍数，追求路面结构层的高密度，以提高其抵御毛细通道输送盐分的能力。

·严格控制施工各环节，尤其是养生条件与养生时间。

以上施工工艺措施，关系到能否提高路面预防盐渍病害能力的关键所在。

二、水泥稳定碎石预防盐渍病害工程实例

浅海水域路面基层——水泥稳定碎石组成设计实例简介。

1. 基本情况

（1）工程名称：黄骅港中疏港路。

（2）试验项目：水泥稳定碎石组成设计。

（3）工程部位：路面基层。

（4）路面等级：一级公路，高级路面。

（5）试验时间：2008 年 5 月 18 日。

（6）试验规程：〈公路工程集料试验规程〉（JGJ 057—94）。

（7）施工规范：《公路路面基层施工技术规范》（JTJ 034—2000）。

2. 材料试验

（1）水泥等级：普通硅酸盐水泥（代号 P.O）：32.5 级。

（2）水泥产地、品牌：山东、山水牌。

（3）水泥细度（%）：6.5。

（4）安定性：合格。

（5）初、终凝时间：315min 和 566min。

（6）强度（MPa）：3d 抗压强度 11.8，3d 抗弯拉强度 3.2；28d 抗压强度 33.2，28d 抗弯拉强度 6.6。

（7）粗集料规格：10～20mm。

（8）粗集料压碎值：13.8%。

（9）石粉塑性指数 Ip：5.2。

3. 水泥稳定碎石组成设计试验结果

（1）集料配比：10～30mm 碎石 35.0%，10～20mm 碎石 21.0%，3～10mm 碎石 22.0%，石粉 22.0%。

（2）级配范围见表 7-3。

（3）目标配合比技术指标：水泥 4.5%；最佳含水率：5.2%；最大干密度：2.410g/cm^3；施工控制压实度：98%。

（4）施工配合比技术指标：水泥 5.0%；最佳含水率：5.1%；最大干密度：2.420g/cm^3；施工控制压实度：98%。

(5) 无侧限抗压强度：R_c 平均＝3.9MPa，标准偏差 S＝0.08，偏差系数 C_v＝2.05，R_c0.95＝3.8MPa，R_d/ $(1-Z_a \times C_v)$ ＝3.1

矿料混合料级配组成（通过率,%） 表 7-3

筛孔（mm）	31.5	19	9.5	4.75	2.36	0.6	0.075
合成级配	100	77.6	46.6	31.6	19.8	9.5	3.6
设计级配	100～100	86.0～68.0	58.0～38.0	32.0～22.0	28.0～16.0	15.0～8.0	3.0～0
中值	100.0	77.0	48.0	27.0	22.0	11.5	1.5

(6) 施工准用配合比：水泥剂量 5.0%；最佳含水量：5.1%；最大干密度：2.420 g/cm^3。

三、沥青混凝土施工盐害预防

沧州市黄骅港区疏港公路滩涂区，某些路段因其路基沉降较小、较匀，仍适合铺筑沥青混凝土路面，但盐分形成的危害不容忽视。

1. 沥青混凝土路面施工一般要求

1）熟悉设计文件，领会设计意图；

2）组织有关工程技术人员现场踏勘，熟悉工程环境；

3）组织料源并按现行“材料试验规程”检验，根据检验结果确定料源；

4）按现行沥青混凝土施工技术规范做其沥青混凝土组成设计；

5）按监理工程师批准的沥青混凝土组成设计修筑“试验路”；

6）根据试验路提供的参数，进一步完善施工工艺方法，并调整施工组织设计；

7）检查施工机械、设备及时调试、维修，使其处于完好状态；

8）校对施工检测仪器、仪表、工具，确保其精度满足工程质量控制需要；

9）对从事施工人员结合工程特点进行技术、安全、质量交底；

10）对从事施工人员，尤其是新员工，结合工程特点进行岗前培训。

2. 沥青混凝土路面盐渍病害预防措施

1）严格控制原材料含盐量，禁用海砂。

2）进行沥青混凝土结构层组成设计时，在规范允许范围内，选用低孔隙率配合比，以减少雨水携带盐分浸入路面结构层，形成盐害。

四、路面预防盐害新工法

我们在疏港公路建设中，为预防日后路面发生盐渍病害，在施工中采取以下措施，通过工程实践证明，其做法是成功的。

1. 塑料薄膜侧包工法

在水泥稳定碎石施工中，沧州路桥工程公司研究发明的塑料薄膜侧包工法，不仅避免了培肩土对水泥稳定碎石混合料的污染，避免了混合料水分丢失；而且，切断了培肩土盐分侵入混合料的通道，对结构层抵御盐害起着积极作用。

图 7-9 系疏港公路南、中水泥稳定碎石施工中，应用塑料薄膜侧包工法割断培肩土盐分侵入混合料的通道，取得了理想的效果。

2. 喷雾补水法

夏季水泥稳定碎石施工，其混合料碾压层表面容易蒸发，形成“花白状”，压实层出现表层松散，成型外观不雅。可采用专用喷雾水车“喷雾补水”，确保其压实层在最佳含水率条件下成型。

3. 先胶轮碾压工法

在水泥稳定碎石基层施工中，发挥胶轮压路机的特点，选用先胶轮碾压水泥稳定碎石工艺（图7-10），可提高其压实度和密度，增强其抵御毛细水的性能，起到预防盐害的效果。

图7-9　用“塑料薄膜侧包法”铺筑水泥稳定碎石

图7-10　水泥稳定碎石“先胶轮碾压工法”施工实况

先胶轮碾压沥青混凝土新工法，在于追求高密度。沧州路桥工程公司在南、中疏港路沥青混凝土路面施工中，应用“先胶轮碾压工法”，不仅大大节省了压实功，而且确保了路面压实度和密度，大大削弱了路面孔隙毛细作用。所谓新工法就是“变三阶段碾压为两阶段，抓住初始阶段沥青混凝土温度高，利于提高压实度的时机，用胶轮压路机碾压”。具体要领是：

（1）改性沥青混凝土混合料摊铺10～30m，即可用重24～30t大功率胶轮压路机碾压，一般碾压两遍，即可用核子密度仪测试压实度，如未达到压实指标的98%以上一般再追压一遍即可。

（2）轮胎压路机轮胎预热后，正常碾压时，无须喷雾湿润轮胎预防粘料，因为热轮胎不粘料，如此以来，也大大放缓了沥青混合料降温速率。

（3）轮胎压路机碾压速度一般控制在4.5～8.0 km/h范围内。

（4）选用振频35～50Hz，振幅0.3～0.8mm大功率双钢轮振动压路机加振碾压1～2遍，碾压速度一般控制在3.0～5.0km/h范围内，此时，压实度一般能满足规范要求。

（5）最后用胶轮压路机以消除压路机碾压痕迹。

（6）新碾压工艺的设计，依据来源于两个方面，一是充分利用了改性沥青混合料高温阶段提高压实度的有利条件；另一方面利用了胶轮压路机的特点。

①采用特制的充气轮胎，压实过程中不会使碎石破损；

②充气轮胎的弹性所产生的揉搓作用，使沥青混凝土铺筑层材料在各方向产生位移，形成均匀而密实的表面而无裂纹；

③前轮摇摆机构，保证其在不平整作业时，轮胎仍能均匀接地，被压实层凸凹部分都能得到压实；

④可改变轮胎的充气压力或增减配重，来提高压实性能和适用范围。

（7）新工法核心技术

在应用新工法碾压改性沥青混凝土铺筑层时，遇到了“胶轮压路机轮胎粘接混合料，破坏铺筑层平整”的问题。经反复分析，认为是胶轮压路机轮胎与所碾压改性沥青混凝土混合料温差太大所致，于是，采取了预热胶轮压路机轮胎法，具体做法是：

改性沥青混凝土混合料摊铺后，先用双钢轮振动压路机碾压，胶轮压路机紧随其后，此时，需喷雾湿润轮胎，以防粘料，预热15～30min后，再压自然就不会出现粘轮现象了。再按新碾压工艺要求碾压即可。

图7-11是沧州路桥工程公司在疏港路施工中应用“先胶轮碾压工法”铺筑沥青混凝土路面的场景。

图7-11　沥青混凝土路面“先胶轮碾压工法”施工实况

总之，预防盐害应从源头，从设计抓起，合理优化设计，不仅能提高公路及其设施的耐久性，而且可以节省投资。

譬如：黄骅港疏港公路在水泥稳定碎石基层之上，设置路面沥青下封层，减少路面水下渗。将路面横坡提高至2.0%，对减少降水、海浪在路面滞留时间，预防盐害作用很大。

桥梁之箱梁应用“塑料波纹管”，下部结构混凝土强度等级提高1个档位，加大钢筋保护层，均对耐久性发挥着积极作用。

其次，应该正视土壤固化剂的作用，无论用其改良过湿土，做路基填料、袋装围堤、护坡；还是用其改良盐渍土，做路面基层、底基层，其研究都是很有价值、很有意义的。这是因为土质海岸浅海水域的公路建设资源，唯有过湿土、盐渍土。办好了这件事情，就地取材，降低成本的意图就能实现，疏港公路网（黄骅港）的建设就有了雄厚的物质基础，就会很快步入高潮。

第四节　水泥混凝土锁块路面施工

由于种种原因，路基出现不均匀沉降现象是一种常见的病害。在疏港公路建设中，针对不均匀病害，选用混凝土锁块路面（图 7-12），在满足交通功能的前提下，以便于路面维修，降低维修费用。

图 7-12　水泥混凝土锁块路面

一、水泥混凝土锁块路面结构

沧州市黄骅港区疏港公路，在浅海路段由于路基沉降较大，甚至出现不均匀沉降，一般采用先铺筑临时性路面过渡，待其路基固结稳定后，再铺筑混凝土等正式路面结构，而水泥混凝土锁块路面，可以说解决了这一问题。

工程实例：沧州市黄骅港区南疏港公路填海段，路面宽 30m，路面结构上面层为：

- 10cm 水泥混凝土联锁块路面；
- 5cm 砂找平层；
- 基层为 20cm 水泥稳定碎石；
- 底基层为 40cm 石灰稳定土。

水泥混凝土联锁块路面的底基层和基层的施工技术标准和施工工艺，同一般路面。该种路面关键是锁块预制和铺砌施工质量。

二、水泥混凝土联锁块预制

水泥混凝土联锁块平面形状，如图 7-12 所示，其锁块均在预制场预制，然后在路面基层上进行铺砌，其锁块预制施工程序如图 7-13 所示。

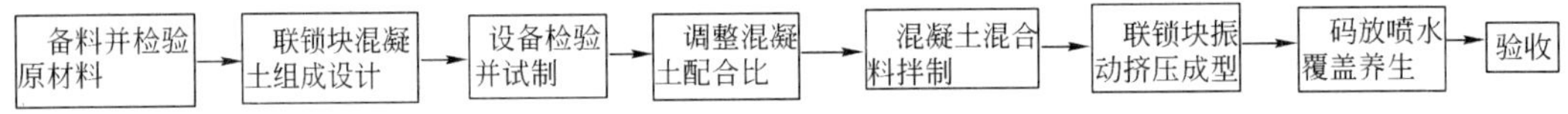

图 7-13　联锁块预制工艺流程图

1. 预制联锁块备料和材料质量检验

按照现行港工试验规程，并参照现行“公路工程试验检验规程”，对所备配的材料质量进行检测，尤其应严格控含盐量，严禁使用海砂。

2. 联锁块混凝土组成设计

按现行港工技术规范，在进行联锁块混凝土组成设计时，除必须满足强度、透水性、抗冻性等技术指标外，还特别注意尽量降低水灰比。

根据对路堤填料检测资料，确定填料属于渍土盐种类，有针对性地选定抗盐害水泥。

根据工程所处环境条件，必要时加入适量的添加剂（例如：防腐剂），以提高路面混凝土防盐害能力，避免预制块件混凝土表层剥落。

工艺设计：须对联锁块成型工艺进行论证，选择切实可行的预制工艺。

三、联锁块混凝土路面施工实例

在黄骅港浅海水域疏港路段，由沧州路桥工程公司修建水泥混凝土联锁块路面。现以此为例，对联锁块路面设计和施工技术进行系统介绍。

1. 工程基本情况

1）基本情况

·工程名称：黄骅港南疏港路。

·工程部位：疏港公路路面。

·混凝土种类：干硬性。

·设计等级：混凝土等级：Cc50。

C—表示混凝土强度等级；c—表示抗压强度。

·维勃稠度要求：11～15s。

2）设计单位：黄骅港兴达建筑材料质量检测有限责任公司。

3）设计时间：2006 年 7 月 6 日～2006 年 8 月 4 日。

4）原材料试验。

·水泥品种：普通硅酸盐水泥（代号 P. O）、42. 5 级。

·水泥厂牌：滨州山水水泥厂。

·砂子品种：中砂。

·砂子细度模数：2. 81。

·石子品种：5～10mm。

·石子级配：连续级配。

·石粉：合格

·水：食用水，合格。

5）联锁块混凝土组成设计

·假定容重：2450kg/m^3。

·抗压强度：fu. u＝fcu. k＋1. 645a＝58. 23MPa。

·水灰比：取 $W/C=0.33$。用水量：取 W＝134kg/m^3，水泥用量：$C=W$（W/C）＝134/0. 33＝406kg/m^3。

·采取砂率为 47%，砂用量：$S=$（2450－134－406）×0. 47＝898 kg/m^3；碎石用量：G＝2450－134－406－898＝1012kg/m^3。

·联锁块水泥混凝土配合比设计结果（表 7-4）。

锁块混凝土设计计算配比　　表 7-4

水泥（kg）	砂子（kg）	石子（kg）	石粉（kg）	水（kg）	设计配比：水泥∶砂子∶石子∶石粉∶水＝1∶1. 97∶2. 49∶0. 24∶0. 33
406	800	1012	98	134	

注：实测维勃稠度：14s。

2. 联锁块预制

1）设备检查并试制

严格检查混凝土拌和、预制件成型设备，标定校验计量器具，必要时邀请国家计量部门鉴定。

试制联锁块，验证设备状态；严格检验联锁块挤压磨具几何尺寸、形状和性能。

2）调整混凝土配比

根据联锁块试制检测结果，调整混凝土配比，调整设备。

3）混凝土混合料拌制

联锁块混凝土混合料拌制，强调必须采用机械拌和，并严格控制原材料、添加剂质量和配比，其配料偏差按表 7-5 控制。严格控制拌和时间和混凝土混合料的坍落度。

混凝土配料称量允许偏差 表 7-5

材料名称	允许偏差（%）	材料名称	允许偏差（%）	材料名称	允许偏差（%）
水泥、掺合料	±2	粗、细骨料	±3	水、外加剂	±2

4）联锁块振动挤压成型

使用专用设备，振动挤压联锁块成型；并按要求留足试件。

5）码放覆盖养生

将挤压成型的联锁块，按要求码放、喷水、覆盖养生。

6）预制质量验收

根据联锁块几何尺寸、形状、“标养试件”和“随养试件”强度情况，综合评定交验。图 7-14 是监理工程师正在检验联锁块预制质量。

图 7-14 预制混凝土锁块检测

3. 联锁块铺砌

1）施工之前，应对下承层进行检验，合格后进行中线复设，恢复中线后打出路边线，要求测设准确，弯道处顺滑，然后，计算调平层的砂用量（设计厚 5cm）。

2）做好材料运输及储备工作，组织人员调用机械进入现场，面层施工工序由路面工程师负责，工长 3 人，技术人员 3 人，工人员 50 人，铲车 1 辆，运输车 6 辆，平整梁 2 个，3m 直尺 1 个。工人在施工前配备好皮槌、瓦刀等工具。

3）联锁块路面铺砌

联锁块路面铺砌工艺流程如图 7-15 所示。

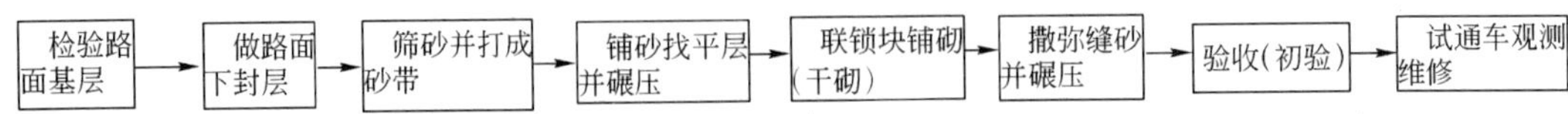

图 7-15 联锁块路面铺砌工艺流程图

（1）备砂

首先，将调平用砂过 2.5mm 筛孔筛，根据计算的砂用量，把砂打成砂带，每条砂带覆盖宽度不超过 3m，以利均匀摊铺。

(2) 粗平

用铲车配合人工，铺砂并整平、压实。

压实时使用中型胶轮压力机，或双钢轮振动压路机，碾压 1～2 遍，确保砂找平层密实、稳定。

(3) 测量钉线

根据砂层要求厚度，沿路线方向钉线。用水平仪测出中线及边线的设计高程，采用纵横向各 5m 的方格状控制网线精平、铺砌。

(4) 铺联锁块

铺筑的每块路面砖，要求有整体稳定性，砖缝紧密一致，嵌咬有力，砖缝组成的图案在整条路中要平整顺直、大小一致。特别是弯道处的路面砖铺筑，要用“中线平移法”将砖缝的走向提前设计好，以利砌缝图案与路线走向一致，使整个路面漂亮美观，严禁分段同时施工，最后用水泥混凝土浇筑接缝。

(5) 填缝

联锁块预制块铺筑完成后，用细砂均匀铺撒表面，并用人工扫入砖缝中，细砂要略有余量，然后采用 50m 左右为一段，用轻型双钢轮或胶轮压路机碾压，碾压顺序为振动压路机静压 1 遍，促使弥缝砂填满锁块空隙并振实，碾压要覆盖整个路面，不留死角，如此 2～3 遍，使整个路面填充密实，联锁块保持整体稳定一致，在连锁路面与其他路面结合部，用与联锁块强度等级相同的水泥混凝土填充捣实，并加以养护。

(6) 联锁块面层铺完后，清除表面多余细砂和水泥混凝土残渣，修整路肩。

4. 初验合格后试通车，观察维修

图 7-16 是沧州市黄骅港南疏港路联锁块路面施工场景；图 7-17 是沧州市黄骅港南疏港路联锁块路面全景。

图 7-16　南疏港路联锁块路面场景

图 7-17　南疏港路联锁块路面全景

四、联锁块路面施工质量控制

1. 联锁块路面质量控制

填海路段联锁块路面质量控制，严格执行“招标文件”有关质量标准的规定，若未明确应以港工质量标准为主，兼顾公路工程质量标准，其施工质量控制要点如下：

1）混凝土拌和物中的氯离子的最高含量限值，按表 7-6 执行。

混凝土拌和物中氯离子最高含量限值　　表 7-6

环境条件	预应力混凝土	钢筋混凝土	素混凝土	备　注
海水环境	0.06	0.10	1.30	表中限值按胶凝材料质量的百分比计
淡水环境	0.06	0.30	1.30	

2）混凝土配料称量的偏差，应符合表 7-5 的规定。检验方法：检查配料称量记录；检验频次：每台班不少于一次。

3）预制混凝土锁块质量检查检验方法：检查出厂合格证或检验评定资料。使用混凝土联锁块体铺砌时，联锁块体质量必须符合表 7-7 的规定。

联锁块体质量标准　　表 7-7

序号	项　目		质量标准和允许偏差	序号	项　目		质量标准和允许偏差
1	抗压强度（MPa）	平均值≮	50	7	裂纹（mm）	贯穿	不允许
		单块最小值≮	42			非贯穿	不允许
2	吸水率（%）不大于		7	8	分层		不允许
3	厚度（mm）		±3	9	表面粘皮（mm）		不允许
4	边长（mm）		±3	10	掉角（mm）		两边坡坏不得同时＞5
5	垂直度差不大于（mm）		2				
6	抗冻性		经 25 次冻融循环试验后强度损失≯25%				

·检验方法：检查出厂合格证。

2. 预制块体质量检查

预制块体边角应整齐，不得使用有裂缝、蜂窝、露石和严重麻面的预制块体。

·检验方法：观察检查。

3. 块体组砌质量检查

块体组砌、缝宽和灌缝应符合设计要求。与其他构筑物之间的空缺，应用同标号的混凝土捣实、抹平并做缝。

·检验方法：观察检查。

4. 铺砌面层质量检查

铺砌面层的表面应整洁，格缝清晰，无砂浆和沥青等污染。

·检验方法：观察检查。

5. 预制混凝土块体铺砌面允许偏差

预制混凝土块体铺砌面的允许偏差、检验数量和方法应符合表 7-8 的规定。

预制混凝土块体铺砌面的允许偏差、检验数量和方法　　表 7-8

<table>
<tr><th>序号</th><th>项　目</th><th colspan="2">允许偏差
(mm)</th><th>检验单元和数量</th><th>单元测点</th><th>检 验 方 法</th></tr>
<tr><td>1</td><td>高程</td><td>±20</td><td>±20</td><td rowspan="2">每处（道路：每20m测定1处；堆场：每100m²测1处）</td><td>道路：3
堆场：1</td><td>用水准仪检查，道路测中线和边线，堆场测 10m 方格网中部</td></tr>
<tr><td>2</td><td>平整度</td><td>10</td><td>5</td><td>2</td><td>用 2m 靠尺和楔形塞尺最垂直方向</td></tr>
<tr><td>3</td><td>相邻块顶面高差</td><td>5</td><td>3</td><td rowspan="3">每处（道路：每20m 测 1 处；堆场：每 100m² 测 1 处）</td><td>1</td><td>用钢尺量，取大值</td></tr>
<tr><td>4</td><td>砌缝顺直</td><td>10</td><td>10</td><td>2</td><td>拉 20m 线用钢尺纵横缝，取大值</td></tr>
<tr><td>5</td><td>砌缝最大宽度</td><td>四角块≤10
六角块≤15</td><td>≤5</td><td>1</td><td>用钢尺量，取大值</td></tr>
</table>

注：混凝土设计强度等级 C50。

6. 质量控制工程实例

沧州路桥工程公司，在修建沧州市黄骅港南疏港路时，采用的“标书规定质量标准”，具体内容是：

1）平整度：采用 2m 直尺检验，其最大偏差在 5mm 以内。

2）块间隙宽度平均为 2mm 左右，最大不超过 5mm。

3）相邻两块的高差在±2mm 以内。

4）纵横坡应符合设计要求，排水应顺畅。

5）联锁块无断裂、掉角现象。

6）联锁块间隙灌砂应饱满。

7）各块对应角点的连线，每 20m 不应偏差±10mm。

8）路面整体承载能力应符合设计要求，应不大于设计允许弯沉值。

9）连锁预制块外观质量标准按表 7-9 执行。

预制联锁块外观质量标准（单位：mm）　　表 7-9

<table>
<tr><th colspan="2">项　目</th><th>优等品</th><th>一等品</th><th>合格品</th></tr>
<tr><td colspan="2">正面粘皮及缺损的最大投影尺寸≤</td><td>0</td><td>5</td><td>10</td></tr>
<tr><td colspan="2">缺棱角的最大投影尺寸≤</td><td>0</td><td>10</td><td>20</td></tr>
<tr><td rowspan="2">裂纹</td><td>非贯穿裂纹长度最大投影尺寸≤</td><td>0</td><td>10</td><td>20</td></tr>
<tr><td>贯穿裂纹长度最大投影尺寸≤</td><td colspan="3">不允许</td></tr>
<tr><td colspan="2">分层</td><td colspan="3">不允许</td></tr>
<tr><td colspan="2">色差、杂色</td><td colspan="3">不明显</td></tr>
</table>

10）连锁预制块几何尺寸及力学性能标准按表 7-10 执行。

预制联锁块几何尺寸及力学性能标准 表 7-10

边长/厚度	<		≥5		
抗压强度等级	平均值≥	单块最小值	抗折强度等级	平均值≥	单块最小值
C_c50	50.0	42.0	C_f6.0	6.00	5.0

11）根据试验段总结报告和科研课题技术报告，制定切实可行的质量内控标准，确保各项操作在有效控制中完成。

7. 质量效果

在施工过程中，必须认真执行技术操作规程，严格贯彻质量标准，黄骅港南疏港路联锁块路面经两年营运检验，质量状况良好，图 7-18 是其营运两年后的水泥混凝土锁块路面质量实况。

图 7-18　南疏港路联锁块路面营运 2 年后实况

第八章 浅海路堤施工实例

从施工组织管理角度而言，潮差区的路堤填筑采用“抢潮作业工法”，其前提是：首先，掌握潮汐规律，随时收集气象信息，随时调整施工方案；其次，尽量避免水中填筑，以利于质量控制、施工组织、物资供应和安全管理；其三，具有高素质的作业团队，这是抢潮作业成功的前提与关键。

第一节　浅海路堤抛填实例

一、浅海路堤抛填流程

位于水中的路堤，一般采用竖向填筑法，即倾填法。水上路堤则采用分层填筑、分层压实法。潮差和浅海区路堤施工流程如图 8-1 所示。

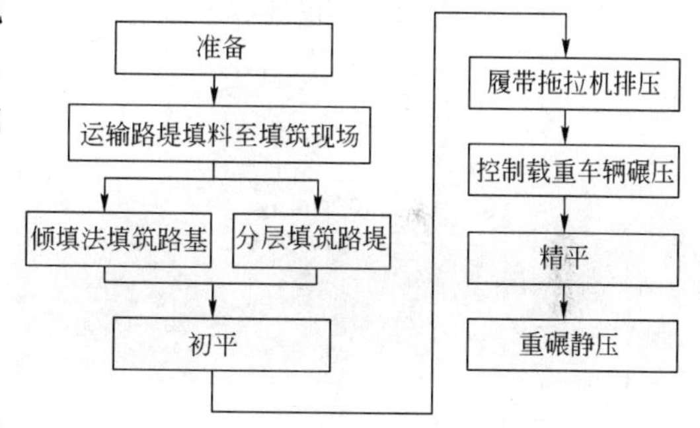

图 8-1　潮差和浅海路堤填筑流程实例

二、潮差区路堤抛填实例

1. 抢潮施工

潮差区路堤填筑的关键是合理组织、科学安排、准备充分，以实现“抢潮施工”的意图，尤其是施工段落划分要切合实际，符合综合施工能力；路堤边坡防护，采取“步步紧跟”，此乃降低成本与预防风浪侵袭的前提。

2. 潮差区清淤方法

潮差区的路堤清淤，一般采用“两栖设备清淤法”（图 8-2、图 8-3）或“倾填挤淤法”（图 8-4）。淤泥较深时采用前者，淤泥较浅时采用后者。

3. 潮差区路堤填筑方法

潮差区路堤填筑，按水上路堤填筑法施工，一般采用分层填筑法，当填筑区域有水时，也可用“倾填法”。

4. 临时边坡防护抢潮施工

潮差区边坡防护采取抢潮施工法（图 8-5）。边坡随着路堤边填筑、边施工。一方面可以增强路堤的稳定性，另一方面可抵御风浪对路堤土的冲击。具体做法是：

图 8-2　两栖挖掘机

图 8-3　两栖挖掘机抢潮清淤

在潮差区路堤填筑，应先进行道路左侧（迎浪侧）土方回填，顶面宽 8m、顶面高程 2.44m，外侧按 1∶3 边坡施工，顶面以下铺设 0.8m 厚 2∶8 灰土作为临时道路及后续工程的防护围堤，施工期间随回填将土工布铺放于围堤外坡面，护底石、护面石（厚度 50cm 片石）分别铺放在坡脚与坡面，以降低波浪冲蚀，减少土方损失，然后，按同样方法完成右侧土方回填，最后按设计断面尺寸成形。

图 8-4　倾填挤淤施工法

图 8-5　边坡防护抢潮施工

5. 永久性边坡防护工程施工

潮差和浅海区待路堤趋于稳定后，进一步整理原来“抢潮施工”的临时性路堤边坡，使其断面形式符合设计要求，处于稳定状态。潮差区一般水位较浅，可砌筑浆砌片石作为路堤永久性防护坡面；若水位较深，风多浪疾，则如同永浸区一样，安装栅栏板作为路堤永久性防护坡面。

三、永浸区路堤抛填实例

1. 永浸区路堤填筑方案

石灰稳定盐渍土试件，在浸水状态下易于散坍，对于处于浅海里的路堤，应选用适宜的土壤作为填料。当处于浅海路堤需要用生石灰稳定土填筑时，则必须施做围堰，将水排除后再填筑，待稳定土强度达到要求后，再填筑上层石灰稳定土层。

从填筑石灰稳定土之上至路床顶，用剂量为3%～8%的生石灰改良过湿土作为填料。如此，即可以增强路堤板体性、改善土壤CBR性能，还可以减轻路堤自重，降低路堤沉降量。

2. 浅海路堤测量放线

根据设计文件及两侧护岸工程施工情况，用RTK—GPS系统准确定路堤坡脚线位置，设置旗标。

3. 浅海路堤基底清淤方法

浅海海底清淤是路堤回填成败之关键，结合“海底地形图”、水深及流向和淤泥深度确定作业工法，例如：“吹填法”（图8-6、图8-7）、“驳船清淤法”和“爆破清淤法”。当淤泥较浅时，也可采用“倾填挤淤法”（图8-4）。

图8-6　浅海吹填清淤设施

图8-7　结合吹填清淤

4. 闷料

采用生石灰改良沿线的过湿土，拌和完成后闷置24h以上，确保生石灰完全消解。满足施工要求后，运至相应路段进行路堤填筑作业。

5. 装运填料

填料采用挖掘机、装载机装车，自卸汽车运输至填筑地点。为了严格控制松铺厚度，卸料时按事先根据压实厚度和每车运量，在指定卸土面积内卸土。路堤填筑可根据施工能力，分成几个作业段，两个相邻作业段交接处不在同一时间填筑时，先填段按1∶1坡度预留台阶；如两段同时施工，则分层相互交叠衔接，搭接长度大于2m。对压实设备无法破碎的大块硬质材料，要予以清除。

6. 路堤填筑

浅海中路堤填筑，水中一般采用“竖向填筑法（倾填法）”，水上一般采用分层填筑法。图8-8、图8-9是黄骅港南、中疏港公路采用“倾填法”施工的现场。

7. 路床顶层填筑

该层施工是路堤填筑的最后一层，按照试验松铺厚度、设计的路堤表面横坡和高程，平地机配合人工挂线整平，碾压机械用25t振动压路机，先静压一遍，以暴露潜在凹凸面后用平地机细平，再进行振动碾压，碾压时由外向内进行，先静压后重压，碾压时相邻两次轮迹重叠1/3左右，直到满足设计要求的密实度。碾压中，若含水率偏低或偏高，要对填料进行洒水或凉晒，使含水率控制在最佳含水率附近，确保压实度符合设计要求。

图 8-8 推土机配合“倾填法”作业

图 8-9 “倾填法”作业现场

8. 摊铺平整

使用推土机配合平地机进行整平。

整平时，根据松铺厚度，在路堤边缘进行纵向挂线，钉桩采用长 70cm，断面 5cm×5cm 的木桩，用红白漆每 10cm 交错标注，沿线路每 10m 设处，桩钉竖直，挂线平顺。为有效控制每层虚摊厚度，初平时用水平仪控制每层的虚铺厚度。

9. 碾压

采用振动压路机碾压，碾压遍数以“试验路”段所确定的参数进行。同时经常注意土的含水率，当填料含水率较低时，应及时采用洒水措施。当填料含水率过大，可采用翻松晾晒的方法，降低含水率。

碾压原则：先两边，后中间，先静压，后振压，再静压。行间横向重叠 0.3～0.5m，碾压区段间纵向重叠 2.0m 以上。

10. 路堤整修

在路堤工程陆续完毕后，所有排水构造物已完成之后，即进行路堤修整工作；按设计要求恢复、检查路堤的中线位置、宽度、纵坡、横坡、边坡及相应标高。

第二节 浅海路堤抛石质量控制实例

一、浅海抛石过程质量控制

1. 潮差区抛石质量控制

潮差区抛石质量控制，关键在于趁低潮时，准确地确定路堤横断面变坡点位置高程，并设置明显地标识，为作业人员规定施工作业范围和技术参数，以利于路堤填筑和边坡防护施工。低潮时路运抛石，高潮时船运抛石（图 8-10）。

图 8-10 驳船补抛

2. 永浸区抛石质量控制

（1）位置与高程控制

永浸区抛石作业质量控制，关键也在于低潮，准确确定路堤横断面变坡点位置、高程，设置出明显标识，以利于高潮时驳船抛石修筑坝堤，以及在围坝回填堤心填料。围坝防浪堤修筑，兼做路堤防护工程。

（2）驳船停泊控制

运输石材的驳船停泊抛石的位置，直接关系到筑堤质量，因此，是测量控制的重点。一方面运用 RTK-GPS 系统停稳测量船（平行于路中线停置），以控制抛石驳船停泊方位；另一方面随时修正抛石驳停靠过程中对测量船冲击形成的影响，如此确保测量精度，确保筑堤质量。

图 8-11　抛前收（量）方，控制实际抛石量

（3）过程控制

运输抵达抛石现场的石材应进行收方，掌握实际抛石工程数量，控制防浪堤坝实际抛填进尺，也是测量控制内容之一。图 8-11～图 8-13 系抛前进行收方和控制抛石进尺的实况。

（4）工程量控制

施工过程中运用 RTK-GPS 系统，随时测量检查抛石控制防浪堤横断面变坡点位置与高程，以控制是否补抛及其补抛位置和数量。

图 8-12　抛后进尺校核

图 8-13　抛石位置与高程控制

（5）边坡防护工程控制

边坡防护工程作业测量控制任务之一是为理坡提供数据。理坡后护面工程（栅栏板、四角块、扭王块等）与开始前的坡面抛石进行比较检验。

永浸区或潮差区逢遇高潮水位，边坡防护工程作业时，需对施工作业人员设置必要的标石及其标石有效性进行验证。图 8-14、图 8-15 是栅栏板安装施工现场设置水尺的实况，以作为安装栅栏防护板的标杆。

二、深海施工测量控制

1. 水下地形测量

防波堤施工区域海床原始地形及施工期间大量的水下断面，测量时测量船上的 RTK-

GPS与测深仪按时间间距同步进行采样取点，且同步将所采集的三维坐标数据与水深数据输入电脑，经海洋测量和成图软件处理，可生成水下地形图、三维立体图或水下断面图，并可打印或在屏幕上显示。

图 8-14　坡面抛石检验

图 8-15　栅栏板安装水尺设置

2. 水深测量

水深测量的作业系统主要由GPS接收机、数字化测深仪、数据通信链和便携式计算机及相关软件等组成。测量作业分三步来进行，即准备、外业的数据采集和数据的后处理，成果输出。

3. 抛石及量测控制

定位船上安装两台GPS接收机，其天线连线平行于船轴线。测出两台GPS接收机天线与船体在平面上的相对关系，通过卫星定位软件，将GPS实时测得的坐标在电脑屏幕上直观地显示成定位船体与防波堤轴线、边坡线以及抛石区域间的位置关系。供抛石船靠驳定位抛石。

4. 大型护面块体安装

安装分区（起始区、标准区和特殊区）与安装平面图绘制（据块体安装网格图和每个块体的安装坐标绘制）。

栅栏板、四角块、扭王块等安装用RTK-GPS定位。GPS天线固定在浮吊扒杆顶，其平面坐标传到浮吊驾驶室的计算机屏幕上，直接显示出所吊块体在安装平面图上的位置，浮吊司机根据计算机屏幕上的显示，转动浮吊扒杆。当所吊块体移到与设计位置重合时，则落钩安装，电脑定位软件读取并记录该块体安装坐标。

5. 大型沉箱施工

沉箱安装全程都用RTK-GPS动态差分全球卫星定位系统定位。在沉箱靠定位船一侧的两个角上安装两个GPS天线，通过电缆将信号输到定位船上的计算机，经软件处理，电脑屏幕上即可同时显示出沉箱的理论轮廓线和安装过程实时轮廓线。当实时轮廓线移动至与理论轮廓线重合时，浮吊松钩，沉箱就位。

6. 工程监测

1）沉降观测。可利用 GPS 技术进行路基沉降观测，连续采集数据，进行分析。

2）形变监测。近年来 GPS 以其特有的优势在形变监测和精密工程测量领域得到了广泛应用。利用 GPS 技术，研究大坝安全监测系统和滑坡、泥石流等地质灾害监测防治系统，有着重要的意义。

3）桥梁结构健康监测。香港将 RTK-GPS 技术，应用于桥梁结构健康监测系统，借以增强和改进青马大桥、汲水门大桥和汀九大桥的结构健康监测工作，量度三座悬吊体系桥梁的桥身和桥塔瞬间位移，推算其相应的导量（截面中线）位移及各相应主要构件的应力状况。

三、路堤施工质量控制

浅海路堤抛填出水面后，可用 RTK-GPS 技术对公路进行施工常规测量。

1. 利用 RTK-GPS 技术恢复公路中线（图 8-16）

图 8-16　RTK-GPS 技术恢复滩涂区公路中心线

2. 利用 RTK-GPS 技术，检测路堤中心线（图 8-17～图 8-18）

图 8-17　检测路基中线

图 8-18　检测路槽中线

3. 利用 RTK-GPS 技术，检测路堤横断面边线（图 8-19）

图 8-19　检测路基横断面

4. 利用 RTK-GPS 技术，检测沥青混凝土路面中线（图 8-20）

图 8-20　检测沥青混凝土路面中线

5. 利用 RTK-GPS 技术，检测沥青混凝土路面宽度和路基边坡（图 8-21、图 8-22）。

图 8-21　检测沥青混凝土路面宽度

图 8-22　检测潮差区路基边坡

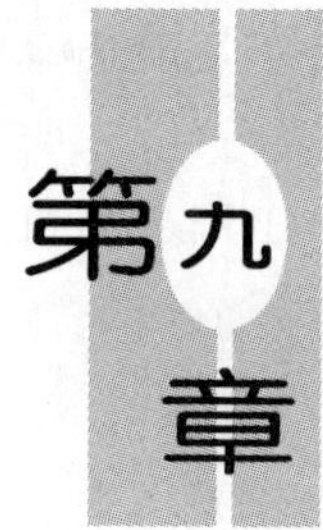

第九章 疏港公路路堤位移观测

浅海区路堤稳定观测，是检验前述路堤填筑质量的重要手段。路堤稳定性观测内容，主要包括：路堤沉降、路堤中线平面位移、路堤边线平面位移、路堤横断面垂直位移。另外，还需观测栅栏板、防浪墙、膜袋混凝土护坡和路堤弯沉，这也是评价路堤稳定性的重要方法之一。

之所以对路堤位移进行观测，因为这些位移或变形现象，是路堤发生失稳、滑坡、塌陷等病害的前兆。也就是说，加强路堤位移观测，是预防路堤病害，消灭隐患的必要手段，采取有效技术对病害治理的重要依据。因此，观测到的这些数据，就显得更加珍贵。

第一节 施工和工后路堤沉降观测方法

在疏港公路路堤施工中，须进行沉降观测，其观测的目的主要有：

一是控制填土速率。

二是根据实测沉降曲线观测地基固结情况，据推算测定的残余下沉量，确定填方预留沉降量、余宽及涵洞的预留沉降量和断面余量，同时确定构造物和路面结构的施工期。

三是实测路堤沉降为施工计量提供依据。

一、路堤沉降观测设施

无论在施工中，还是工后观测路堤沉降，须在施工前在所要观测路堤中埋设沉降设施等标志作为观测点。

1. 观测点设置

1）沉降板

沉降板结构除测杆使用具有一定刚度金属管较妥外，底板也可用混凝土浇制，保护套管可用硬质并具有一定强度的塑料管。保护管作用是使测杆处于自由状态，防止测杆与路堤填料直接接触发生摩擦，影响沉降观测结果。

2）测杆

测杆顶应略高于套管上口，这是因为观测时水准尺要直接置于测杆顶，若套管低于测杆则无法立尺。

3）盖顶

盖顶距碾压面高度不宜大于0.50m，有两个原因：一是沉降板接长后自由高度过大时易损坏，自然力和人力作用易折断或弯曲，高程变化或者测杆与套管卡住，而不反映正确的沉降量；二是自由高度过大，则立尺不稳定或无法立尺。

观测仪器采用S1及S3水准仪。S1水准仪作二等水准测量用，主要用于工作基桩和校核基桩高程检测；S3水准仪作三等水准测量，主要在填筑过程观测沉降用。

2. 观测指标

利用工作基准桩及校核基桩观测水平位移和沉降，可以了解到地基变形范围及桩本身处的变位情况。

3. 测点保护

沉降测点保护与位移测点保护同样重要，除考虑施工机械碰撞外，还应考虑现场环境、人为因素的损坏。

4. 观测方法

一般用水准仪测量其垂直位移情况，用RTK-GPS系统测量其水平位移情况。对观测数据，按规定程序要求进行处理、分析、判断，并及时采取处理措施，以确保路堤稳定。

二、路堤施工观测

在浅海水域修筑公路路堤，最突出的问题是稳定和沉降。为掌握路堤在施工期间的变形动态，必须进行动态观测。动态观测项目，除设计有明确要求的外，一般视工程的重要性和地基的特殊性，以及观测对施工的影响程度等来确定。

高速公路、一级公路或二级公路设计车速高，路面平整性要求高，因此，规定施工过程中必须进行沉降和稳定观测，一方面保证路堤在施工中的安全和稳定，另一方面能正确预测工后沉降，使工后沉降控制在设计的允许范围之内。

观测点应设置在需要观测的位置，它将直接反映出测点处地基变形情况，因此，测点的设置位置，不仅要根据设计要求，同时还应针对施工掌握的地质、地形等情况调整或增设。

沉降和稳定等观测点，最好设在同一横断面上，这样有利于测点看护，便于集中观测，统一观测频率，更重要的是便于各观测项目数据的综合分析。

测点保护工作十分重要，很多试验由于观测后期对测点保护不力，或没保护，致使测点破坏或管子阻塞而无法继续观测，造成前功尽弃。因此，强调对测点的保护，旨在保证观测工作能善始善终，取得满意成果。

观测频率应与位移速率相适应，位移越小，观测频率越小。反之位移越大，观测频率越高。

一般路堤在极限高度以下，位移较小，观测次数可少些。

极限高度以上填筑时，路堤极易失稳，因此，要求每填一层均要观测，间歇期要增加测次。当位移曲线骤然变大时，更要跟踪观测，分析原因，并考虑是否需要采取措施。

1. 稳定性观测

对地基稳定性观测，即对事先埋设在深层的测斜管进行观测，但是，由于测斜管埋设难度大，测定工作量也大，对生产路段来说不太现实，因此，在一般情况下，通过在路堤趾部以外埋设位移边桩观测其位移情况。由于其简单易测，故被一般工程所常用。

1）位移边桩设置

地面横向位移标（边桩）观测断面，在纵向设置间距为100～200m，这是参考了目前国内几条高速公路常用间距而确定的，其中考虑了既要了解掌握地基位移情况，又不致给施工单位增加过大的工作量。这里重点强调了桥头纵向坡脚、填挖交界的填方端、沿河等特殊路段，应酌情增加设置观测点，因为这是极易失稳的部位，故对这些特殊路段提出增加测点的要求。

2）边桩设置个数

边桩的设置个数，是以控制路堤稳定为目的而确定的。如果路堤失稳，路堤两侧一定范围内必定会有隆起的迹象，因此，边桩应打在最可能隆起的部位。

根据有关试验路资料和工程实践，一般地基失稳隆起位置，大都在路堤两侧坡脚以外3～5m的地方，因此，除要求在这一范围内设置边桩外，还要求应结合根据地基条件预测的可能出现的滑裂面位置来设置位移边桩。

边桩长度＝ 原地面以下要求的埋深 ＋ 所穿过的填筑层厚度 ＋ 外露高度之和。

工作基桩是作为控制测点的基准桩，因此，必须打设在变形区以外。一般软土地基多在平原地区，软土区域分布很广，靠数米长的预制桩打入作为控制基桩不保险（人为影响而变位）。因此，建议采用废弃钻孔无缝钢管作为桩身，采用钻孔设备打入，可使桩身埋入土中10m以上，这样可保证基桩的基准性和测点的长期观测。

3）校核基点

校核基点用以控制工作基点，要求布设在变形区以外地基稳定的地点。

平原地区：可用预制混凝土桩或无缝钢管（钻孔废弃的）作桩体，打入深度要求大于10m。

丘陵或有岩体露头的区域：可采用预制混凝土桩打到硬土层或直接以坚硬的露头岩体作基点。

总之，校核基点（桩）在使用过程中不能有位移。

4）地基土体内部水平位移观测

地基土体内部水平位移的观测，首先需要深埋测斜管，通过测斜仪进入测斜管测定沿深度方向各点的水平位移值。测斜管的埋设要求很高，既要埋深至无水平位移的深层硬土中，又要严格控制测斜管在土中的垂直度，而且观测工作量也较大，故一般不作为常规施工生产路段的观测项目。但是，在沿河、临河等凌空面大而稳定性很差的路段，为防止施工中路堤失稳或有效地控制路堤填筑速率，根据需要确定进行这一观测项目。

2. 沉降观测

1）路堤施工观测

根据路堤施工沉降观测的目的，一般浅海水域浸水区路堤施工，要求每间隔200m左右设置一个观测点。

桥头引道路段至少设置3个观测断面；

第一块沉降板，应设置在桥头搭板末端，或桥台桩位处（有台前预压时），沉降板间距离不宜超过50m。

无论在纵向还是在路堤横向，沉降板布点越多，测得的结果越能反映路堤沉降的真实性。但测点越多，无论是费用还是测试工作量、测点保护工作量和测点对施工的影响等方面因素都有增加，从满足需要与施工便利性考虑，一般路段沉降板设置在路中心，桥头引道增设路肩及坡趾（可用边桩兼测）测点。

2）观测仪器

观测仪器采用 S1 及 S3 水准仪。S1 水准仪作二等水准测量用，主要用于工作基桩和校核基桩标高检测；S3 水准仪作三等水准测量，主要在填筑过程中用于观测沉降。

利用工作基准桩及校核基桩观测水平位移和沉降，可以了解到地基变形范围及桩本身处的变位情况。沉降测点保护与位移测点保护同样重要，除考虑施工机械碰撞外，还应考虑现场环境、人为因素的损坏。

第二节　路堤位移观测

路堤位移观测分两类，一是观测路堤自身位移变化情况，如路堤中线垂直位移观测、路堤中线和边线平面位移观测、路堤横断面垂直位移观测、路堤弯沉观测。二是路堤防护设施的位移。两类观测的结果，都是为评价路堤施工质量和维护日后公路安全运营服务的。

一、路堤垂直和水平位移观测

1. 堤中线垂直位移观测

路堤的垂直位移，就是路堤在自重和车辆荷载作用下，路堤中线发生的沉陷。一般借助于水准仪，测量各路段施工前高程，经过一段时间后再进行测量，分析施工完成前后路堤中线处高程变化，绘制出路堤中心线高程变化曲线，如图 9-1 即是黄骅港疏港公路路段中线高程变化曲线。

从图 9-1 所绘制的沉降变化曲线看出，实际观测到的路堤中心线曲线，远小于设计预计的沉降量。

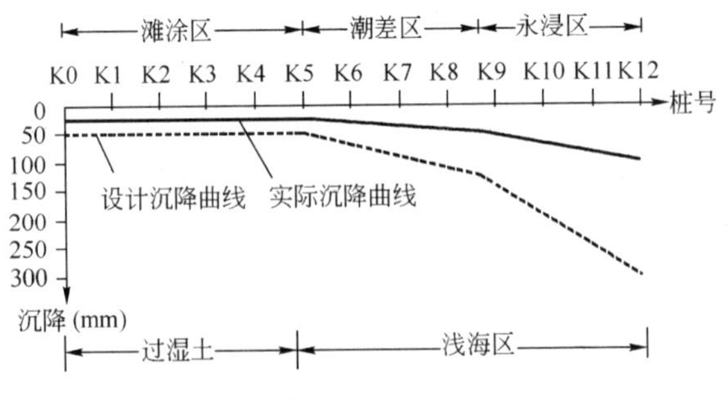

图 9-1　路堤沉降曲线

这表明筑路所采取的技术措施是成功的。同时还看出，虽然路堤总的沉降小于设计预计沉降值，但是浅海区沉降比滩涂、潮差区大，因此，提醒路堤养护单位应继续加强对浅海路堤的观测，未雨绸缪，及时作出防止病害发生的预案。

2. 路堤中线和边线平面位移观测

关于路堤中线和边线平面位移观测方法，在现行标准中还没有明确要求。我们在疏港公路建设中，对路堤中线平面位移，采用 GPS 或经纬仪进行观测，而后，用钢尺丈量路堤两侧观测点距离之中点，将其连线绘制成堤实测中线（或边线）与路堤设计中线（边线）进行比较（图 9-2、图 9-3）。若位移偏差太大，超出设计范围，或形状怪异，应该引起注意，必要时请有关专家作出明确判断。

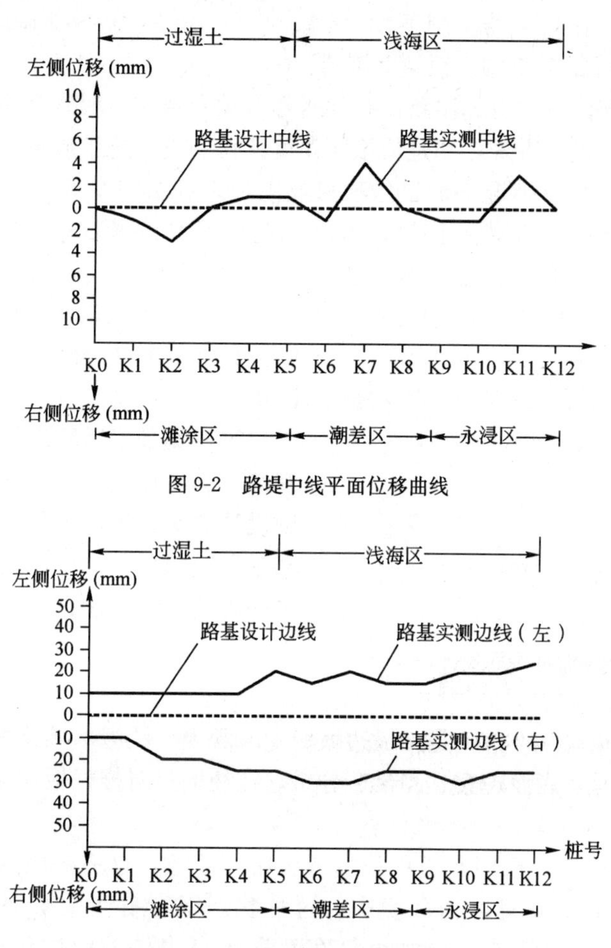

图 9-2　路堤中线平面位移曲线

图 9-3　路堤边线平面位移曲线

对于路堤边线平面位移观测，还应注意现场描述，以免波浪侵蚀等非沉降原因诱发之病害，导致误判，造成不必要的损失。

3. 路堤横断面垂直位移观测

路堤横断面垂直位移观测方法，同样在现行标准中也没有明确要求。我们在疏港公路建设中，对修筑的路堤横断面观测，采用 GPS 或经纬仪，观测事先在横断面上设置的观测点位置变化，用水准仪测量其高程，以其测点高程绘图连线成为路堤实测横断面与路堤设计横断面变化曲线，以此进行比较、分析，从这一角度对路堤施工质量进行评价(图 9-4)。若位移偏差太大，超出设计范围，或形状怪异，应该引起注意，必要时请有关专家作出明确判断。

4. 路堤弯沉观测

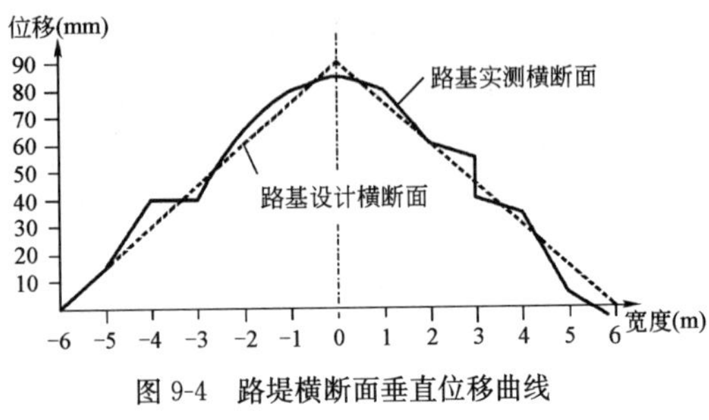

图 9-4 路堤横断面垂直位移曲线

路堤弯沉检测是路堤沉降观测辅助方法，我们参照现行公路工程试验检测规程进行检测。路堤弯沉检测，一般用弯沉仪或专用弯沉车，根据观测点弯沉值，绘制成路堤实测弯沉曲线与路堤设计弯沉曲线（图 9-5），然后根据其进行分析、比较。若实测值没有超出设计弯沉范围，则属于正常。反之，若超出其范围或形状怪异，应该引起注意，必要时请有关专家作出明确判断。

上述对路堤几种观测方式，都是从不同角度评价路堤的施工质量。其所有观测资料除存档待查外，还应将异常情况书面报告项目业主，以利组织专家、施工、监理及有关人员及时确定处置方案。在条件允许时，可以开发利用 RTK-GPS 系统，进入自动化处理程序。分析上述观测资料，大致分为两类：

第一类是施工阶段所进行的位移或弯沉观测，特点是频次较高，精度较低，用以验证施工方案正确与否，预防施工中可能出现隐患。

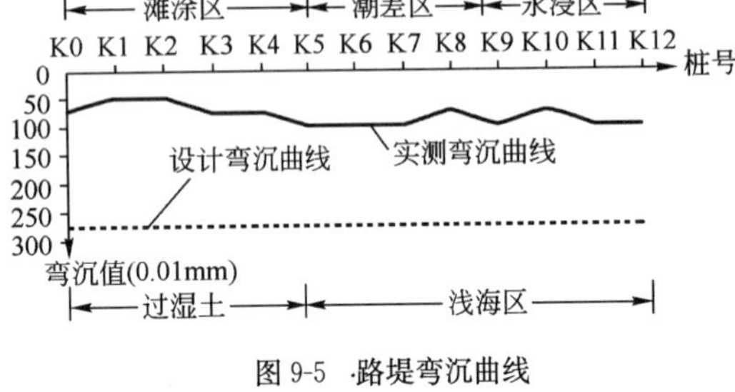

图 9-5 路堤弯沉曲线

第二类是工后所进行的位移和弯沉值的观测，其特点频次较低，精度较高，用以验证设计方案，评价工程质量，为工后管理和科学研究服务。同样，也为在运营过程中保证路堤稳定，而制订预案服务重要依据。

二、浅海路堤防护设施观测

栅栏板观测，确切一点讲，是路堤边坡稳定的观测。浅海水域路堤边坡坡面，多数由栅栏板拼装而成，对其表面观察、测量、分析，往往通过对栅栏板观测，就是对路堤稳定性观测。

对栅栏板稳定观测，已引起工程技术人员密切注意，这主要因为栅栏板位于路堤边坡坡面上，且处于海浪反复冲击环境中，这种状态很容易产生滑动位移；同时，栅栏板之间没有任何形式的联结，从力学角度而言属自由体，产生位移时几乎没有有效约束。

1. 栅栏板和土工膜袋平面位移观测

栅栏板的平面位移，可通过 RTK—GPS 定位系统，准确确定某一观测点的位置，而后测量其位移数据（图 9-6、图 9-7），图中：Δx 代表栅栏板某观测点的横向位移，Δy 代表栅栏板某观测点的纵向位移，Δh 代表栅栏板某观测点的垂直位移，可用 RTK—GPS 测量系统获取，也可用钢尺丈量获得。

根据栅栏板（边坡）位移图进行分析，由工程师作出判断，必要时采取处治措施。

将测得的 Δx、Δy、Δh 值，可通过人工绘制其位移图，也可编制程序，通过计算机自动处置 RTK—GPS 测量数据绘制其位移图。如果位移图出现异常，提醒工程技术人员及时采取治理措施。

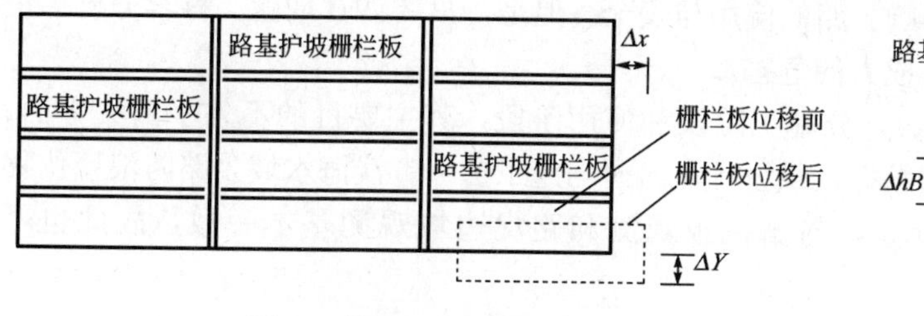

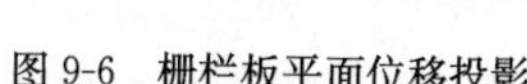
图 9-6　栅栏板平面位移投影

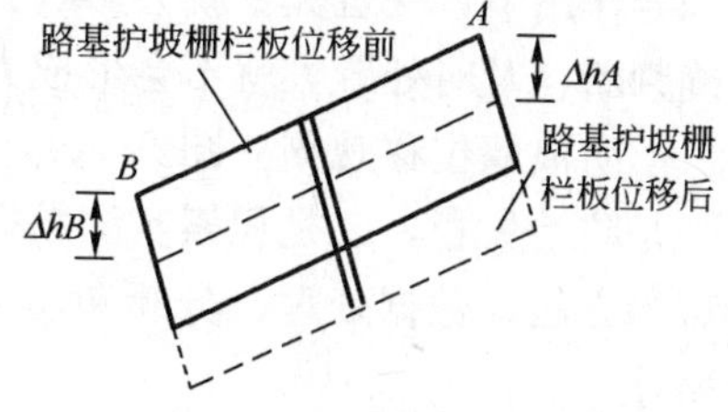

图 9-7　栅栏板整体垂直位移投影

2. 土工膜袋等防护设施位移观测

有些路堤边坡，采取土工膜袋混凝土、浆砌片石、浆砌混凝土预制块等结构，其位移形式如图 9-8、图 9-9 所示。

图 9-8 是路堤边坡局部位移情况；图 9-9 是路堤边坡整体位移情况。无论是前者，还是后者，均直接影响路堤的稳定，所以，在施工期间和使用阶段，都应对其加强观测，以便及时采取必要的治理措施。

图 9-8　边坡局部位移

图 9-9　边坡整体位移

处于浅海水域的路堤边坡，出现局部或整体位移现象不足为怪，只要及时处置，就不会构成大的危害。其观测方法、数据处理、分析处置，与栅栏板观测基本一致，故此不赘述。

三、防浪墙位移观测

防浪墙是浅海水域公路工程的重要组成部分，其稳定性也直接关系到公路使用性能的发挥与安全，所以，对其位移进行观测，从而判断其稳定性，是浅海水域公路建设与管理必不可少的工作之一。

图 9-10a）所反映的是防浪墙水平位移情况，b）是防浪墙垂直位移情况。

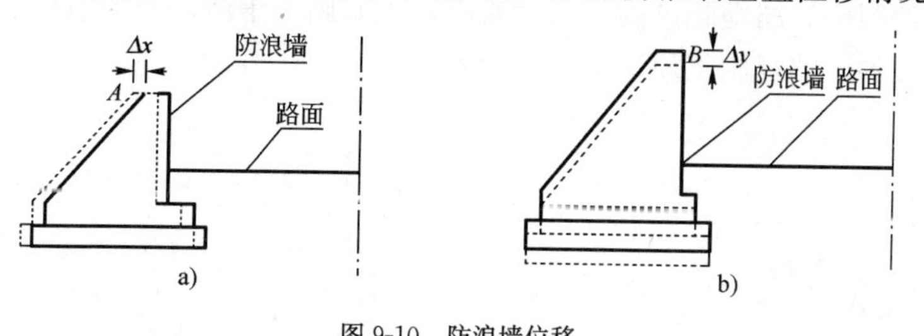

图 9-10　防浪墙位移
a）水平位移；b）垂直位移

图 9-11 反映的是防浪墙滑动位移情况。实际工程中，防浪墙位移有时出现其中的一种，有时出现其中的几种，对此均不能掉以轻心。因为防浪墙一面承受风浪侵袭；另一面承受由车辆荷载所引起的被动土压力；还有恶劣的海水侵蚀和盐渍土环境。在这些荷载的

综合作用下，一旦失稳就会影响公路的使用与安全。但是，只要认真观测、科学分析、正确判断、及时处置，就不会形成大的危害。

防浪墙位移观测（图 9-12），分施工阶段和使用阶段，其主要目的不外乎两大方面，一是防治失稳，二是积累实测数据，供设计、科研与施工参考。浅海水域公路防浪墙位移观测方法、数据处理、分析处置，与栅栏板观测和路堤边坡观测基本一致，故此也不赘述。

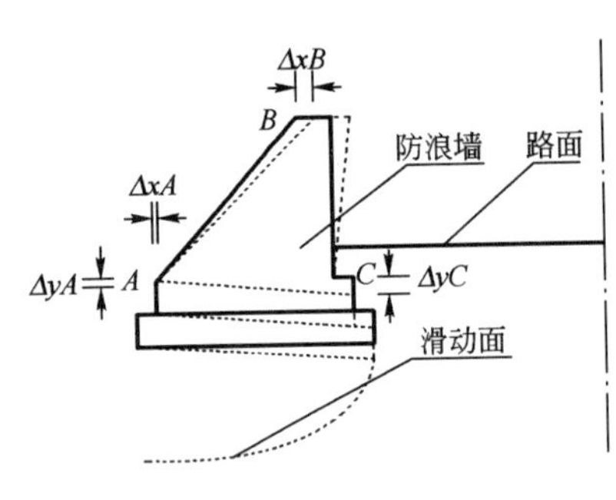

图 9-11　防浪墙滑动位移

图 9-12　防浪墙位移观测实况

四、浅海路堤弯沉检测

路堤弯沉既是衡量路堤强度的主要技术指标，也是路堤变位观测的延伸，路堤无论是微观变位，还是宏观沉降，总会对路堤强度产生影响，导致弯沉值出现变化。

因此，在施工过程中，强调加强路堤弯沉测定，工后强调加强公路弯沉定期测定，是一项非常有价值的技术活动，即可以矫正微观变位分析结果形成偏差，又可以为掌控公路健康运营状态提供判断依据，还可以作为鉴定新技术运用效果的佐证。

沧州路桥工程公司，在承建黄骅港中疏港路路堤工程中，特别注意施工过程中和工后现场观测，以使施工人对工程质量做到心中有数。

图 9-13 是黄骅港疏港公路 K17＋350～K18＋000 实测弯沉曲线与设计弯沉曲线比较情况；图 9-14 是 K0＋000～K18＋250 每公里评定后实测代表弯沉曲线与设计弯沉曲线比较情况。从该两图中，路堤强度满足设计要求，表明施工中所采取的措施，设定的施工工艺是合理和有效的，路堤施工质量符合设计要求。

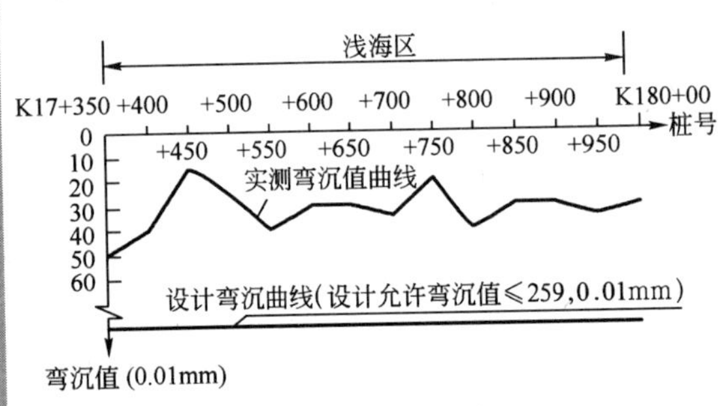

图 9-13　路堤弯沉曲线（K17＋350～K18＋000）

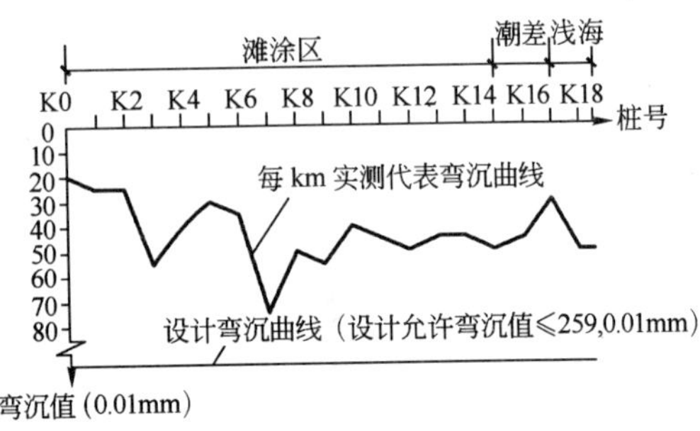

图 9-14　每 km 评定后实测代表弯沉 K0＋000～K18＋250

五、工后沉降观测实例

某疏港公路，2005 年填筑完工、路面 2006 年竣工，其沉降观测资料如图 9-15 所示。

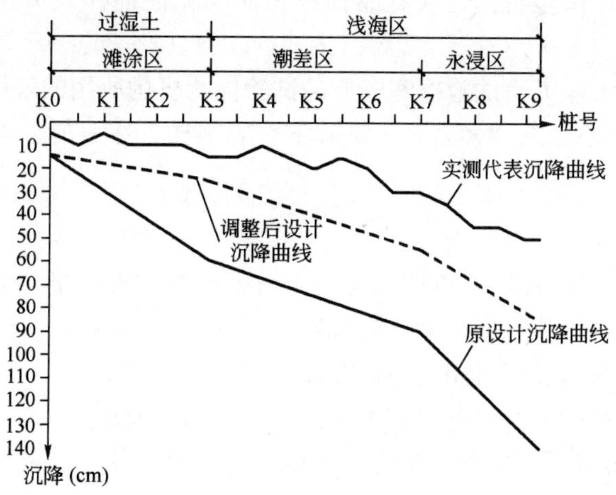

图 9-15　某疏港公路路堤沉降曲线

根据沉降观测结果，专家研究结论：

1）原设计预留沉降值偏大，可酌情修正相关参数，适当降低预留沉降值。

2）生石灰处置过湿土路堤，减轻了填料的容重（原设计填素土）、降低了路堤自重荷载，非海水浸泡区石灰稳定土的板体效应均布了活荷载，减弱了荷载压强。

3）填筑工艺合理、填料适宜。

将观测成果及结论，及时反馈予业主与设计单位，适当修正了设计参数，在另一条疏港公路设计时，路堤预留沉降量明显降低（图 9-15 中虚线是调整后设计沉降曲线），初步测算一次性工程投资可节省 3%～5%。

第三节　疏港公路施工质量检测项目

浅海水域公路建设重点和难点是：海水永浸区抛石筑堤、清淤、回填和混凝土工程。这些工序的工艺流程、核心技术、操作方法、质量控制等，大都是借用港口工程成熟经验。因此，了解和掌握《港口工程质量检验评定标准》（JTJ 221—98）中规定的检测试验频次与项目是非常必要的。为此，本章就此作一简要介绍。

一、质量检测一般规定

1. 报告填写

1）试验检测报告、施工及验收记录表格应使用 A4 纸，汇总表可使用 A4 纸或 A3 纸，表格左侧应留装订线。

2）试验检测报告应由具有水运工程试验检测资质的试验检测机构出具。报告的填写应符合下列规定。

(1）应用碳素墨水填写或打印，不得涂改。

(2）试验检测结论应确切，子项填写齐全。当有空格时应于空格处划“/”表示。

(3）试验检测报告应有试验、审核和报告批准人的签字，并加盖试验检测单位公章。

(4）有见证的抽样试验检测，应在备注栏中注明见证抽样人员的姓名及见证抽样证编号。

(5）对于已取得水运工程试验检测资质的试验检测机构所用的表格，在表头上可冠以“××××试验检测中心”或“××××试验室”等字样，在表的下方可加有关试验检测的声明。

2. 记录签认

1）施工及验收记录应由施工单位填写，需由工程监理人员确认的，监理人员应及时签认。施工及验收记录的填写应符合下列规定。

(1）应用碳素墨水填写或打印，不得涂改。

(2）表中有关人员的签字应齐全，需要公章的应加盖公章。

2）原材料出厂合格证或质量证明应由材料供应单位提供。当使用抄件或复印件时应符合下列规定。

(1）抄件或复印件应清楚，不得涂改。

(2）抄件或复印件应注明代表数量和供应日期。

(3）抄件或复印件应有抄件人的签字和抄件单位的红色公章，并注明原件保存单位。

二、原材料质量检测

1. 水泥质量检验

1）水泥的检验报告应按水泥的进场验收批提供。应以同一批次进场的同一生产厂家、同一品种、同一等级、同一出厂编号，袋装水泥不超过200t，散装水泥不超过500t为一验收批。

2）快硬水泥存储期超过1个月，其他水泥存储期超过3个月，或者发现水泥有结块现象进应重新检验。

3）水泥应进行安定性、凝结时间、水泥胶砂强度、细度和其他必要性能指标检验。必要时应进行化学成分检验。

2. 混凝土用骨料质量检验

1）混凝土用骨料的进场检验报告应按其进场验收提供。砂、碎石或卵石应以同一产地、同一规格、同一连续进场数量不超过400m^{3}或600t为一验收批。

2）每验收批的砂应进行颗粒级配、含泥量和泥块含量检验。如为海砂，尚应检验其氯离子含量。对重要或特殊工程根据工程需要增加检验项目。当对砂的其他指标有怀疑时，应予以检验。

3）每验收批的碎石或卵石应进行颗粒级配、含泥量、泥块含量、针片状颗粒和压碎值指标检验。对重要或特殊工程应根据工程需要增加检验项目。当对碎石或卵石的其他指标有怀疑时，应予以检验。

4）对已进场的碎石，在施工过程中还应定期检验其颗粒级配、含泥量和泥块含量，宜每周进行一次。

3. 混凝土外加剂质量检验

1）外加剂的进场检验报告应按其进场验收批提供。其验收批的组成应符合下列规定：

（1）减水剂和缓凝剂以同一生产厂家、同一品种、同一批号，数量不大于5t为一批，预制混凝土厂不大于10t为一验收批；

（2）引气剂以同一生产厂家、同一品种、同一批号，数量不大于5t为一批，松香热聚物型引气剂以不大于1t为一验收批；

（3）早强剂、速凝剂、防冻剂、膨胀剂和防水剂以同一生产厂家、同一品种、同一批号，数量不大于10t为一验收批。

（4）液态外加剂数量按固体物含量计算。

2）除松香热聚物型引气剂外，各种外加剂进场应进行混凝土性能指标、匀质性能指标检验和钢筋锈蚀试验。

3）液态减水剂储存超过3个月，引气剂水溶液储存超过1个月，使用前应重新取样检验。

4. 混凝土掺合料质量检验

1）磨细矿渣应进行比表面积和含水率检验，应以同一厂家、同一等级，数量不大于200t为一验收批。

2）硅灰应进行二氧化硅含量、含水率、烧失量和细度检验，应以同一厂家，数量不大于20t为一验收批。

3）粉煤灰应进行细度、烧失量、需水量比和三氧化硫检验，应以同一厂家、同一等级，数量不大于200t为一验收批。

5. 水质检验

当采用非饮用水作为混凝土拌和用水时，应提供水质检验报告。

6. 钢筋质量检验

1）国产钢筋应进行力学和工艺性能检验，若明显不正常和在加工过程中发生异常现象时应进行化学成分检验。

2）进口钢筋应进行力学、工艺性能和化学成分检验。

3）各类钢筋的进场验收批应符合下列规定：

（1）热轧带肋钢筋、热轧光圆钢筋、低碳钢热轧圆盘条以同一牌号、同一炉罐号、同一规格，数量不大于60t为一验收批；

（2）钢绞线和高强钢丝以同一钢号、同一规格、同一生产工艺，数量不大于60t为一验收批；

（3）冷拉钢筋以同一级别、同一规格，数量不大于20t为一验收批。

4）钢筋检验结果达不到国家现行标准规定时，必须双倍取样复验，复验合格后方准使用。复验报告应与第一次检验报告同时保存。

7. 钢材质量检验

1）钢材应做力学和工艺性能检验。当设计有要求时，应按设计做硬度、冲击韧性、化学成分检验。

2）钢材的进场验收应以同一牌号、同一规格、同一炉罐号，数量不大于 60t 为一个验收批。

3）钢材检验结果达不到国家现行标准规定时，必须双倍取样复验，复验合格后方准使用。复验报告应与第一次检验报告同时保存。

8. 沥青质量检验

1）沥青的进场检验应做针入度、软化点延度试验。

2）道路沥青的进场检验应以同一厂家、同一品种、同一等级，数量不大于 50t 为一验收批，建筑沥青应以同一厂家、同一品种、同一标号，数量不大于 20t 为一验收批。

9. 土工织物质量检验

1）土工织物的进场检验应以同一厂家、同一材料、同一规格，数量不大于 10 000m^2 为一验收批。

2）土工织物应做单位面积质量、厚度、拉抻强度、撕裂强度、等效孔径和透水性能检验，有特殊要求的工程应增加检验项目。

10. 塑料排水板质量检验

塑料排水板的进场检验应以同一厂家、同一材料、同一生产工艺，数量不大于 200 000m 为一验收批。

三、混凝土和砂浆质量检验

1. 混凝土质量检验

1）混凝土和砂浆配合比通知单

混凝土和砂浆的配合比通知单，应由具备相应资质的试验检测单位设计签发。

2）混凝土抗压强度和抗折强度检验

混凝土抗压强度和抗折强度试件的取样和留置，应符合《港口工程质量评定标准》（JTJ 221—98）第 10.1 节的有关规定。

3）混凝土抗冻检验

混凝土抗冻试件的取样与留置，应符合《港口工程质量评定标准》（JTJ 221—98）第 10.1 节的有关规定。

4）混凝土抗渗检验

抗渗试件的取样与留置，应符合《港口工程质量评定标准》（JTJ 221—98）第 10.1 节的有关规定。

5）混凝土联锁块检验

混凝土联锁块进场检验，应按同一生产厂家、同一类型、同一规格、同一强度等级，数量不大于 20000 块为一验收批。

6）混凝土强度评定

（1）混凝土的强度评定应按验收批进行。

（2）混凝土同一个验收批应按同一强度等级、配合比和生产工艺基本相同进行划分。现浇混凝土宜按分项工程划分验收批，预制混凝土构件宜按月划分验收批。

7）混凝土氯离子含量评估

(1) 当使用海砂和含有氯盐的水或外加剂拌制混凝土时，应提供混凝土氯离子含量评估报告。

(2) 混凝土氯离子总含量应按原材料和配合比的不同分别进行计算。

8) 高性能混凝土抗氯离子渗透性能检验

(1) 试件的取样与留置，应符合《港口工程质量评定标准》(JTJ 221—98) 第 10.1 节的有关规定。

(2) 高性能混凝土抗氯离子渗透性能检验，掺硅灰的采用龄期 28d 标准养护试件，掺磨细矿渣和粉煤灰的采用龄期 90d 的标准养护试件。

2. 砂浆抗压强度检验

1) 砂浆抗压强度应以标准养护 28d，边长为 70.7mm 立方体试件的抗压强度值为代表值。

2) 砂浆试件按每台班，且不大于 250m^3 砌体留置一组，每组应制作 3 个试件。

四、钢材力学及工艺性能检验

1. 钢材焊接、钢筋焊接和钢筋机械连接检验

1) 钢材焊接、钢筋焊接和钢筋机械连接接头的取样应符合下列规定。

(1) 闪光对焊，以同一台班、同一焊工、同一级别的 300 个接头为一批。当同一台班内焊接的接头较少时，按周累计计算，不足 300 个也作为一批；

(2) 电弧焊，以 300 个同一级别、同一接头形式为一批，不足 300 个也作为一批；

(3) 电渣压力焊，以 300 个同一级别、同一接头形式为一批，不足 300 个也作为一批；

(4) 气压焊，以 200 个同一级别、同一接头形式为一批，不足 200 个也作为一批；

(5) 承重预埋件钢筋 T 型接头，以 300 个同一级别、同一接头形式为一批，不足 300 个也作为一批。连续焊接时按周累计计算；

(6) 机械连接接头，以 500 个同一级别、同一接头形式为一批，不足 500 个也作为一批。

2) 当接头力学和工艺性能检验结果达不到国家现行标准规定定时，必须双倍取样复验，复验合格后方准使用。复验报告应与第一次检验报告同时保存。

3) 机械连接接头所用连接件应有出厂质量证明及生产厂家提供的接头型式检验报告。

2. 冷拉钢筋检验

1) 冷拉钢筋的取样，应以同一级别、同一直径，数量不大于 20t 为一批。

2) 当冷拉钢筋的力学和工艺性能检验结果达不到国家现行标准规定时，必须双倍取样复验，复验合格后方准使用。复验报告应与第一次检验报告同时保存。

五、土工试验检验

1. 土击实试验和土干密度检验

1) 土干密度检验取样应符合下列规定：

(1) 码头后方回填，施工水位以上，每层、每一施工段且面积不大于 1000m^2 取一组；

(2) 锚碇棱体，每层、每一施工段且面积不大于 100m² 取一组；

(3) 道路与堆场底层和结构层，每一施工段且面积不大于 1000m² 取一组。

2) 土干密度检验报告中应注明土样的层次、取样点号，并附取样平面图。

2. 稳定土配合比通知单

稳定土配合比通知单应由具备相应资质的试验检测单位设计签发。

3. 稳定土无侧限抗压强度检验

稳定土的无侧限抗压强度试件应在工程现场取样，每 2000m² 或每工班应取一组，每组试件的个数应符合下列规定：

(1) 当多次试验结果的偏差系数为 $C_V \leqslant 10\%$时，取 6 个试件；

(2) 当多次试验结果的偏差系数为 $10\% < C_V \leqslant 15\%$时，取 9 个试件；

(3) 当多次试验结果的偏差系数为 $C_V > 15\%$时，取 13 个试件。

六、其他项目验收记录

1. 项目验收记录

1) 混凝土构件、钢构件

(1) 混凝土构件、钢构件出厂应签发合格证。

(2) 主要构件安装记录

①沉箱、扶壁、空心块体和半圆体等构件安装

· 构件安装应填写安装综合记录。

· 沉箱安装的偏差应以沉箱灌满水稳定一天后所测量的数值为准。

②方块安装，方块安装应分段、分层填写安装综合记录。

(3) 梁、板等构件安装，有焊接要求的构件，其焊接情况应在备注中注明。

(4) 板桩码头锚碇拉杆的安装应填写综合记录

(5) 门机、装卸桥、火车等轨道的安装应填写综合记录。

2) 工程测量控制点验收

工程测量控制点应有布设平面图和计算书。使用前应进行检查验收。

3) 隐蔽工程验收

(1) 隐蔽工程验收记录要求

①隐蔽工程验收内容应按设计要求和国家现行标准的有关规定进行。

②验收项目的质量情况应描述清楚。有关试验检测的内容应注明检验报告编号。

③验收意见栏中应注明是否允许进行下一工序施工的结论性意见。

④验收记录表中应有参加验收的监理或建设单位、施工项目部等有关负责人的签字。

(2) 隐蔽工程验收记录表式

对于检查数据较多的，可用施工综合记录表或分项工程质量检验评定表作为验收记录表的附件。

4) 地基与基础施工及验收

(1) 水下基槽开挖应有开挖断面图和断面测量验收记录。

(2) 水下抛石基床夯实。

①水下抛石基床的夯实验收应符合《港口工程质量评定标准》(JTJ 221—98) 第 6.2

节和本标准第 6.4 节的规定：

②连续基床，每一夯实施工段且不大于 100m 进行一次；

③墩式基床，每一个墩进行一次；

④水下抛石基床夯实验收应填写记录；

⑤水下抛石基床整平应填写记录。

（3）锤击沉桩

①方桩和管桩锤击沉桩应逐根填写锤击沉桩记录；

②锤击沉桩记录填写应满足下列要求：

·桩位编号与设计编号一致；

·表中的桩偏位为沉桩结束接替打时的桩偏位值；

·沉桩过程中发生的溜桩、断桩或沉桩中途停止等异常情况，在备注栏注明。

③方桩和管桩的沉桩，桩顶偏位为“夹桩铺底”后的桩顶偏位实测值。发生的断桩和补桩应在备注栏注明。

④板桩的沉桩综合记录，板桩墙的不连锁处，应在备注栏中注明。

⑤灌注桩施工应逐根填写成孔施工记录、隐蔽工程验收记录和水下混凝土施工记录，全部施工后应填写综合记录。

⑥嵌岩桩的施工记录应按桩的类型分别填写管桩和灌注桩施工记录。

⑦地下连续墙的施工记录应逐段填写成槽施工记录、隐蔽工程验收记录和水下混凝土施工记录，全部施工后应填写综合记录。

2. 沉降和位移观测

1）工程的沉降和位移观测应满足设计或施工组织设计的要求，并符合国家现行标准的有关规定。

2）沉降和位移观测点的布置应合理，并应有平面图。

3）沉降和位移观测应及时、连续，记录应真实、完整。

浅海水域公路工程之混凝土工程、水泥砂浆砌筑工程、抛石筑堤、清淤、回填和防护工程等，检验、试验项目、频次、记录格式等应必须满足上述要求。其余项目或公路、桥梁工程正常检测项目与此发生交叉，不能统一时，建议按下述原则处置：

首先，路（公路标准）港（港工标准）兼顾从其严，项目交叉就其重，遗缺互补齐全。

其次，严格执行“招标文件”有关规定，若“招标文件”没有明确规定，应及时制定临时质量控制标准，并报请项目工程师、监理工程师审批。

参 考 文 献

[1] 交通部第二公路勘察设计院．公路设计手册．路基．北京：人民交通出版社，2004.8.

[2] 中交公路规划设计院编．公路桥涵设计通用规范（JTG D60—2004）．北京：人民交通出版社，2004.10.

[3] 中交第一公路工程局有限公司．公路路基施工技术规范（JTG F10—2006）．北京：人民交通出版社，2007.01.01.

[4] 交通部第一航务工程局．港口工程质量检验评定标准（JTJ 221—98），北京：人民交通出版社，2004.08.01 局部修订版实施．

[5] 天津港湾工程研究所．水运工程土工合成材料应用技术规范（JTJ 239—2005）．北京：人民交通出版社，2006.06.01.

[6] 包承纲主编．堤防工程土工合成材料应用技术．北京：中国水利水电出版社，1999.

[7] 中交第二公路勘察设计研究院．公路路基设计规范（JTG D30—2004）．北京：人民交通出版社，2005.01.01.

[8] 中国建筑工程总公司．施工现场环境控制规程．北京：中国建筑工业出版社，2005.09.01.

[9] 路桥集团第二公路工程局．公路施工手册—路基．北京：人民交通出版社，2003.6.

[10] 徐强，俞海勇．大型海工混凝土结构耐久性研究与实践．北京：中国建筑工业出版社，2008.11.01.

[11] 刘玉柱．真空辅助压浆工艺在预应力桥梁工程中的应用．（公路）.2003.（09）：26.30.

[12] 房延懋，李鹰．大型沉箱安装施工技术（水运工程）.2004.（09）.

[13] 交通部第一航务工程勘察设计院．防波堤设计与施工规范（JTJ 298—98）．北京：人民交通出版社，2001.8.1.

[14] 国家质量技术监督局．全球定位系统（GPS）测量规范（GB/T18314—2001）．北京：中国标准出版社，2004.6.1.

[15] 交通部公路科学研究所．公路路面基层施工技术规范．北京：人民交通出版社，2000.10.1.

[16] 交通部公路科学研究所．公路工程质量检验评定标准（JTG F80/1—2004）．北京：人民交通出版社，2004.01.01.

[17] 交通部公路科学研究院．公路路基路面现场测试规程（JTG E60—2008）．北京：人民交通出版社，2008.09.01.